L'AME HUMAINE

EXISTENCE ET NATURE

L'AME HUMAINE

EXISTENCE ET NATURE

PAR

le R. P. Marie Thomas COCONNIER

DES FRÈRES PRÊCHEURS

Ancien Professeur de philosophie scolastique à l'Institut catholique de Toulouse
Professeur de théologie dogmatique à l'Université de Fribourg en Suisse.

*Est ista questio una quam maxime
desiderant homines scire.*

ALBERT LE GRAND.

PARIS
LIBRAIRIE ACADÉMIQUE DIDIER
PERRIN ET Cie, LIBRAIRES-ÉDITEURS
35, QUAI DES GRANDS-AUGUSTINS, 35
—
1890
Tous droits réservés.

AVANT-PROPOS

Le problème de L'AME HUMAINE ne doit pas être appelé actuel : il faut dire qu'il est éternel, car tous les hommes, en tout temps, et par tout pays, se le posent.

A quoi répond ce substantif AME ? L'âme n'est-elle qu'une idée, un concept, ou bien, est-ce une réalité, indépendante de la pensée qui la conçoit et du mot qui la nomme? Si l'âme existe, quelle est sa nature ? Est-elle matière ? Est-elle esprit ? Quel est son rôle, sa place, son action dans le corps? Où prend-elle naissance? Quel est son auteur? Et quand le corps tombe et se dissout, que devient-elle? Périt-elle avec lui, comme la liqueur se répand et se perd quand le vase éclate en morceaux, comme l'harmonie s'éteint quand la lyre est brisée? Ou bien survit-elle, pour mener une toute nouvelle existence, allégée du poids de la chair, débarrassée de ses voiles, plus alerte et plus ardente à la poursuite du bien, plus clairvoyante dans la contemplation du vrai? Y a-t-il quelque chose dans l'animal qui soit comparable à l'âme de l'homme, ou l'homme, par son âme, est-il mis tout à fait hors de pair? — La Philosophie, depuis ses origines, tâche à répondre à tout cela; et son histoire nous montre que, depuis le commencement, ces questions font, tout ensemble, la gloire et le tourment de l'esprit de l'homme. Mais, qui l'ignore ? Si, à toutes les époques, le problème de l'âme a préoccupé les esprits, jamais il ne les a plus passionnés qu'à l'heure présente ; et c'est de nos jours surtout, que la parole d'Albert le Grand se vérifie : « *Est ista quæstio una quam maxime desiderant homines scire.* »

Ce grand et éternel problème, le présent ouvrage a justement pour but d'en résoudre les difficultés principales.

L'objet de notre livre est donc bien loin d'être nouveau ; et, au lieu de lui nuire, c'est, on vient de le voir, ce qui le recommande à l'attention. Nouveaux, les principes et la méthode que nous y suivrons ne le seront guère davantage ; et, si je ne me trompe, cette étude offrira un élément particulier d'actualité et d'intérêt, précisément parce qu'on y verra mis en œuvre une méthode et des principes d'un autre âge.

Nul n'ignore, en effet, qu'en ces derniers temps, un grand débat s'est élevé dans le monde de la science, et divise encore les Penseurs. La méthode et les principes des Scolastiques du XIIIe siècle, et particulièrement de saint Thomas d'Aquin, le plus grand d'entre eux, sont-ils à rejeter et à condamner, ou doivent-ils être repris et employés comme vrais et de nature, d'une part, à éclairer la spéculation philosophique, et, d'autre part, à favoriser le développement et le progrès des sciences d'observation elles-mêmes ? Sur ce grave sujet, l'entente est encore loin d'être faite : les uns nient, les autres affirment, avec une énergie égale de part et d'autre. Dans un enseignement de près de vingt années, j'ai acquis la conviction intime que la philosophie des grands Docteurs du xiii° siècle est la vraie, et que, hors d'elle, la science ne peut que s'égarer. Ce livre fera peut-être partager la même conviction à quelques-uns. En tout cas, j'ai traité, en tous points, ce noble sujet de l'âme, d'après les principes et la méthode de l'ancienne École ; et je crois avoir montré que la psychologie scolastique, et en particulier celle de saint Thomas d'Aquin, repose sur des bases inébranlables, et s'accorde merveilleusement avec les données certaines de la science contemporaine, aussi bien qu'avec les notions les plus sûres de la métaphysique. Si je m'abusais sur le résultat où je suis arrivé, et n'avais pas réussi à faire ressortir combien lumineuse et victorieuse est la démonstration de tant d'illustres maîtres, il resterait encore à mes lecteurs un dédommagement : la satisfaction de voir exposée, d'une manière exacte et assez complète, une doctrine qui occupe certes une grande place dans l'histoire de la pensée humaine ; et l'avantage de pouvoir au moins apprécier avec connaissance de cause un système philosophique, qu'il était presque de mode, jusqu'en ces derniers temps, de juger, et même de condamner, sans en savoir autre chose que le nom.

Comme, d'ailleurs, en toute cette étude, je m'engage à ne faire appel qu'à la raison, et que je consens d'avance à ce qu'on admette de mes théories, uniquement ce que la raison aura pu démontrer et soutenir, ceux de mes lecteurs qui ne partageraient pas mes convictions religieuses ne trouveront pas mauvais, qu'écoutant, tout ensemble, ma foi et mon cœur, humble enfant de l'Église, je soumette à son jugement suprême toutes les doctrines que ce livre renferme, et, vrai fils de Saint Dominique, je dépose aux pieds de Notre-Dame du Rosaire, comme un hommage de ma dévotion la plus profonde et la plus tendre, ce modeste fruit de mes recherches et de mes méditations.

Toulouse, en la fête de saint Thomas d'Aquin, 7 mars 1890.

L'AME HUMAINE

CHAPITRE PREMIER

LA MÉTHODE QUE NOUS SUIVRONS.

Sommaire. — Nous suivrons la vraie méthode psychologique positive, — que n'a pas suivie Descartes, et que ne suivent pas davantage, soit les Matérialistes, soit les Positivistes.

Je vais commencer ces études sur l'âme humaine, en disant quelle méthode nous y suivrons. Plusieurs raisons, et des meilleures, me déterminent à ce parti.

La première est presque une raison de charité. C'est afin d'éviter, au besoin, à ceux qui entreprendront la lecture de ce livre, un travail inutile et une perte de temps. Tout le monde sait, en effet, qu'à elle seule, la méthode caractérise une doctrine philosophique, donne la mesure de sa valeur, et en contient virtuellement tous les résultats. Une mauvaise méthode ne peut conduire qu'à une mauvaise doctrine, et ne peut produire qu'un mauvais livre. En disant dès l'abord la méthode que nous emploierons, j'éclaire donc tout de suite le lecteur sur la nature des études qui vont suivre ; et lui permets de juger tout de suite s'il doit se donner, ou non, la peine d'en prendre connaissance. Il ne saurait, du reste, convenir à des esprits graves de se lancer à la poursuite d'un but, sans s'être d'abord rendu compte du chemin qu'il faut suivre, et de partir à l'aventure,

Come uom'che va, ne su dove riesca [1].

Il faut avant tout s'orienter, sous peine de manquer le chemin, et, partant, de manquer le but. Enfin, si, à ces raisons générales, il fallait en ajouter une particulière à notre temps et à la science dont nous devons nous occuper, je n'aurais qu'à faire appel à l'état présent de la psychologie [2], tellement encombrée de faits et d'observations, embarrassée de notions mal définies et contradictoires, déconcertée par les malentendus, que tout y est obscur et incertain ; et que, suivant un mot aussi juste que spirituel, jusqu'à présent

1. Dante Alighieri, *Divina Commedia*.
2. V. Ribot, *Psychologie anglaise*, préface, et *Revue philosophique*, décembre 1879.

le débat entre le matérialisme et le spiritualisme a été « un véritable combat de nuit [1] ». Il faut essayer de faire un peu de jour sur cette mêlée, et de régler les conditions du combat, pour qu'il ne reste pas sans profit. Or, point d'autre manière d'y réussir, qu'en travaillant à s'entendre sur la méthode à suivre en psychologie.

Je n'oublierai point, du reste, en traitant ce sujet, qu'après tout ce qui a été écrit depuis deux siècles sur la méthode, les lecteurs d'aujourd'hui demandent qu'on soit bref quand on en parle ; et que, de plus, nous devons réserver notre temps et nos forces pour des problèmes plus ardus et encore plus importants que cette question préalable.

Je me bornerai donc à dire, aussi brièvement et aussi clairement que possible, deux choses : 1° quelle est la méthode psychologique que nous suivrons, avec les raisons qui la recommandent; 2° comment elle a été outrageusement violée par les systèmes de psychologie qui sont le plus en vogue à l'heure présente.

Il nous faut une méthode que personne ne rejette, dont tout le monde reconnaisse la valeur et accepte les lois. Or, il existe une méthode que tous les philosophes, sans exception, ont regardée,

---

1. Durand (de Gros), *Ontologie et Psychologie physiologique*.

regardent et regarderont toujours comme l'idéal du procédé rationnel, la seule que tous veulent suivre, sur laquelle tous s'entendent. Nous n'en pourrions choisir une autre : c'est celle que nous suivrons. Elle s'appelle : *Méthode psychologique positive*.

« *Positif, positive*, lisons-nous dans le Dictionnaire de l'Académie, se dit de ce qui est certain, incontestable. » Qui ne voudrait d'une méthode certaine et incontestable ? — *Positif, positive*, dit de son côté M. Littré, « sur quoi l'on peut poser, compter; qui est assuré, constant. » Personne ne sera jamais hostile à une méthode offrant une base d'opérations inébranlable, menant à des conclusions assurées, constantes. Enfin, la méthode positive est, sans doute, la marque, la caractéristique d'un esprit positif. Mais qui ne voudrait être positif, quand le Dictionnaire nous dit encore qu'un esprit positif est celui « qui recherche en tout l'exactitude et la justesse, la réalité et non les chimères ».

Le Penseur français qui, au commencement de ce siècle, entreprit de régénérer la science et la philosophie, en fondant une nouvelle méthode, eut donc mille fois raison de vouloir que sa méthode fût positive. Il n'eut tort qu'au moment où il crut que ce noble adjectif convenait à son esprit, et à la méthode qu'il avait inventée. Car, ceci soit dit en passant, rien de moins positif que M. A. Comte et sa philosophie.

C'est que, si tout le monde est d'accord, en principe, pour admettre et louer la méthode positive, en fait, beaucoup l'abandonnent et la trahissent, faute d'en connaître et d'en respecter les conditions essentielles.

A quelles conditions donc une méthode sera-t-elle vraiment positive ?

Qu'est-ce d'abord que la méthode ? Par méthode, nous entendons ici l'ordre suivant lequel l'esprit procède à la recherche de la science. Toute méthode comporte donc un mouvement de l'esprit marchant du connu à l'inconnu. Et, parce que tout mouvement suppose trois choses : un point de départ, un point d'arrivée, et le trajet intermédiaire ; toute méthode, pour être positive, — c'est-à-dire certaine et incontestable, — doit l'être quant à ces trois choses : le point de départ, le point d'arrivée, le trajet intermédiaire.

Mais d'où partir ? — Pas de milieu : il faut partir ou d'un fait ou d'une idée générale, abstraite.

Et je dis que la méthode positive peut indifféremment partir de l'un ou de l'autre : car un fait peut être certain et incontestable, et une idée également. Il est certain et incontestable que je parle ; il est certain et incontestable que tous les rayons du cercle sont égaux. L'un ne peut pas plus être nié ni contesté que l'autre. Sans doute, ce n'est pas par la même faculté que le fait et l'idée vous sont connus : vous saisissez le fait par les sens, et l'idée par la raison. Mais parce que vos sens ne vous donnent pas plus de certitude du fait, que votre raison de l'idée, vous devez tenir l'idée pour aussi incontestable que le fait. Et par quel motif, je vous prie, écouteriez-vous vos sens, et refuseriez-vous d'écouter votre raison? Votre raison est au moins aussi humaine que vos oreilles, et, de ce chef, possède au moins autant qu'elles droit à la créance.

Bien plus, s'il existait une différence entre l'autorité des sens et celle de la raison, la différence devrait être au profit de la raison. Car, dit saint Thomas, « la raison étant supérieure aux sens, c'est son témoignage qui prévaut : *intellectus, quia est superior, ejus judicium prævalet*[1]. » Et, de fait, qui croyez-vous, de vos yeux, qui vous montrent le soleil grand comme un disque de trois pieds, ou de votre raison, qui vous le démontre plus grand que la terre?

Des hommes qui ne seraient pas initiés aux difficultés de la philosophie pourraient trouver que j'insiste beaucoup sur une vérité si simple ; mais c'est qu'ils n'ont pas réfléchi que cette vérité est le fondement de toute la science humaine; car toute science humaine croule par la base, si l'on n'admet pas que la raison fait autorité dans son domaine comme les sens dans le leur [2].

---

1. *Commentaire sur le traité de l'âme* livre III, leçon 6º.
2. Sylvestri (Ferrariensis), *Commentaire sur la Somme contre les Gentils*, liv. Iᵉʳ, chap. IIᵉ. — « Qui ne pose pas en principe

Si vous niez les certitudes de votre raison, je nierai, du même droit, les certitudes de vos sens.

Impossible d'admettre les unes sans admettre les autres; impossible de rejeter les unes sans rejeter les autres.

Voilà donc qui est indéniable, incontestable, nous avons des certitudes, et, conséquemment, d'excellents points de départ, dans le monde des idées comme dans le monde des faits.

Il est certain que je parle à cette heure; il est certain que tous les rayons du cercle sont égaux. Je peux partir de l'une ou de l'autre vérité, de l'un ou de l'autre point.

J'avais donc raison d'affirmer qu'on peut partir d'un fait ou d'une idée, en demeurant fidèle à la méthode la plus rigoureusement positive.

Mais, reste à dire de quel point l'on devra partir de préférence. Sera-ce de l'idée, sera-ce du fait?

Je suppose que je pars de l'idée du cercle, et que, discourant sur cette idée, j'arrive à en déduire toutes les notions imaginables de géométrie concernant le diamètre, les rayons, les cordes, les arcs, etc. Quelle sera ma science? Me fera-t-elle connaître l'idéal ou le réel? ce qui existe ou ce qui est possible?

Le point de départ commande le point d'arrivée. Si je prends le bateau à vapeur à Genève, il ne me

que *toutes* nos facultés sont infaillibles, est fatalement sceptique. » Reid.

conduira jamais à un port de la Méditerranée ou de l'Océan; le principe impose la conséquence : parti de l'idéal, je dois aboutir à l'idéal.

Toutes les fois donc que nous voulons atteindre à une science toute rationnelle, tout idéale, nous pouvons partir d'une idée abstraite. Les mathématiques, la géométrie ne laissent pas d'être des sciences positives, pour partir des idées générales du nombre et de l'étendue.

Si je veux, au contraire, connaître non pas le monde idéal, mais le monde réel, non pas ce qui peut être, mais ce qui est, il est clair que je dois partir d'un fait observé. Voulez-vous savoir ce qui se passe à l'hôtel de ville, transportez-vous-y. De même, voulez-vous étudier les réalités, commencez par vous placer sur le terrain de la réalité, c'est-à-dire au beau milieu des faits.

Que les sciences rationnelles donc partent des idées, que les sciences réelles partent des faits; les unes ayant seulement soin de ne partir que d'idées certaines, les autres que de faits certains.

Il faut partir, en effet, car la science est un voyage de découverte : « *Est quidam discursus ex notis ad ignota,* » comme parle saint Thomas [1].

L'homme n'est pas fait pour atteindre la vérité d'un regard ni l'observer tout entière d'un seul point. Les horizons de la vérité sont comme l'ho-

---

1. *Quæstiones disputatæ de Veritate*, quæst. VIII, a. 15.

rizon terrestre, ils reculent à mesure qu'on marche et qu'on s'approche. Or, comme la méthode enseigne le point de départ qu'il faut choisir, ainsi elle nous apprend de quelle sorte il faut que s'effectue notre marche.

Pour marcher sur le terrain de la science, il faut deux choses : des principes et des raisonnements.

Regardez comment Newton a fait son premier pas vers la découverte de l'attraction : La pomme tombe. Voilà le fait observé ; c'est le point de départ. Mais, dit le grand homme, tout fait naturel doit avoir sa cause dans la nature. Voyez-vous le principe ? Donc, poursuit-il, il existe dans la nature une cause qui produit et explique ce phénomène. Voilà le raisonnement. Ce n'est qu'un premier pas, cela ; d'autres suivront, mais ils ressembleront tous au premier, comme les pas de l'homme qui marche se ressemblent tous. Je veux dire que Newton n'arrivera à découvrir la théorie qui l'a rendu si fameux, qu'en employant sans cesse les principes et le raisonnement.

Mais que Newton ait bien soin, dans sa marche, de ne pas se départir des principes de la méthode positive.

Que prescrit-elle ? Rien que de très simple.

Pour ce qui est des principes, elle nous ordonne de n'en choisir que de « certains et d'incontestables ». Observez cette loi, et, sur ce sujet, elle vous tiendra quitte.

Quant aux raisonnements, elle ne dit rien non plus qui soit compliqué ou obscur. Elle exige simplement deux choses : 1° qu'en chacun d'eux, les prémisses, idées ou faits, soient vraies, et telles que la conclusion s'ensuive rigoureusement; 2° qu'ils se déduisent bien les uns des autres, qu'ils forment bien la chaîne, de telle sorte que l'esprit passe toujours du plus connu au moins connu, d'une vérité à la vérité la plus voisine, et qu'il n'y ait pas de solution de continuité entre la dernière et la première des conclusions.

Vous avouerez qu'on ne saurait être moins formaliste ni plus précis.

Mais cette méthode positive, qui nous conseille si bien au point de départ et pendant tout le cours de notre pérégrination scientifique, que va-t-elle nous dire relativement au but, au point d'arrivée?

C'est là qu'elle est vraiment admirable. Admirable, il faut l'avouer pourtant, pour nous autres hommes du dix-neuvième siècle. Car ce qu'elle dit est si simple, saute tellement aux yeux, que si nous ne l'avions vu méconnaître de notre temps, nous n'aurions jamais soupçonné qu'il y eût du mérite à l'enseigner.

Reprenons notre idée d'un voyage de découverte.

Nous voilà donc partis à la recherche d'une vérité quelconque : physique, chimique, physiologique, mathématique, philosophique, peu importe.

C'est un pays inconnu que nous explorons. Comme nous n'avons d'autre programme que celui de pénétrer aussi avant que nous pourrons, nous irons jusqu'au bout de nos forces et de nos ressources, aussi loin que nous pourrons nous frayer la voie à travers les obstacles. Mais nos forces et nos ressources jusqu'où nous mèneront-elles? Nous n'en savons rien; car tout dépend des obstacles; et les obstacles, montagnes, rivières, forêts, crevasses, marécages, nous ne les connaissons pas, puisque nous sommes dans un pays inexploré. Quand donc, à quel moment, nous est-il permis de dire, d'une façon positive, « certaine, incontestable, » le point précis où il nous sera donné d'arriver? Nous ne pourrons le dire d'une façon positive, c'est-à-dire « certaine, incontestable », pour parler comme l'Académie, « assurée, constante », pour parler comme M. Littré, qu'au moment où nous y serons parvenus, quand nous y serons. Si nous le disons plus tôt, nous ne nous comporterons pas en esprits positifs.

Voilà donc ce que nous apprend cette sage méthode positive : elle nous apprend à ne point dire à l'avance, *a priori,* jusqu'où nous irons dans la science; elle nous enseigne à ne point faire les prophètes, et à ne parler, comme il convient à de simples mortels, qu'après l'événement.

Mais la méthode positive nous donne une autre leçon, par rapport à notre point d'arrivée, leçon qui n'est ni moins fondée ni moins utile.

Vous le savez, et tout le monde en convient, le point, le but où toute recherche scientifique s'efforce d'arriver, c'est la définition de l'objet dont elle s'occupe. Tant qu'une chose n'est pas définie, on n'en possède pas la science. Auriez-vous un in-folio plein de faits et d'observations, si dans cet in-folio ne se trouvent pas ces deux petites lignes nous montrant tout le détail des propriétés et des opérations rattaché à quelque fait premier, je veux dire à quelque réalité intime de l'être, comme à leur cause, d'où nous les voyions sortir comme le ruisseau de sa source ou la plante de son germe, qui nous exprime enfin la nature de l'être, cet in-folio, tout in-folio qu'il est, ne vous donnera pas la science.

Encore une fois, cela, tout le monde le sait. Mais ce que tous ne paraissent pas savoir, c'est que, pour définir un être, il faut, sinon connaître par le menu toutes ses propriétés et ses opérations, au moins avoir observé les principales, et surtout n'exclure aucune des diverses catégories de propriétés ou d'opérations qui lui appartiennent. Autrement la définition ne rendant compte que d'une partie des propriétés et impliquant la négation des autres sera nécessairement incomplète et inexacte.

Définir un être c'est, suivant l'étymologie (*diffinire, dicere fines*), déterminer ses limites, fixer ses frontières, dire où il finit. Par conséquent, définir un être en ne tenant compte que d'une partie de ses attributs, c'est tronquer sa nature et en fausser absolument la notion.

Vous ne demanderez pas à un géomètre qu'il sache du triangle, avant de le définir, toutes ses propriétés par le détail; nul géomètre au monde ne le saura jamais : mais vous exigerez de lui, au moins, qu'en définissant cette figure, il ne la définisse pas comme possédant deux angles seulement; de même qu'il ne nous dise pas que le carré est une figure qui n'a que trois côtés.

Voilà ce que la méthode positive n'a garde d'oublier, et pourquoi elle donne ce précepte : qu'il ne faut jamais définir la nature d'un être sans avoir les yeux fixés sur les différents genres de propriétés qui lui conviennent.

Je vous ai signalé les traits essentiels auxquels se reconnaît la vraie méthode positive.

C'est celle qui, pour faire passer l'esprit de ce qu'il connaît à ce qu'il ne connaît pas, lui apprend à choisir toujours un point de départ certain et incontestable, fait ou idée, à ne marcher qu'en s'appuyant sur des principes pareillement certains et incontestables et sur des raisonnements solides et bien enchaînés, à déterminer enfin et à fixer son point d'arrivée, sur place, et non pas avant d'y être.

Cela dit sur la méthode positive en général, vous connaissez dès lors, aussi bien que moi, la méthode que nous suivrons dans nos études sur l'âme humaine.

Bacon écrivait à un de ses bons moments, — il en a eu quelques-uns — : « Parmi ceux qui font profession de savoir, il en est qui, n'écoutant que l'expérience, ne savent que recueillir et amasser des faits : ce sont les fourmis de la science. D'autres, au contraire, n'écoutent que leur raison, et fabriquent des systèmes avec des abstractions qu'ils tirent de l'esprit : ce sont des araignées. La vraie philosophie, procédant comme l'abeille, qui n'emprunte ses matériaux aux fleurs des jardins et de la campagne que pour les travailler et les transformer, consulte et interroge l'histoire naturelle et l'expérimentation ; puis elle interprète et éclaire leurs données à la lumière des principes et du raisonnement. C'est dans l'union de ces deux éléments, et dans l'emploi simultané de l'expérience et des principes, qu'est l'espoir de la vraie science. « *Itaque in harum facultatum, experimentalis scilicet et rationalis, arctiore et sanctiore fœdere... bene sperandum est* [1]. »

Comme nous voulons, par nos études, arriver à connaître la réalité sur l'âme, et que notre psychologie doit être une vraie science ; d'une part, nous nous appuierons sur les faits, et d'autre part, nous invoquerons les principes et nous raisonnerons.

---

1. *Novum organum*, lib. prim. XCV.

Mais d'abord nous ne partirons point de théories plus ou moins contestables et contestées, d'idées subtiles ou nuageuses. Nous partirons de faits certains et ne permettant pas le moindre doute : de faits que vous aurez constatés vous-mêmes en vous-mêmes, que vous pourrez le plus souvent provoquer et reproduire en vous, au moment même où je les nommerai. Je ne commencerai point par vous dire comment s'explique, soit la présence des idées en votre esprit, soit le phénomène de la sensation ; je vous demanderai seulement si vous constatez en vous des sensations et des idées. Je ne vous proposerai point mes vues sur l'origine des diverses aspirations qui agitent le cœur de l'homme ; je vous prierai seulement de me dire si ces aspirations se trouvent en vous.

Bref, notre point de départ, c'est aux affirmations les plus claires, les plus formelles, les plus irrésistibles de votre sens intime, de votre conscience, que je le demanderai.

Une fois en possession de ces données « certaines et incontestables », je ferai appel aux principes. Mais remarquez quels principes j'invoquerai: les plus évidents, les plus simples; et en quel petit nombre ! A la rigueur, je pourrais m'engager à ne pas avoir recours à plus de trois, que je puis vous formuler dès maintenant :

Premier : La même chose ne peut pas être et n'être point en même temps;

Deuxième : Tout fait a une cause ;

Troisième, — qui n'est que le développement du deuxième — : La cause ne saurait être disproportionnée ni inférieure à l'effet qu'elle produit.

Si positif que soit votre esprit, il faudra bien qu'il se rende à une telle évidence ; et vous conviendrez en même temps, j'en suis sûr, qu'en matière de principes comme en matière de faits, je ne réclame pas une trop forte dose de crédulité.

Je ne serai pas moins réservé quant aux raisonnements ; car j'espère vous les présenter en bonne et due forme, solidement construits, et parfaitement liés les uns aux autres.

Il va sans dire, du reste, que toutes les propositions qui entreront dans leur facture seront du domaine rationnel. Je ne citerai point de textes d'Écriture sainte, je n'apporterai point de définitions de Conciles, je ne lancerai point de « *magister dixit* ».

Nous raisonnerons, nous discuterons en vrais philosophes ; et, puisqu'il doit y avoir combat — que ce soit guerre ou simples représailles, — il est entendu que toutes les positions seront enlevées ou gardées, à la pointe du syllogisme.

Quant au terme où nous arriverons, je n'affirme rien... qu'une chose : c'est que nous marcherons aussi loin et aussi longtemps que notre raison verra clair.

Nous nous garderons bien, du reste, de définir l'âme humaine, en ne faisant attention qu'à l'une ou à l'autre de ses propriétés. Nous l'observerons de la manière la plus complète et la plus large qu'il nous sera possible. Nous ne la considérerons pas seulement par les sommets, dans ses opérations les plus sublimes, concevant le vrai, aimant le bien, se complaisant dans le beau ; nous descendrons à ses opérations les plus humbles, nous l'observerons engagée dans le corps, emprisonnée dans ses étreintes, comme mêlée et confondue avec lui, au point que des deux il se fait un seul sujet, une seule personne, qui dit : Je marche, je bois, je mange, je me heurte, je suis brisé, je suis moulu ; comme elle dit : Je pense, je raisonne, j'aime l'honneur, la vertu, le devoir, Dieu.

Nous verrons aussi dans quels rapports elle se trouve avec les autres corps voisins du sien.

Et pour que nos observations soient plus sûres, nous ne les ferons pas seuls ; mais nous appellerons à notre aide les sciences, et les savants dont les études peuvent éclairer quelque point des nôtres. Nous interrogerons tour à tour la physiologie, la biologie, la chimie et la physique, ne rejetant aucun fait constaté, ayant seulement le soin de distinguer entre les phénomènes certains qu'il n'est pas permis de contester, et les théories par lesquelles les savants les expliquent ; théories dont il nous est toujours libre de nous éloigner, tant qu'elles ne sont, comme c'est le cas le plus ordinaire, qu'ingénieuses et vraisemblables.

Notre méthode psychologique réalisera donc

toutes les conditions essentielles de la méthode positive, sous le triple rapport de ce que nous avons appelé le point de départ, le point d'arrivée et le trajet intermédiaire. Elle sera donc positive dans le vrai sens du mot.

Il pourra sembler à quelques-uns qu'il n'y a pas un fort grand mérite à suivre cette méthode, tant les règles en sont simples et élémentaires; mais ses avantages et le mérite de ceux qui la suivent paraîtront un peu plus grands, quand nous aurons vu comment, étant aussi simple que fondée en raison, elle a été si souvent méconnue et abandonnée ; et que je vous aurai montré, rapidement, comment des systèmes fameux de psychologie en sont une violation flagrante.

Un philosophe qui n'a pas été fidèle aux règles de la méthode positive, c'est Descartes.

Et je le dénonce le premier, parce que, depuis deux siècles, c'est-à-dire depuis l'abandon de la philosophie scolastique, une sorte d'identification s'étant faite entre le cartésianisme et le spiritualisme, aux yeux de beaucoup de gens, l'on pourrait croire que sa méthode est la méthode même de la psychologie traditionnelle des écoles catholiques; ce qui est faux, et ce qu'il importe fort de démentir; car le cartésianisme, par sa méthode psychologique, est capable d'éloigner du spiritualisme tout homme de bon sens, et particulièrement tout savant qui tenterait de s'en instruire.

Le grand tort de Descartes, c'est d'avoir voulu définir l'âme sans avoir suffisamment observé ses opérations et ses rapports. Il ne la regarde que par le haut et par le dedans. Il ne la voit que transcendante et isolée.

Si on lui demande : « Qu'êtes-vous ? »
Il répond : « Je suis une âme. »
— Et cette âme, qu'est-elle ?
— Une pensée.
— Vous seriez donc une pensée ?
— Oui.
— Mais n'êtes-vous pas aussi un corps ?

« Non, » reprend le maître, scandalisé non moins qu'indigné. Je cite textuellement : « Je ne suis point cet assemblage de membres que l'on appelle le corps humain ; je ne suis point un air délié et pénétrant répandu dans tous ces membres ; je ne suis point un vent, un souffle, une vapeur, ni rien de tout ce que je puis feindre et m'imaginer [1]. »

Bref, il y tient, et c'est son dernier mot : il est une pensée, et rien qu'une pensée :

> Et l'on ne s'aperçoit jamais qu'on ait un corps.

Vous entendez d'ici l'exclamation malicieuse de Gassendi : *O esprit !*

L'âme est une pensée ; l'homme est une pensée !

---

1. Méditation deuxième.

Autant vaudrait dire : une maison, c'est un premier étage ; un arbre est un bouquet de feuilles ; un carré, c'est une figure qui a trois côtés ; une colonne, c'est un chapiteau.

En définissant ainsi l'âme humaine, et en échafaudant tout un système sur cette définition ruineuse, Descartes a égaré la psychologie et l'anthropologie ; il a dédoublé l'homme, ou pour mieux dire, il l'a coupé en deux ; il mutile cette noble créature où l'univers se reflète et se résume ; il brise l'unité de la création. Mais ce n'est pas tout [1].

Ce spiritualisme à outrance a produit un autre résultat déplorable. Il a provoqué la réaction matérialiste, et a donné beau jeu à l'objection contre la vraie doctrine.

Cette idée commença par séduire beaucoup de monde, que nous sommes de pures pensées, planant, comme légères flammes, au-dessus de la matière, et absolument sans contact avec ce vil assemblage de membres qui s'appelle, on ne sait pas trop pourquoi, notre corps.

Grand nombre de théologiens, en particulier, trouvèrent cette doctrine admirable, et s'en allaient répétant, avec délices, ces paroles du mélodieux archevêque de Cambrai : « Ce que j'appelle *moi*, est quelque chose qui pense, qui connaît et qui ignore, qui croit, qui est certain et qui dit : « Je

---

1. *V.* cardinal Gonzalez, *Los Estudios sobre la Filosofia de Santo Tomas*, lib. I, capit. XI.

vois avec certitude ; » qui doute, qui se trompe, qui aperçoit son erreur, et qui dit : « Je me suis trompé. » Ce *moi* est quelque chose qui veut et qui ne veut pas, qui aime le bien et qui hait le mal [1], » etc.

Cette doctrine, si éthérée, jouit donc d'une immense faveur pendant quelque temps. Malheureusement pour elle, et heureusement pour la vérité, le grand mouvement scientifique qui a caractérisé la fin du dix-septième siècle et le dix-huitième, était déjà commencé quand elle parut. Il était dès lors facile de prévoir que son règne ne serait pas de longue durée.

Car la science, c'est l'observation. Avec la science, l'esprit devient positif, et note avec plus de rigueur aussi bien ce qui se passe en lui-même que ce qui se passe dans le monde.

Les savants donc, se regardant, virent qu'ils n'étaient point des anges, — en quoi ils avaient raison, — et que, s'ils étaient des pensées, ils étaient aussi des corps. A l'envi, ils donnèrent raison au bonhomme Chrysale, disant, malgré toutes les défenses de la philosophie régnante :

Mais mon corps, c'est moi-même, et j'en veux prendre soin.

En y regardant de près, ils trouvèrent que si le *moi* « est quelque chose qui pense... et qui dit : « Je vois avec certitude », ou « je me suis trompé »,

---

1. *Lettres sur divers sujets de métaph. et de religion*, lettre 1ʳᵉ.

c'est aussi quelque chose qui dit : « Je me suis cassé le cou, ou démis l'épaule, je m'assieds, je me couche, je me lève, je prends une médecine »; ce qui ne convient guère à une pure pensée.

Aussi, bientôt les savants, en foule, donnèrent-ils congé à Descartes et à sa philosophie, pour suivre Bacon et sa méthode.

Si les hommes de science n'eussent dit que cela, s'ils s'étaient contentés d'affirmer que l'homme n'est pas une pensée seulement, tout aurait été pour le mieux. Malheureusement, un excès en amène un autre.

Descartes n'avait voulu voir que la pensée dans l'homme, d'autres n'y voulurent voir que le corps: et telle est l'erreur des Matérialistes, tel est le vice radical de leur méthode. Ils étudient le corps avec un soin admirable; ils le prennent à son état le plus rudimentaire, ils le suivent à tous les moments de sa formation, marquent dans quel ordre il s'organise, nomment les matériaux qui entrent dans sa construction, notent toutes ses parties, expliquent leurs fonctions et leurs rapports, et pénètrent avec une patience et une habileté digne de tous les éloges jusque dans les dernières profondeurs de la vie organique. Ils y pénètrent même si bien, et s'y enfoncent si avant, qu'ils n'en reviennent plus. Embryologie, histologie, anatomie, physiologie, toutes les sciences qui renseignent sur la constitution du corps humain, sur les organes et leurs propriétés, en un mot sur toutes les manifestations extérieures de la vie, en nous, ne les occupent pas seulement, mais les absorbent, au point de leur faire oublier le reste.

Étudier la pensée, considérer son objet, ses modes, ses conditions, se rendre compte des aspirations les plus élevées de l'homme, suivre le jeu de sa liberté, enfin scruter à fond les phénomènes de sa vie intellectuelle et morale, voilà ce qu'ils négligent de faire, et ce qui finit même par leur paraître inutile et superflu.

Que je ne calomnie pas les Matérialistes, en parlant de la sorte, leurs livres sont là pour le prouver. Et je puis, du reste, vous faire entendre la déclaration formelle de l'un des plus fameux.

Voici ce que je lis dans les *Leçons sur l'homme*, de M. K. Vogt [1]. Le célèbre professeur Genevois, déclarant comment il entend procéder pour établir quelle est la place de l'homme dans la nature, s'exprime en ces termes :

« Les caractères anatomiques pèseront dans la balance avant tous les autres. Quant aux *accessoires*, soit philosophiques, soit religieux, dont quelques naturalistes ont cherché à décorer leur fragile édifice, nous ne pourrons que, *çà et là*, leur accorder, *en passant*, *quelques regards*. *Il nous est passablement indifférent* que Schopenhauer fasse reposer la distinction entre l'homme et le singe dans la volonté, ou que M. Bischoff,

---

1. Traduct. Moulinié, 2ᵉ édit., p. 174.

de Munich (un autre philosophe), la fasse reposer sur la conscience de soi-même. »

Voilà au moins une déclaration franche. M. K. Vogt, donc, voulant, comme il le dit en propres termes, « établir quelle est la situation de l'homme vis-à-vis des autres animaux [1], » ne regardera que le corps, et les phénomènes qui en relèvent manifestement.

M. Mathias Duval, l'habile professeur de l'École des beaux-arts à Paris, tient absolument le même langage et suit le même procédé : « On a eu tort, dit-il, *au point de vue de la méthode scientifique*, d'aller chercher, pour établir cette distinction (du règne humain et du règne animal), des caractères empruntés à des ordres d'idées plus ou moins métaphysiques... C'est aux notions bien définies de l'anatomie et de la physiologie qu'il faut en revenir pour établir toute classification sérieuse [2]. » Ce procédé de M. K. Vogt et de M. Mathias Duval me fait penser à celui d'un homme qui, voulant comparer un nain et un géant, dirait : Nous allons les mettre l'un à côté de l'autre, puis nous les mesurerons tous les deux... mais en ne prenant pas la mesure du géant plus haut que la ceinture.

En tout cas, voilà bien le matérialisme convaincu, par ses propres aveux, de se fonder sur une observation partielle, incomplète, et de recommencer, à sa façon, la faute de Descartes.

---

1. Page 12.
2. *Le Darwinisme*, p. 89.

D'après Descartes, il faudrait dire : Une maison, c'est un premier étage; une colonne, c'est un chapiteau; un arbre, c'est un bouquet de feuilles. Avec la méthode matérialiste, on arriverait à ces définitions : Une maison, c'est un sous-sol; une colonne, c'est une base; un arbre, c'est un entrelacement de racines.

Que Descartes et le matérialisme aient été infidèles à la méthode positive, cela peut surprendre; mais il est plus piquant encore de voir les Positivistes eux-mêmes la trahir.

Or, ils la trahissent; et quelques mots vont me suffire pour vous en convaincre.

Vous savez par où débute leur psychologie : « Nous voulons que la psychologie imite les sciences naturelles, dans la recherche de l'essence comme dans la recherche des causes..., c'est-à-dire qu'elle ne recherche ni les unes ni les autres... Il faut la renfermer dans l'étude des faits et de l'organisme. Car l'homme ne peut rien savoir de la nature de son âme[1]. »

Le premier article de la méthode psychologique positiviste est donc une interdiction en règle de rechercher la nature de l'âme humaine, sous le prétexte que la science ne saurait pénétrer jusqu'à elle.

Ne voyez-vous pas, d'abord, que ce procédé viole

1. Ribot, *Psychologie anglaise contemporaine*, passim.

le précepte par lequel la vraie méthode positive défend de fixer, *a priori*, le point que l'exploration scientifique atteindra ou n'atteindra pas?

En second lieu, les Positivistes prennent leur point de départ dans cette affirmation, que la nature de l'âme humaine nous est absolument inconnaissable.

Est-ce là partir d'une vérité positive, c'est-à-dire « certaine et incontestable »? Non certes; car rien n'est moins certain, rien n'est plus contesté, et rien ne mérite davantage de l'être. Quoi donc, quand le sujet et l'objet de la connaissance sont proportionnés au point d'être identiques, comme c'est le cas en psychologie, si quelque chose est vraisemblable, n'est-ce pas que la connaissance de l'objet est possible, et même sera parfaite quelque jour?

Vous commencez par dire que la nature de l'âme humaine est, pour nous, l'inconnaissable. De deux choses l'une : ou, en affirmant cela, vous connaissez notre âme au point de pouvoir mesurer ses forces, ce qu'elle peut et ne peut pas, ou vous ne la connaissez point.

Si vous connaissez notre âme, sa nature ne vous est donc pas inconnaissable. Si vous ne connaissez pas notre âme, vous affirmez sans preuve.

Votre affirmation est tout en l'air.

Elle ne pose sur rien, et, partant, on ne peut rien poser sur elle. C'est donc une affirmation simplement *positiviste* et nullement *positive*. Vous avez beau dire que nous devons nous abstenir, qu'il nous est interdit de chercher à voir les causes derrière, ou à travers les phénomènes. En dépit de tous vos décrets d'abstinence et de tous vos interdits, nous verrons aussi loin que nous pourrons voir; et l'événement seul montrera jusqu'où nous le pouvons, en fait, au temps et dans les circonstances où nous sommes. Quant à ce propos que l'on répète à chaque instant, et qui a été tenu récemment encore à la Sorbonne [1] : que la psychologie ne peut être spiritualiste, matérialiste non plus, « qu'à la condition de perdre tout droit au nom de science, » nous répondrons que le titre de science ne pouvant être refusé à aucune connaissance, du moment qu'elle est certaine et démontrée, la psychologie spiritualiste sera une science, malgré tout ce l'on peut dire, même en chaire de Sorbonne, à la seule condition que ce qu'elle affirmera, elle le déduise, par raisonnements rigoureux, de faits certains et de principes évidents.

Il faut penser, du reste, que les disciples de A. Comte auront assez le souci de leur honneur de philosophes, pour ne plus répéter ce misérable sophisme : la nature de l'âme humaine est restée inconnue ; donc, elle est inconnaissable.

Dût-on accorder, — nous ne l'accordons point, — que, jusqu'ici, la nature de l'âme est restée

---

1. Par M. Ribot. *Leçon d'ouverture*, 1886.

absolument inconnue, une pareille façon de raisonner n'en serait pas moins révoltante.

Pour la soutenir, en effet, l'on doit supposer et affirmer que l'esprit humain ignore toujours ce qu'il n'a pas connu dès son premier regard, et que, par conséquent, il demeure toujours stationnaire.

Or, affirmer que ce que la raison humaine n'a pas connu d'abord, elle doit éternellement l'ignorer, quand, par ailleurs, on se dit partisan d'une doctrine qui a mis six mille ans au moins à se former, et qui ne pouvait, assure-t-on, s'élever que sur les ruines de deux systèmes séculaires [1] ; affirmer que l'intelligence humaine ne marche pas, quand l'histoire est remplie des conquêtes de la pensée, à l'heure où la science est en plein progrès et étonne à chaque instant le monde par ses découvertes, ce n'est plus seulement avancer une fausseté ou commettre une erreur de logique, c'est se moquer en face de la raison, c'est proscrire la spéculation entière, c'est attenter à notre vie intellectuelle.

Mais je me souviens que j'ai promis d'être bref, et pour ne pas manquer à mon engagement, je me hâte de conclure.

Le but de ce premier chapitre était de rechercher une méthode psychologique; mais une méthode

---

1. A. Comte, *Cours de philosophie positive*, préface personnelle.

conçue en dehors de tout système, qui soit un terrain commun sur lequel, spiritualistes, matérialistes, philosophes de toutes nuances, nous puissions nous rencontrer, pour marcher de concert, et par une voie sûre, à la découverte de l'âme humaine.

Cette méthode, nous la possédons désormais : car la méthode positive, telle que nous l'avons expliquée, est si large, si simple, d'une si évidente vérité, qu'elle peut et doit être admise par quiconque fait profession de raisonner et de savoir.

Nous nous engageons, en effet, toutes les fois qu'il s'agira, dans ces études, d'établir une thèse fondamentale, et de décider un des points essentiels débattus entre Matérialistes et Spiritualistes, à ne partir que de faits « certains et incontestables », attestés par l'observation la plus exacte ; à n'employer que des principes de la dernière évidence.

Nous nous engageons encore à ne procéder que par raisonnements rigoureusement philosophiques, construits avec des données rationnelles, et logiquement enchaînés entre eux.

Enfin, si au bout de nos travaux nous entreprenons de définir l'âme humaine, nous consentons à ce qu'on rejette notre définition, si elle n'embrasse pas tous les phénomènes observés, ou si elle en contredit un seul de certain.

Un scepticisme absurde pourrait seul, évidemment, récuser une pareille méthode.

Nous la suivrons : et j'ai confiance qu'elle nous conduira à des résultats heureux, et qu'elle vous amènera en particulier à cette conviction : que le VRAI SPIRITUALISME, le spiritualisme de saint Augustin, de saint Thomas d'Aquin et de saint Bonaventure, de Roger Bacon et d'Albert le Grand, d'Alexandre de Halès et de Vincent de Beauvais, n'a rien à craindre du progrès de la science moderne ; qu'il en a reçu déjà, au contraire, en plus d'un point, une confirmation précieuse, et qu'il en recevra, dans un avenir prochain peut-être, un éclatant et solennel hommage.

CHAPITRE DEUXIÈME

LES PREUVES DU MATÉRIALISME : HISTOIRE ET CRITIQUE.

Sommaire. — Le matérialisme avant la science : le matérialisme depuis la science. — Valeur des preuves que le matérialisme tire des faits : valeur de celles qu'il tire des idées.

Quelle est la nature de l'âme ? Est-elle corps ? Est-elle esprit ?

Voilà, comme je l'ai déjà dit, une question que l'on se pose depuis bien longtemps, et que l'on a tenté bien des fois de résoudre.

Or, parmi les solutions qui ont été apportées, il en est une, qui, de nos jours, a séduit beaucoup d'esprits, et en préoccupe un plus grand nombre encore : c'est la solution matérialiste.

L'on avoue que le matérialisme, pendant de longs siècles, n'a pas eu pour défenseurs l'élite des philosophes ; qu'il a été le plus souvent une doctrine suspecte et mal vue dans les écoles, particulièrement dans l'école Française : mais l'on attribue cette défaveur au préjugé religieux, à l'étroitesse des idées spiritualistes, parfois même à la témérité et à la maladresse de certains partisans du système. Surtout, répète-t-on sans cesse, si le matérialisme s'est soutenu avec peine jusqu'à présent, c'est que, la Science n'étant pas née, il lui manquait son principal et indispensable auxiliaire. Maintenant que la Science le patronne, le matérialisme peut marcher la tête haute.

Il est, dans le présent, la doctrine la plus solide; il sera, dans un avenir prochain, le système le plus populaire.

Puisqu'on parle tant du matérialisme à cette heure, et que quelques-uns l'exaltent si haut, il ne paraîtra pas inopportun qu'on s'en occupe quelque peu.

Je me propose donc de rechercher, dans ce chapitre, ce qu'il vaut; et si les fondements sur lesquels il fait reposer ses affirmations sont aussi inébranlables qu'on veut bien le prétendre. Je me propose de l'examiner, non pas, comme on l'a fait souvent, par son côté faible, au point de vue des conséquences qu'il entraîne, en religion, en morale, en esthétique. mais par son côté le plus fort : dans ses preuves.

J'insiste sur ces dernières paroles, parce que je sens le besoin de circonscrire et de bien préciser l'objet de notre présente étude.

Ce n'est point, en effet, du matérialisme en général que je veux vous entretenir. Ce système est trop vaste, pour prétendre en exposer et en examiner ici toutes les théories, avec le soin et les développements convenables.

Parmi les diverses propositions dont il compose sa formule, je ne vais prendre et examiner que la suivante, qui est le cœur du système et le contient tout entier comme en germe : L'âme humaine, ou le principe de la pensée dans l'homme, est un *corps* ou une *dépendance* du corps; ce n'est pas une force, ou, si c'en est une, elle est, par rapport à la matière, *absolument immanente*, et *en aucune façon transcendante*.

Encore, cette thèse, voudrais-je ne la considérer qu'à un point de vue restreint et tout spécial.

Laissant de côté, pour cette fois, la question de savoir si elle est vraie ou fausse, je voudrais uniquement, après avoir fait connaître les diverses manières dont elle a été formulée et soutenue, aux heures les plus intéressantes de son histoire, discuter les raisons qu'on a fait valoir en sa faveur : afin de nous assurer si jamais il en a été présenté quelqu'une de vraiment convaincante, et de savoir, une bonne fois, si cette affirmation : que le principe de la pensée, dans l'homme, est matériel, doit être tenue, oui ou non, à cette heure, pour une thèse démontrée.

Telle, et pas autre, est la tâche que je me propose d'accomplir dans les pages qui vont suivre.

Le sujet ainsi compris et défini, il est évident que je dois exposer et raconter d'abord : nous jugerons ensuite.

Cela peut paraître étrange : mais, au dire de plusieurs [1], la formule la plus nette, la plus ferme, la plus logique du matérialisme, remonte à quelque vingt-cinq siècles.

Elle fut donnée par un esprit de trempe vigoureuse, — si l'on en juge par les fragments de ses œuvres que le temps a respectés, — qui eut seulement le tort, ou le malheur, de se trouver tout à fait aux débuts de la spéculation philosophique, au moment où l'âme endormie dans les sens « ne savait encore, comme le dit S. Thomas, rien concevoir au-dessus des réalités matérielles [2] », où les philosophes ne voyaient encore la vérité qu'à travers des rêves : « *Somniabant quodammodo veritatem* [3]. » Je parle de Démocrite.

« Rien n'existe, disait le fameux Abdéritain, si ce n'est les atomes et le vide ». Avec les atomes, le vide, et aussi le mouvement, tout se fait, tout arrive, tout s'explique.

Les atomes s'unissent, et les corps sont formés. Quelques atomes plus subtils, lisses et ronds, pareils à ceux du feu, viennent-ils à se rencontrer, l'âme existe, pénétrant tout le corps, et y entretenant partout la vie et la chaleur.

De tous les corps s'échappent continuellement des effluves : que ces effluves, ou images errantes, arrivent à l'âme, la connaissance des corps a lieu,

---

1. Lange, *Histoire du matérialisme*, t. I, passim.
2. *Somme théologique*, p. I, q. 75, a. 1.
3. S. Thomas, *Commentaires sur l'âme*, liv. I, leç. 14.

par le seul fait de l'ébranlement des atomes lisses et ronds [1].

De forces, de qualités intrinsèques, d'états intérieurs, il n'en faut point parler pour les atomes. Les atomes n'agissent qu'en vertu de leur figure et de leur situation ; ils ne communiquent et ne subissent l'action que par le dehors, par impulsion et par choc. Un mécanisme universel cause toute chose.

Voilà un matérialisme hardi, sans doute, mais franc et sans mélange. Plus tard, Épicure, dans son jardin d'Athènes, plus tard encore Lucretius Carus, à Rome, en reproduiront les formules sans y rien changer d'essentiel.

Si l'on en croit le Poète philosophe, en effet, il existe dans l'homme deux âmes, ou, à tout le moins, une âme en deux parties :

> Consilium quod nos animum, mentemque vocamus
> Idque situm mediâ regione in corporis hæret [2]
> . . . .
> Cœtera pars animæ per totum dissita corpus [3].

Ces deux principes sont intimement unis, au point de ne former qu'une seule nature :

> Nunc animum atque animam dico conjuncta teneri
> Inter se, atque unam naturam conficere ex se [4].

---

1. Müllach, *Fragmenta Philosoph. græc.* Democritus — Aristote, *De l'âme*, liv. I, chap. II.
2. *De rerum naturâ*, lib. III, v. 140-1.
3. V. 144.
4. V. 146-7.

Or, la nature de l'âme pensante, aussi bien que de l'âme organique, est toute matérielle. La preuve, c'est que l'esprit (animus) meut l'âme (anima), et que l'âme meut le corps :

> Quorum nil fieri sine tactu posse videmus
> Nec tactum porro sine corpore : nonne fatendum est
> Corporeâ naturâ animum constare animamque [1] ?

Il est vrai que les éléments qui constituent l'esprit sont tout ce qu'il peut y avoir de plus subtil. Il le faut bien, l'esprit est si prompt !

> Nobilis egregie perquam constare necesse est
> Corporibus parvis et lævibus, atque rotundis [2].

Ces éléments sont au nombre de quatre : le souffle (aura), l'air, la chaleur, et un quatrième dont la nature n'est guère moins inconnue à Lucrèce que le nom, et dont il se contente de nous dire :

> ………… ea est omnino nominis expers
> Quâ neque mobilius quidquam, neque tenuius extat [3].

Tout cela, au fond, n'est qu'une paraphrase de la conception psychologique Abdéritaine.

Démocrite disait : l'homme est un assemblage d'atomes lissés et ronds ; Anaximène : c'est un air léger ; Héraclite : c'est une étincelle du feu divin. D'autres, comme Simmias, de Thèbes, la

---

1. V. 166-8.
2. V. 205-6.
3. V. 243-4.

ville qu'Amphion bâtit avec la seule harmonie de sa lyre : l'âme est un concert, un accord : « Tu t'es sans doute aperçu, Socrate, que nous pensons que l'âme est quelque chose de semblable au corps; notre corps étant composé et tenu en équilibre, par le chaud, le froid, le sec et l'humide, notre âme n'est que l'harmonie qui résulte du juste mélange de ces qualités, quand elles sont bien combinées et bien d'accord [1]. »

Galien développait encore cette idée, au second siècle de notre ère. Je le mets au nombre des Matérialistes, parce que, bien qu'il n'enseignât point que l'âme est un corps, il en fait pourtant un *mode*, une *dépendance* du corps.

Ainsi faisaient les Stoïciens : « *Dicunt, ut scis, Stoici nostri, duo esse in rerum naturâ, ex quibus omnia fiant : causam et materiam. Causa autem, id est ratio, materiam formal* [2]. En dépit de toutes leurs belles déclamations, les philosophes du Portique niaient, en réalité, la transcendance de l'âme sur le corps; et les premiers ils ont introduit cette formule, aussi véritablement matérialiste en latin ou en grec il y a vingt siècles, qu'elle l'est aujourd'hui en allemand ou en français : « *Neque materia sine ullâ vi, neque vis sine ullâ materiâ* [3]. »

A la première apparition qu'il fait, le matéria-

1. *Phédon.*
2. Seneca, *Epist.* 65.
3. Cicéron, *Academic. Poster.*, lib. I, c. VII, 24.

lisme s'affirme et ne se met guère en peine de prouver ses dires. Il semble croire que ses théories sur l'âme et sur la connaissance sont une explication si naturelle, si adéquate des choses, qu'elles s'imposent d'elles-mêmes à l'esprit.

Pour trouver la thèse matérialiste sur l'âme humaine établie par une argumentation en règle et longuement développée, il faut traverser des siècles et arriver à nos temps modernes.

A cette époque, il est vrai, c'est-à-dire depuis la fin du xviie siècle jusqu'à nos jours, les essais de démonstration se multiplient.

Parmi les écrivains qui entreprirent de défendre cette cause, il en est un qui se distingue tout de suite, par son tour d'esprit aussi bien que par son zèle : c'est La Mettrie.

Dans les deux livres qu'il intitula : *L'homme machine* et *l'homme plante,* et dans son *Traité de l'âme,* le célèbre médecin français s'attache à exposer le matérialisme le plus rigoureux, et accumule les preuves à l'appui.

Sur la question de l'âme, il veut que l'on interroge, non les philosophes fameux des temps passés, mais l'expérience. « Prenons le bâton de l'expérience, dit-il, et laissons là l'histoire de toutes les vaines opinions des philosophes. Etre aveugles, et croire pouvoir se passer de ce bâton, c'est le comble de l'aveuglement [1]. »

1. *Œuvres philosoph.* Londres, 1751, *L'homme machine,* p. 14.

Or, l'expérience interrogée lui répond que, dans l'homme, il y a des rapports intimes entre le physique et le moral, des influences réciproques et continuelles de l'un sur l'autre. C'est, à ses yeux, une preuve que l'âme et le corps c'est tout un, en ce sens du moins que l'âme n'est qu'une pièce du corps humain. « Le corps humain, comme il le dit, est une machine qui monte elle-même ses ressorts ; vivante image du mouvement perpétuel [1]. »

Voyez plutôt.

Qelle influence n'exerce pas le tempérament sur les idées ! Soyez sanguin, vous serez gai, enjoué ; soyez bilieux, vous serez irascible et mélancolique. Et les maladies ? Le moindre trouble dans les fonctions peut produire, dans votre esprit, les changements les plus étranges. « Que fallait-il, dit encore notre auteur, à Canus Junius, à Sénèque, à Pétrone, pour changer leur intrépidité en pusillanimité, ou en poltronnerie ? Une obstruction dans la rate, dans le foie, un embarras dans la veine-porte [2]. »

L'âme et le corps ne s'endorment-ils pas ensemble, ne vieillissent-ils pas, et ne s'usent-ils pas ensemble ?

Mais non seulement il y a entre l'âme et son corps ce commerce intime ; les corps étrangers eux-mêmes exercent sur notre esprit la plus grande influence.

1. *Ibid.*, p. 18.
2. *Ibid.*, p. 15.

« Quelle puissance d'un repas ! — Le lecteur se souvient que La Mettrie fut un grand dineur, et qu'il n'est pas mort de la diète. — La joie renaît dans un cœur triste ; elle passe dans l'âme des convives qui l'expriment par d'aimables chansons, où le Français excelle [1]. »

Il faut avouer, pourtant, que les suites n'en sont pas toujours si heureuses, témoin ce bailli suisse, nommé M. Steigner de Wittighofen. « Il était, à jeun, le plus intègre, et même le plus indulgent des juges ; mais, malheur au misérable qui se trouvait sur la sellette, lorsqu'il avait fait un grand dîner ! Il était homme à faire pendre l'innocent avec le coupable [2]. »

La nourriture influe sur notre âme; mais il en faut dire autant du climat, de l'air. Et l'histoire nous en fournit une preuve frappante. « Le duc de Guise ayant eu la témérité d'aller trouver le roi Henri, à Blois, on vint en apporter la nouvelle au chancelier Chiverni. Le chancelier, en apprenant que le duc était parti, s'écria : voilà un homme perdu. Quand l'événement eut donné raison à sa triste prophétie, on lui demanda ce qui l'avait fait parler de la sorte : « Il y a vingt ans que je connais le roi, dit-il, il est naturellement bon et même faible ; mais j'ai remarqué qu'un rien l'impatiente et le met en fureur, *lorsqu'il fait froid* [3]. »

---

1. P. 18.
2. P. 19.
3. P. 21.

La Mettrie fait encore ressortir les effets si connus de l'hérédité, de la compagnie... C'est à ce propos qu'il a écrit cette phrase, qui, ce me semble, vaut la peine d'être citée : « La meilleure compagnie pour un homme d'esprit est la sienne, s'il n'en trouve une semblable [1]. »

Enfin, après nous avoir comparé aux animaux, qui ne sont évidemment que des machines, il conclut en ces termes : « L'homme est aux singes, aux animaux les plus spirituels, ce que le pendule planétaire de Huyghens est à une montre de Julien le Roi : s'il a fallu plus d'instruments, plus de rouages, plus de ressorts, pour marquer les planètes que pour marquer les heures ou les répéter, ainsi, il faut plus de pièces pour construire l'homme qui parle que pour construire l'animal qui se tait. Toute la différence entre eux deux est là [2]. »

L'homme tout entier n'est donc qu'une machine ; l'âme en est le grand ressort, « principe incitant et impétueux, qui a son siège dans le cerveau, à l'origine des nerfs, par lesquels il exerce son empire sur tout le reste du corps [3]. »

Je ne voudrais pas même garantir que l'âme eût toujours été, pour La Mettrie, un ressort proprement dit, une pièce fixe du corps, car voici comment il s'exprime, dans un endroit de l'*Homme*

1. P. 22.
2. P. 69.
3. P. 59.

plante, si je ne me trompe : « Nous pouvons dire du corps que c'est une machine éclairée... C'est une horloge, qui *a pour ressort le chyle frais fourni par la nourriture*. »

Sur ce point, comme sur bien d'autres, La Mettrie ne s'inquiète guère d'être précis; car comme le dit M. le Dr Cazelles [1], dans la préface de sa traduction de Moleschott, l'auteur de l'*Homme machine* était « spirituel, mais superficiel ». Il écrit, comme il causait sans doute, aux petits soupers de Postdam, où les définitions, pas plus que les argumentations rigoureuses de l'École, n'étaient guère d'usage.

Les mêmes arguments, que nous avons vus ébauchés par La Mettrie, se retrouvent avec moins d'esprit, mais plus de logique, dans le *Système de la nature* du baron d'Holbach.

Voici comment ce dernier condense, en quelques lignes, toutes les difficultés qu'il a contre le spiritualisme, et, du même coup, énonce toutes les raisons qui, selon lui, établissent le matérialisme.

« Comment concevoir une pareille substance (spirituelle) qui n'est qu'une négation de tout ce que nous connaissons ?

« Comment se faire une idée d'une substance privée d'étendue, et néanmoins agissante sur nos

---

1. P. XIV.

sens, c'est-à-dire sur des organes matériels qui ont de l'étendue ?

« Comment un être sans étendue peut-il être mobile et mettre de la matière en mouvement ?

« Comment une substance dépourvue de parties peut-elle répondre successivement à différentes parties de l'espace [1] ? »

Ce sont les mêmes raisons que faisait valoir, à peu près dans le même temps, Priestley, dans son livre intitulé *le Matérialisme*. Le savant anglais y développe seulement, en plus, une idée fort importante, appelée à jouer un grand rôle, à savoir : que la matière, loin d'être absolument passive, est au contraire essentiellement douée de propriétés actives, de forces d'attraction et de répulsion.

Cabanis, dans ses douze mémoires sur les *Rapports du physique et du moral dans l'homme*, expose et défend la thèse sensualiste, sans apporter d'idées nouvelles.

Mais je ne veux pas m'arrêter davantage sur ces productions d'un matérialisme encore incertain de la voie qu'il doit suivre, borné dans ses horizons comme dans ses moyens de preuves.

Fidèle à l'habitude que je me suis imposée d'exposer loyalement les systèmes que je crois devoir combattre, et de ne dissimuler jamais aucun des avantages dont ils peuvent se prévaloir, je veux montrer la nouvelle phase où est entré le maté-

---

[1]. *Système de la nature*, édit. de Londres, 1774, I, p. 107.

rialisme depuis une trentaine d'années, et la tournure brillante que ses affaires semblent avoir prise, avec le progrès des sciences d'observation. J'ai parlé du matérialisme *avant la Science*, parlons du matérialisme *depuis la Science*.

Un homme et un livre ont fait la fortune du matérialisme, dans ces derniers temps. L'homme, c'est l'Allemand Jacques Moleschott, le célèbre professeur de l'Université de Turin ; le livre, c'est l'ouvrage auquel il a donné pour titre : *La Circulation de la vie, Kreislauf des Lebens.*

Depuis longtemps déjà l'hégélianisme avait découragé les esprits en Allemagne, et les avait dégoûtés de la spéculation.

Décidément, disait-on de toutes parts, l'hégélianisme ne tiendra point ses promesses, et n'apprendra rien de la réalité ; ce n'était qu'un système aventureux, sans consistance, tout entier bâti sur nuages. Comme l'on ne savait où trouver mieux, en fait de philosophie, la philosophie fut laissée de côté ; on se jeta dans la science...

Hégel lui-même y poussait directement sans s'en douter, avec son *Panlogisme*. N'avait-il pas établi que Dieu, dont il avait fait une vaine notion logique, n'avait d'autre réalité que celle de la nature, tout comme l'âme humaine ? Voilà donc tout ramené à la matière. A quoi bon dès lors courir et se fatiguer à la poursuite d'idées transcendantales, vides et vagues ? Pourquoi ne pas aller tout droit à la matière, et ne pas aborder tout de suite l'étude de la nature[1] ?

Jusqu'alors les Allemands étaient peut-être restés un peu en arrière des Français et des Anglais, sur ce terrain; mais bientôt, grâce à la patience et à l'acharnement dans l'étude qui les caractérisent, ils eurent rejoint leurs voisins et ne se laissèrent plus devancer.

Ils s'appliquèrent, avec passion, à la chimie organique, à la physiologie, à l'anatomie comparée.

Peu à peu, les résultats s'accumulèrent, le nombre des faits et des lois constatées s'accrut, les rapports entre les divers départements de la nature furent de mieux en mieux précisés, et, en 1852, Moleschott, réunissant toutes les données scientifiques, crut avoir compris l'énigme du monde, et pouvoir expliquer le secret de l'activité universelle.

La nature est une, dit-il, car elle n'est faite que d'une même matière; son activité est une, car elle procède des seules énergies de la matière.

Il ne faut point fractionner la nature, classer les phénomènes dans des ordres différents, comme s'ils étaient indépendants les uns des autres. Les phénomènes dépendent tous les uns des autres; les phénomènes supérieurs ont leur cause et leur garantie dans les phénomènes inférieurs : la pensée a pour antécédent nécessaire des conditions et

1. Dr Albert Stöckl, *Geschichte der neueren philosophie*, t. II, p. 437.

un milieu physiques. En emprisonnant dans des compartiments séparés les phénomènes de la nature, l'homme a fait une œuvre artificielle, utile, sans doute, pour l'étude, mais qui fausse, si on n'y prend garde, l'idée de la nature. Écoutez-en la démonstration.

J'ai dit que la nature est une quant à l'être, et que les plus hautes réalités sont de même matière que les plus humbles [1].

De quoi, en effet, la plante construit-elle son propre corps? d'ammoniaque, d'acide carbonique, d'eau et de quelques sels, n'est-il pas vrai? Mais dans la plante, se forment peu à peu l'albumine, le sucre et la graisse; c'est-à-dire précisément les matériaux organiques qui servent à construire l'animal. L'animal, dans le fond, ne diffère donc pas de la plante, qui ne diffère pas elle-même de la matière inorganique. La matière organique ne se distingue que par une composition beaucoup plus complexe [2].

Une bonne preuve qu'il en est ainsi, c'est, comme dit Moleschott, que *tout* se dissout en ammoniaque, acide carbonique, eau et sels. Et il poursuit. « Une bouteille contenant du carbonate d'ammoniaque, du chlorure de potassium, du phosphate de soude, de la chaux, de la magnésie, du fer, de l'acide sulfurique et de la silice, est, d'une manière idéale,

---

1. II, p. 39 et s.
2. II, p. 126.

le principe vital complet des plantes et des animaux [1] », de l'homme lui-même.

La nature est donc une : tout y est de la même étoffe.

Mais une aussi est son activité. Je cite textuellement, car nous voici au point capital :

« La force est une propriété de la matière. Une force qui ne serait pas unie à la matière, qui planerait librement au-dessus de la matière, et pourrait à volonté se marier avec elle, ou s'en séparer, serait une idée absolument vide. Les propriétés de l'azote, du carbone, de l'hydrogène et de l'oxygène, du soufre et du phosphore, résident en eux de toute éternité.

« Donc, les propriétés de la matière ne peuvent pas changer, quand elle entre dans la composition des plantes et des animaux. Par conséquent, il est évident que l'hypothèse d'une force particulière à la vie est tout à fait chimérique.

« Quiconque parle d'une force vitale, d'une force typique, ou de quelque façon qu'il en veuille varier le nom, est forcé d'admettre une force sans matière. Mais une force sans substrat matériel est une représentation absolument sans réalité, une idée abstraite dépourvue de sens [2]. »

La conséquence de tout cela est évidemment que la pensée a pour cause, tout ainsi que le commun des phénomènes, l'énergie de la matière.

1. II, p. 40.
2. II, p. 126.

Moleschott vient de l'établir par un raisonnement *a priori*. Il va vous le montrer par des faits, et faire parler l'expérience. Voici, en substance, le nouveau raisonnement qu'il nous apporte.

L'on accordera, sans doute, que la pensée est un phénomène matériel, et a pour cause le cerveau, si, d'une part, les altérations matérielles qui surviennent dans le cerveau « exercent une influence sur la pensée », et si, d'autre part, « la pensée se reflète dans les états matériels du corps [1]. »

Or, justement les deux choses arrivent et sont absolument constantes.

Et d'abord, les altérations matérielles du cerveau exercent une influence sur la pensée. Mille faits le prouvent, et plusieurs d'une façon frappante :

Qu'une dégénérescence se produise dans les deux hémisphères cérébraux, et l'on en verra résulter la somnolence, la faiblesse d'esprit, peut-être l'idiotie complète.

L'on sait que le cerveau est enveloppé d'une triple membrane ; que la quantité du liquide appelé encephalo-rachidien, qui est contenu entre la pie-mère et l'arachnoïde, s'accroisse d'une façon excessive, vite survient la stupeur, et l'activité intellectuelle est suspendue.

Tout le monde sait que, si les vaisseaux sanguins se déchirent, une quantité considérable de

---

1. II, pp. 150 et s.

sang s'épanche dans la masse du cerveau : la perte de la conscience est une conséquence de cette altération morbide.

Le délire n'est que l'expression d'une maladie cérébrale.

Pourquoi la perte de connaissance accompagne-t-elle la syncope? c'est que, les battements du cœur s'étant affaiblis à l'excès, le sang arrive au cerveau en trop petites quantités.

Les boissons, le thé, le café, l'alcool, le vin n'influent-elles pas sur nos idées, en agissant préalablement sur le cerveau ?

Il est donc de toute évidence que les modifications du cerveau exercent une influence sur la pensée. Mais il ne l'est pas moins que la pensée fait sentir profondément la sienne dans les états matériels du corps.

L'instrument de la connaissance, ce sont les nerfs. Par leurs extrémités périphériques, ils reçoivent l'impression des objets de l'extérieur; ces impressions sont conduites, par des fibres nerveuses, à la moelle et au cerveau: et, dans le cerveau, déterminent une connaissance, une perception. Or, voici la découverte, l'importante découverte qu'a faite Bois-Reymond : C'est qu'il y a dans tous les nerfs un courant électrique; c'est, de plus, que toute activité des nerfs, soit musculaire, à titre de mouvement, soit cérébrale, à titre de sensation ou connaissance, modifie le courant électrique du nerf. Et parce que le courant électrique opère partout une transformation chimique dans le conducteur humide qu'il traverse, il s'ensuit que tous les phénomènes de connaissance, comme les phénomènes de mouvement, étant accompagnés d'une augmentation ou d'une diminution du courant nerveux, produisent une transformation chimique de la matière dans le corps, et particulièrement dans le cerveau.

La pensée modifie donc chimiquement le cerveau.

Il est donc constaté que la pensée modifie les conditions matérielles du cerveau comme les changements matériels du cerveau modifient la pensée.

La pensée est donc bien une fonction du cerveau.

« La pensée, comme Moleschott se plaît à le répéter, c'est donc un mouvement, une transformation de la matière cérébrale [1]. »

Mais ces preuves ne suffisent pas à cet ami passionné de la matière. Après avoir interrogé la chimie organique et la physiologie, il se tourne vers l'anatomie, et s'efforce de confirmer sa thèse, en établissant que l'intelligence est proportionnée, soit dans l'homme, soit dans les animaux, au volume, au poids, à la forme, au nombre et à la profondeur des circonvolutions du cerveau.

Puis, faisant comme un dernier effort, et voulant porter un coup décisif :

[1]. t. II, p. 179

« Les jugements, les idées et les raisonnements, dit-il, forment la totalité de notre pensée. Le raisonnement résulte de l'idée, l'idée du jugement, le jugement de l'observation par les sens. Mais l'observation par les sens est la perception de l'impression que fait sur nos nerfs un mouvement matériel qui se propage jusqu'au cerveau.

« La pensée n'est donc qu'un mouvement de la matière [1]. »

L'apparition du *Kreislauf des Lebens* fut saluée avec un véritable enthousiasme. L'esprit humain est si désireux de connaître le dernier mot des phénomènes de l'univers, qu'il acclame, comme d'instinct, tout ce qui semble devoir lui en donner la clef. L'admiration pour ces idées ne fit que s'accroître, à mesure que la grande *loi d'équivalence* des forces physiques s'accrédita par les travaux des savants Français et Anglais, particulièrement de M. Herbert Spencer. Quelle satisfaction de tout expliquer par une seule loi! de voir le mouvement matériel, simple vibration moléculaire d'abord, remonter par les fibres nerveuses jusqu'au cerveau, y devenir une perception, laquelle devient une volonté, laquelle, à son tour, par la contraction musculaire, nous ramène au mouvement, à la vibration initiale!

Et puis, il faut tout dire, Moleschott, à un moment, se ressouvenant qu'il fut autrefois disciple

---

1. II, p. 210.

d'Hégel, fait entendre, tout à coup, la note de l'esthétique panthéiste; et montre combien il est beau, combien il est doux, d'être formé d'une matière commune, d'oxygène, d'hydrogène, de carbone; puisque de la sorte, par la vertu de la force éternelle qui rajeunit tout, l'on n'est détruit que pour revivre en de nouvelles existences, devenir fleurs, devenir fruits, « passer dans les plaines et dans les prairies, monter comme une sève de pensées nouvelles dans les cerveaux humains¹! »

Songez donc comme il est beau, comme il est doux, de se voir sourire dans une pâquerette, de s'entendre chanter dans un ruisseau, bruire dans un feuillage; d'être, tour à tour, flamme légère, papillon brillant, tempête qui gronde, flot qui s'écoule, rêve d'or pendant la nuit, pensée profonde pendant le jour!...

Le matérialisme devenu poésie! C'était le comble de la séduction et de l'enchantement...

Büchner et K. Vogt, le premier d'une façon vulgaire, déclamatoire, mais accessible à tous, dans son livre : *Kraft und Stoff*, qu'on appelle en Allemagne « l'Évangile du matérialisme »; le second, d'une manière assez piquante et originale, mais avec une âpreté de langage peu séante, dans ses *Vorlesungen über den menschen*, reproduisirent les théories de Moleschott; et le matérialisme devint de plus en plus populaire.

1. II. p. 20.

Depuis lors, les partisans de ce système travaillent sans cesse à consolider et à illustrer leur doctrine, surtout en suivant de près et en mettant à profit les progrès de la science. Ainsi, quand Fechner [1] a prétendu établir, par ses recherches psycho-physiques, les rapports précis qui existent entre l'excitation matérielle et la sensation ; quand Wundt [2] s'est efforcé de montrer, dans sa psychologie physique, que la pensée qui jaillit à un moment dans notre âme sort d'une préparation physiologique inconsciente, absolument comme une conclusion de ses prémisses, le matérialisme n'a pas manqué de crier d'abord qu'il y avait dans les théories des deux savants une confirmation, ou au moins un éclaircissement de sa propre thèse.

Mais, à vrai dire, depuis les livres de Moleschott et de K. Vogt, aucun argument réellement nouveau n'a été produit en sa faveur, et l'on connaît certainement, après l'exposé que je viens de faire, tout ce qui a été imaginé, et tout ce que l'on a avancé de plus fort, pour l'établir [3].

A-t-on rien avancé de démonstratif ? c'est ce que nous allons maintenant examiner.

S'il est une doctrine qui soit tenue de fournir

---

1. V. Ribot, *Psychologie allemande*, et Dr Albert Stöckl, *Geschichte der neueren philosophie*.
2. V. les deux ouvrages cités.
3. V. Ch. Richet, *Essai de Psychologie générale*.

des preuves solides et des arguments rigoureux, à coup sûr, c'est le matérialisme.

Ce système, en effet, en si beaux termes qu'on l'expose, ne paraît fait que pour humilier et attrister l'homme.

N'est-il pas humiliant pour l'homme de s'entendre dire, qu'entre lui et la poussière qu'il foule de ses pieds, et tout ce vil bétail dont il se sert, il n'existe pas de différence essentielle ; qu'au milieu de ce bas monde, il n'est qu'un premier entre ses pairs ; et qu'il doit son titre et sa place de premier, simplement à une combinaison particulière des éléments matériels, et à une disposition spéciale des parties dont son corps est formé ?

Mais n'est-il pas, au moins, aussi attristant d'entendre soutenir que l'existence humaine se mesure à la vie présente, que l'immortalité personnelle est une chimère, et qu'au bord de la tombe, toute pensée humaine s'éteint pour ne se rallumer jamais, tous les liens de l'affection se brisent pour ne plus se renouer ?

Oui, ce système qui ravale l'homme à la condition de la brute, qui lui enlève les plus douces espérances et, partant, les meilleures consolations, ce nous est un droit et un devoir d'examiner de près sur quels fondements il repose, et ce que valent, au jugement de l'inflexible logique, les raisons dont il prétend s'autoriser pour nous abaisser, dans le présent, et nous décourager, en face de l'avenir.

Ces raisons, il les puise à deux sources : dans les faits, dans les idées ; et les faits, nous avons pu le remarquer, il les emprunte principalement à ces trois sciences : la chimie, l'anatomie et la physiologie.

Vous entendiez tout à l'heure Moleschott : la nature est une, et toute d'une seule étoffe, la matière. En effet, à la naissance, ou à la décomposition des plantes, des animaux, que trouvez-vous ? De l'ammoniaque, de l'acide carbonique, de l'eau et quelques sels, c'est-à-dire rien que des substances du règne minéral. Tout se décompose en ammoniaque, etc...

D'où suit la formule : « Une bouteille contenant du carbonate, de l'ammoniaque, du chlorure de potassium, du phosphate de soude, de la chaux, de la magnésie, du fer, de l'acide sulfurique, de la silice, est, d'une manière idéale, *le principe vital complet des plantes et des animaux, de l'homme lui-même* [1]. »

Dans tout cela, il y a deux choses : d'abord une assertion, — à savoir : que la chimie, en d'autres termes, que les propriétés physiques et chimiques des corps suffisent à rendre raison de la vie, même de la vie et de la pensée humaine ; — puis, un raisonnement pour appuyer cette assertion.

Laissons M. Claude Bernard nous dire ce que vaut l'assertion de M. Moleschott.

1. V. plus haut, p. 46

Voici en quels termes l'illustre physiologiste français conclut une remarquable étude sur la « *Définition de la vie*[1] ».

« Le germe préside encore à l'organisation de l'être en formant, à l'aide des matières ambiantes, la substance vivante, et en lui donnant les caractères d'instabilité chimique qui deviennent la cause des mouvements vitaux incessants qui se passent en elle. Les cellules, germe secondaire, président de la même façon à l'organisation cellulaire nutritive. Il est bien évident que ce sont des actions purement chimiques; mais il est non moins clair que ces actions chimiques, en vertu desquelles l'organisme s'accroît et s'édifie, s'enchaînent et se succèdent en vue de ce résultat qui est l'organisation et l'accroissement de l'individu animal ou végétal. Il y a comme un dessin vital qui trace le plan de chaque être et de chaque organe, en sorte que, si, considéré isolément, chaque phénomène de l'organisme est tributaire des forces générales de la nature, pris dans leur succession et dans leur ensemble, ils paraissent révéler un lien spécial ; ils semblent dirigés par quelque condition invisible dans la route qu'ils suivent, dans l'ordre qui les enchaîne. Ainsi, les actions chimiques synthétiques de l'organisation et de la nutrition se manifestent comme si elles étaient dominées par une force impulsive gouver-

---

1. *La Science expérimentale*, p. 208 et s. 2ᵉ édit.

nant la matière, faisant une chimie appropriée à un but, et mettant en présence les réactifs aveugles des laboratoires, à la manière du chimiste lui-même. Cette puissance d'évolution immanente à l'ovule qui doit reproduire un être vivant embrasse à la fois, ainsi que nous le savons déjà, les phénomènes de génération et de nutrition ; les uns et les autres ont donc un caractère évolutif qui en est le fond et l'essence.

« *C'est cette puissance ou propriété évolutive, que nous nous bornons à énoncer ici, qui seule constituerait le* quid proprium *de la vie : car il est clair que cette propriété évolutive de l'œuf qui produira un mammifère, un oiseau ou un poisson, n'est ni de la physique, ni de la chimie.* »

Vous l'entendez ; selon M. Claude Bernard, la physique ni la chimie ne peuvent expliquer la vie, la simple vie organique ; parce que la vie suppose « *une puissance* ou *une propriété* » qui est hors de leur portée ; parce que cette propriété évolutive qui constitue le *quid proprium* de la vie, ce n'est évidemment « ni de la physique ni de la chimie ».

Que si les Matérialistes ne trouvent pas ce langage assez précis, ni leur doctrine assez clairement visée par ces paroles, voici deux lignes du même auteur qui ne sauraient manquer de les satisfaire : « Je pourrais montrer facilement, dit encore M. Cl. Bernard, qu'en physiologie, le matérialisme ne conduit à rien, et n'explique rien [1]. »

Après un démenti aussi formel infligé à l'assertion de M. Moleschott par un homme aussi compétent que M. Claude Bernard, il serait bien superflu de discourir longuement pour montrer que le matérialisme n'a point trouvé le secret de la vie, — à combien plus forte raison de la pensée, — dans les synthèses ou dans les analyses chimiques.

Mais je ne sais pas résister au plaisir de faire remarquer la divertissante manière dont raisonne le célèbre professeur allemand, en cet endroit.

Il doit prouver que la pensée humaine s'explique par le jeu des propriétés physiques et chimiques de la substance cérébrale, sans qu'il soit besoin de recourir à un principe immatériel, à une âme; et il nous dit :

« Si j'analyse, *par les procédés de la chimie,* le cerveau humain, je n'y trouve que des éléments matériels, et point d'esprit; avec la chimie, je décompose TOUT en ammoniaque, etc... Donc le principe de la pensée est de la matière, et point un esprit !!! »

En vérité l'argument ferait rire un hypocondriaque. *Par les procédés de la chimie,*

---

[1]. P. 361. Dix fois, dans ses ouvrages, particulièrement dans ses *Leçons sur les phénomènes de la vie,* l'éminent physiologiste exprime le même jugement, dans les mêmes termes.

vous décomposez TOUT : tout ce qui est *composé chimiquement,* d'accord. Mais, par esprit, l'on entend justement ce qui ne serait composé ni physiquement, ni chimiquement. Le monde pourrait donc être plein d'esprit, sans qu'il vous fût possible, *par les procédés de la chimie,* d'en trouver le moindre vestige. Voit-on d'ici notre illustre chimiste allumant ses fourneaux, disposant l'alambic et les cornues, pour extraire l'esprit ! Vous oubliez, Monsieur Moleschott, que l'esprit, par définition, ne peut se prendre avec la main, et ne tient point dans un verre. *Avec les procédés de la chimie,* vous pourrez obtenir l'esprit de vin, mais l'autre, non.

Et dire que cette formule : « Si j'analyse le cerveau, je n'y trouve que des éléments matériels », aussi bien que cette autre : « Je n'ai jamais trouvé l'âme au bout de mon scalpel, » toutes les deux dignes de bateleurs et de charlatans, ont été écrites, répétées, et jetées fièrement à la face des Spiritualistes, comme décisives, par des hommes qui prétendent à représenter la Science !

Quand donc le matérialisme, pour défendre sa thèse, sur, ou mieux, contre l'âme humaine, se réclame de la chimie, il s'illusionne, ou il veut en imposer. La chimie laisse absolument intact le problème de la pensée.

Mais l'anatomie et la physiologie en disent peut-être davantage.

Pour ce qui est de l'anatomie, je remarque, tout

de suite, qu'elle ne nous montre aucun rapport direct, aucune proportion rigoureuse et proprement dite, entre la pensée et les organes. Je regarde une lame de couteau, une hélice de navire : un physicien me fera voir, si je le veux, le rapport qui existe entre la forme de ces objets et l'effet qu'ils produisent, l'un dans le pain, l'autre dans l'eau. L'anatomiste ne pourra me faire voir rien de semblable entre la cellule nerveuse, organe présumé de la pensée, et la pensée elle-même.

Regardez votre pensée, à cette heure, et comparez-la avec cette définition, communément reçue, des cellules nerveuses : « Ce sont de petits corps solides, ronds, ovales, pyriformes, se prolongeant en forme de queue, ou présentant des rayons ou des pointes comme une étoile. Ils se composent d'une matière pulpeuse, avec un corps ou noyau arrondi et excentrique, qui contient un ou plusieurs noyaux plus petits, entourés de granules colorés. »

Évidemment, on ne retrouve rien en tout cela qui rappelle le moins du monde la pensée. Les savants, du reste, en tombent d'accord, et un anatomiste anglais disait assez spirituellement : « Nous ressemblons, devant les fibres et les cellules du cerveau, à des cochers de fiacre, qui connaissent les rues et les maisons, mais sans savoir ce qui se passe au dedans [1]. »

1. Ribot, *Psych. angl.*, p. 26.

Qu'on parle de cellules nerveuses tant qu'on voudra, aussi longtemps que le microscope ne nous y fera voir que ce que nous y voyons aujourd'hui, l'on sera toujours obligé de convenir qu'entre la pensée et la cellule nerveuse, l'anatomie la plus avancée ne nous montre pas plus de rapports qu'il n'en existe entre une pensée humaine et une pointe de sabre.

Mais, après tout, il suffirait aux Matérialistes de nous démontrer, au moyen d'une inférence rigoureuse, que certains faits observés par l'anatomie emportent que le cerveau est le principe de la pensée.

Voyons s'ils le démontrent, et quels faits ils apportent en preuve. Ils ont dit : les uns, que l'intelligence était proportionnelle au volume du cerveau ; les autres, à son poids ; les autres, à sa forme ; les autres, au nombre et à la profondeur de ses circonvolutions ; et ils ont conclu à l'unanimité : donc le cerveau est le facteur de la pensée.

Mais cette raison ne tient pas : pour deux motifs. Le premier, c'est que ces prétendus rapports entre la puissance de pensée et les diverses propriétés du cerveau que l'on allègue ne sont rien moins que sûrs — la division des Matérialistes le montre de reste — et souffrent les plus éclatantes exceptions.

Écoutez, à ce propos, une boutade assez piquante de Karl Vogt. Il voudrait absolument, lui, que l'intelligence fût proportionnelle au poids du cerveau. Malheureusement, les tableaux où le célèbre Wagner a consigné le poids d'un si grand nombre de cerveaux pesés par lui ne s'accordent guère avec la thèse :

« Les tableaux de Wagner sont bien un peu embarrassants, dit Karl Vogt, car, dans ces tableaux, des hommes comme Haussmann (le minéralogiste distingué de Gœttingue) et Tiedemann, qui ont cependant occupé une place honorable dans la science, se trouvaient dans une position *très inférieure,* si l'on juge par le poids de leur cerveau. »

« Mais, ajoute l'intrépide Génevois, — les exceptions confirment la règle ; — puis, leur cerveau s'était peut-être rétréci ; — enfin, il me semble qu'une place de professeur à Gœttingue, ou de secrétaire perpétuel à l'Académie des sciences de cette ville, ne *sont pas précisément une preuve de développement intellectuel extraordinaire* [1]. » Le spirituel et gracieux confrère !

Et le cerveau de M. Gambetta ? Chacun sait que le poids moyen du cerveau de l'homme étant environ de 1.300 gr., celui de la femme, de 1.200 gr., M. Gambetta n'avait que 1.160 gr. de cervelle.

Qu'en aura dit M. Karl Vogt ? Je pense qu'il n'aura pas osé répéter que « les exceptions confirment la règle » : car il aura, sans doute, fini

---

1. *Leçons sur l'homme.* 2ᵉ édit., p. 104.

par s'aviser que ce principe, s'il continuait à l'appliquer en *pareille matière*, le conduirait à des conclusions exorbitantes ; à celles-ci, par exemple : qu'il n'est pas naturellement impossible, l'exception confirmant la règle, qu'un homme sans tête parle, et qu'un homme sans jambes marche.

Il ne pouvait pas davantage alléguer que, peut-être, par suite de l'âge, le cerveau du fameux tribun s'était rétréci.

Il est vrai que notre aimable voisin avait encore la ressource de dire, qu'au temps qui court, en France, être président de la Chambre ou chef de Cabinet, « ce n'est pas précisément une preuve de développement intellectuel extraordinaire. »

En résumé, toutes ces observations que l'on a faites, sur les rapports du cerveau et de la pensée, sont bien peu sûres et fort contestables. Messieurs les Matérialistes le savent bien, et l'ardent M. Vogt le sait mieux que personne, lui qui a écrit ces paroles : « On affirmait autrefois que le cerveau de l'homme est plus pesant que celui d'aucun autre animal. Cette hypothèse est fondée, relativement à la plupart des animaux ; mais, dès qu'on étudie les intelligents colosses du règne animal, l'éléphant et les cétacés, on acquiert bientôt la preuve du peu de valeur de cette proposition. Il ne faut donc plus penser à considérer l'homme comme celui de tous les animaux qui possède le cerveau le plus pesant. Les défenseurs de cette hypothèse, vaincus sur ce point, ont voulu lui attribuer au moins le cerveau le plus pesant, relativement au poids du corps. Le poids du corps humain est, en moyenne, au poids du cerveau comme 37 : 1, tandis que, chez les animaux réputés les plus intelligents, la proportion est ordinairement comme 100 : 1. Mais si les géants de la création contredisent la première hypothèse, les nains de la création infirment la seconde. On observe, en effet, chez la plupart des petits oiseaux chanteurs, comme rapport des poids du cerveau au poids du corps, des chiffres beaucoup plus favorables que le chiffre normal humain, et les petits singes américains offrent, sous ce rapport, un poids cérébral proportionnellement beaucoup plus considérable qu'il n'est chez le roi de la création [1]. »

1. *Leçons sur l'homme*, p. 106.
Voici un intéressant commentaire de ce passage de K. Vogt. Il est de M. G. Colin, professeur à l'école vétérinaire d'Alfort, auteur d'un rapport à l'Académie des sciences intitulé : *L'intelligence des animaux est-elle en rapport avec le développement des centres nerveux?* Après avoir reproduit, en deux grands tableaux, le poids des centres nerveux d'un grand nombre d'animaux trouvé par lui, au moyen de pesées faites avec le plus grand soin, il poursuit en ces termes :
« Si maintenant on cherche dans ces tableaux un rapport entre l'intelligence et la masse des centres nerveux, pris en bloc ou par parties, *on ne le trouve nullement*...
..... L'homme, qui est évidemment, et de beaucoup, le plus intelligent des animaux, non seulement n'est pas à leur tête par le développement de son encéphale, mais il est inférieur à un grand nombre de mammifères, singes, rongeurs, petits carnassiers, et même à un assez grand nombre d'oiseaux. Ainsi, parmi les singes, le saï, le coaïta, le mone, le gibbon, parmi les rongeurs et les carnassiers, le mulot, la souris, la taupe, la belette, ont, relativement à la masse du corps, plus de substance encéphalique que lui ; il est dépassé même par des oiseaux,

Mais, fût-il certain que le développement de la pensée est proportionnel à celui du cerveau, l'on n'en ferait jamais sortir logiquement cette conclusion : donc le cerveau est le facteur de la pensée. Qu'il existe, à parler en général, un rapport entre la structure, les dispositions du système nerveux et le degré d'intelligence dont jouit l'homme, cela me paraît constant. Saint Thomas n'en fait pas un doute, lui qui, vingt fois dans ses œuvres, a des paroles comme celle-ci : « *Inter ipsos homines qui sunt melioris tactus sunt melioris intellectus* [1].

Mais, malgré cette concession, je nie absolument la conclusion matérialiste de tout à l'heure. Comment et pourquoi? C'est ce que je vais dire, en parlant de la preuve que le matérialisme tire de la physiologie et de l'influence du physique sur le moral.

— Admettez-vous que l'activité mentale, telle

---

tels que la mésange, le serin, la linotte, le moineau, la pie, le perroquet, et cela, dans des proportions considérables; au point que la pie, la linotte, le moineau, le chardonneret, le coq, ont une fois autant d'encéphale que lui, le serin et la mésange presque quatre fois autant. » *Traité de physiologie comparée des animaux*, t. I, p. 263-268.

1. *V*. dans l'*Apologie scientifique de la Foi*, par M. le chanoine Duilhé de Saint-Projet, 1re édit., pp. 367, et s., une confirmation indirecte curieuse de cet aphorisme d'Aristote et de saint Thomas. Cette histoire d'une jeune fille, sourde, muette et aveugle de naissance, qui a pu recevoir une éducation complète, est rapportée d'une façon très intéressante, et donne beaucoup à penser.

qu'elle s'exerce en nous présentement, dépend de l'existence d'un certain appareil nerveux?

— Je l'admets.

— Admettez-vous que souvent la pensée a pour point initial un mouvement vibratoire imprimé du dehors à quelques cellules nerveuses, et se transmettant jusqu'au cerveau ?

— Je l'admets.

— Admettez-vous que la pensée, quelque spirituelle qu'elle soit, s'exerce aux dépens du cerveau et des nerfs, y provoquant des changements chimiques, et une perte de substance appréciable ?

— Je l'admets.

— Admettez-vous que la nourriture a une influence sur la pensée ?

— Je l'admets. Et il y a longtemps que j'ai lu, dans Albert le Grand, quel régime doit suivre l'homme d'études, pour avoir les idées nettes.

— Admettez-vous que le physique agit sur le moral, et réciproquement?

— Oui ; et je sais, depuis des années, la fameuse maxime : « Ne présentez point requête au ministre, sans avoir demandé où en est sa digestion. »

— Donc, vous êtes matérialiste, donc, vous admettez que l'homme pense par son cerveau : que l'âme intelligente, c'est le cerveau pensant.

— Nullement.

Les Matérialistes, comme dirait Pascal, ne craignent point assez le *distinguo*.

La pensée dépend du cerveau, dites-vous, mais

elle en peut dépendre de deux manières : ou comme de son principe direct, de sa cause efficiente, prochaine, immédiate ; ou comme d'un principe indirect, éloigné, médiat, qui serait, ou poserait une simple condition, et ne serait point la cause même de la pensée. Ainsi, quand, le jour, j'ouvre les volets qui sont à ma fenêtre, ma chambre aussitôt est éclairée. L'ouverture des volets est bien la condition de la lumière qui se fait dans ma chambre. Mais quelle est la vraie cause de cette lumière ? Les volets ouverts, ou le soleil ? Vous êtes bien obligés de reconnaitre que c'est le soleil.

Il ne vous sert donc de rien de dire et de montrer que tout état ou opération psychique est invariablement associé à un état nerveux, que toute pensée est liée à un concomitant physique, cérébral, déterminé.

Tout cela est accordé. Ce qui ne l'est pas, c'est que la cellule nerveuse, c'est que le cerveau ne pose pas, ne réalise pas seulement une condition préalable de la pensée, *mais sécrète ou vibre la pensée elle-même*.

Voilà le point précis qu'il vous faut démontrer, Messieurs les Matérialistes, et tant que vous ne l'aurez pas démontré, vous n'aurez rien fait.

— Mais nous le démontrons par la physiologie.
— Voyons.

Pouvez-vous donc démontrer, *soit par voie de simple observation, soit par voie d'expérimenta-*

tion, que le cerveau est la cause *efficiente, directe, prochaine, immédiate* de la pensée? C'est-à-dire, *avez-vous vu, et pouvez-vous nous faire voir, une pensée sécrétée ou vibrée par un cerveau, ou par une cellule de cerveau ?* Si vous avez vu ce spectacle, et si vous pouvez nous le montrer, c'en est fait, nous sommes matérialistes avec vous.

Mais non, n'est-ce pas, vos yeux n'ont jamais vu cela, et vous ne sauriez nous le faire voir [1]. Cessant d'interroger la science sur ce qu'elle ne peut vous dire, usez alors de la seule ressource qui vous reste : Raisonnez sur les phénomènes.

---

1. « Admettons qu'une pensée définie corresponde simultanément à une action moléculaire définie dans le cerveau. Eh bien! nous ne possédons pas l'organe intellectuel, nous n'avons même pas apparemment le rudiment de cet organe, qui nous permettrait de passer par le raisonnement d'un phénomène à l'autre. Ils se produisent ensemble, mais nous ne savons pas pourquoi. Si notre intelligence et nos sens étaient assez perfectionnés, assez vigoureux, assez illuminés, pour nous permettre de voir et de sentir les molécules mêmes du cerveau; si nous pouvions suivre tous les mouvements, tous les groupements, toutes les décharges électriques, si elles existent, de ces molécules; si nous connaissions parfaitement les états moléculaires qui correspondent à tel ou tel état de pensée ou de sentiment, nous serions encore aussi loin que jamais de la solution de ce problème : quel est le lien entre cet état physique et les faits de la conscience? L'abîme qui existe entre ces deux classes de phénomènes serait toujours intellectuellement infranchissable. Admettons que le sentiment *amour*, par exemple, corresponde à un mouvement en spirale dextre des molécules du cerveau, et le sentiment *haine* à un mouvement en spirale senestre. Nous saurions donc que, quand nous aimons, le mouvement se produit dans une direction, et que, quand nous haïssons, il se produit dans une autre: mais le pourquoi resterait encore sans réponse. »
Tyndall, *Revue des cours scientifiques*, 1868-1869, n° 1.

Nous consentons encore à devenir des vôtres, si, partant de faits constatés par la physiologie ou par l'anatomie, vous établissez dans une argumentation rigoureuse, que, les faits étant tels, il est impossible que le cerveau ne soit pas la cause efficiente, immédiate et directe de la pensée.

Ainsi pressés et acculés, les Matérialistes produisent le seul argument spécieux qu'ils invoquent en faveur de leur thèse.

Nous allons, à notre tour, produire cet argument, et, après l'avoir formulé avec plus de force et de rigueur que les Matérialistes eux-mêmes, nous montrerons nettement qu'il n'est qu'un sophisme.

Le voici, dans toute l'ampleur et l'énergie du syllogisme :

Tout phénomène dont les antécédents et les conséquents sont matériels est matériel lui-même.

Or, la pensée humaine a des antécédents et des conséquents matériels.

Donc la pensée humaine elle-même est matérielle.

Que les Matérialistes me le pardonnent ! En formulant de la sorte leur raison, je leur fais exprimer un principe qu'ils ont l'habitude de sous-entendre. J'avoue qu'ordinairement, en effet, ils se contentent de dire : La pensée humaine a des antécédents et des conséquents matériels. Donc, etc.

C'est plus court, et, en parlant de la sorte, ces Messieurs sont aussi moins exposés à se voir traités de métaphysiciens par leurs frères les Positivistes.

Ils conviendront, du moins, que l'argument tel qu'il vient d'être présenté est loin de perdre de sa force, et que je reproduis fidèlement la proposition essentielle et décisive : « La pensée humaine a des antécédents et des conséquents matériels. » Cette proposition, du reste, aux yeux des Matérialistes, est absolument inattaquable. Que la pensée humaine germe ou brille au milieu d'antécédents et de conséquents matériels, cela demeure prouvé : par tout ce que La Mettrie nous a dit de l'influence réciproque « du physique sur le moral »; par ce fait que nos idées suivent des sensations; par cet autre fait, physiologiquement démontré, qu'elles ont pour point initial un ébranlement nerveux, et pour terme final un ébranlement nerveux; enfin, par cette expépérience que les états du cerveau influent sur les idées, et que les idées influent sur les états du cerveau. Sans compter que l'anatomie est en chemin de constater un rapport précis entre la perfection du système nerveux et le développement de l'intelligence.

Dites, après cela, si les sciences, comme de concert, ne rendent pas hommage à la vérité du système !

Avez-vous feuilleté quelquefois les livres d'Aristote? Si vous l'avez fait, vous aurez, bien sûr, remarqué, parmi ses œuvres de logique, un petit traité ayant pour titre : ΠΕΡΙ ΣΟΦΙΣΤΙΚΩΝ ΕΛΕΓΧΩΝ.

Ce traité « des sophismes », peu considérable par son étendue, l'est beaucoup par les services qu'il peut rendre dans la formation de l'esprit; et au moyen-âge, où on l'appréciait grandement, saint Thomas ne dédaigna point d'en faire un commentaire, qu'il adressait *ad quosdam nobiles Artistas*.

Or, parmi les treize espèces auxquelles Aristote réduit les diverses formes à la fois vicieuses et spécieuses de raisonnement, je remarque la dixième, qu'il appelle : la pétition de principe, ou mieux pétition dans le principe : το εν αρχη λαμβάνειν.

Voici, d'après Albert le Grand, commentant la pensée du philosophe, en quoi consiste ce sophisme de la pétition dans le principe.

Par principe, il faut d'abord entendre ici les prémisses du raisonnement, qui sont bien, en effet, le principe de la conclusion, puisqu'elles renferment non seulement les deux termes qui en sont le sujet et l'attribut, mais encore l'*intermédiaire* dont se sert la raison pour les unir. Or, en tout syllogisme probant, continue le grand Docteur, « *in omni syllogismo probante,* » il est de rigueur, « *exigitur,* » que, autre et plus connu soit le principe, autre et moins connue soit la conclusion : « *aliud sit probans et notius, et aliud probatum et ignotius.* » Si donc un raisonnement est conçu de telle sorte que ce qui est affirmé dans les prémisses, en réalité, ne diffère pas de ce qui est affirmé dans la conclusion, n'est ni plus sûr ni plus évident, ce raisonnement est une pétition de principe, ou une pétition dans le principe.

Il faut pourtant remarquer, avec Albert le Grand, que toute pétition de principe ne mérite pas le nom de sophisme. « Dire, par exemple : *Homo currit; ergo homo currit;* ou bien : *Gladius cadit; ergo spada cadit,* c'est bien faire une pétition de principe, mais ce n'est pas faire un sophisme. Que manque-t-il donc? — « *Nulla enim potest dari causa apparentiæ in tali argumento.* » Pour qu'un raisonnement puisse s'appeler un sophisme, il faut que, contenant l'erreur, il ait apparence de vérité, qu'il soit spécieux. Donc, conclut Albert le Grand, pour que le sophisme de la pétition dans le principe existe véritablement, deux conditions sont nécessaires et suffisent : la première, que les prémisses et la conclusion *paraissent* différentes : « *apparens diversitas;* » la seconde, que, au fond et en réalité, elles soient identiques : « *secundum rem identitas. Deficiente altero istorum, deficit ratio fallaciæ* [1]. »

Hé bien, nous avons un exemple remarquable de ce sophisme, dans le raisonnement que nous

---

1. Albert le Grand, lib. 1 Elench., tr. III, c. XIII.

entendions faire aux Matérialistes tout à l'heure; et j'espère en convaincre mes lecteurs sans longs discours.

Pour éviter d'être désagréable à ces Messieurs, je ne les retiendrai point longtemps, comme je pourrais et le devrais faire, en bon scolastique, sur le principe que : Tout phénomène dont les antécédents et les conséquents sont matériels est matériel lui-même. Je consens au contraire, tout de suite, à regarder comme certain, qu'entre le phénomène et *quelques-uns*, au moins, de ses antécédents et de ses conséquents, il doit y avoir ressemblance de nature.

Mais, venant tout droit à la seconde proposition : « La pensée humaine a des antécédents et des conséquents matériels, » je demande en quel sens il faut entendre cette assertion équivoque, et quelle portée il faut qu'on lui donne : Est-elle générale? Est-elle particulière? Veut-on affirmer que *tous* les antécédents et *tous* les conséquents de la pensée sont matériels, ou seulement que quelques-uns, un plus ou moins grand nombre, le sont?

Remarquez-le bien, pour qu'on puisse inférer logiquement et rigoureusement que la pensée est matérielle, de ce fait qu'elle a des antécédents et des conséquents matériels, il est d'une absolue nécessité d'affirmer expressément, ou de sous-entendre au moins, que *tous* ses antécédents et *tous* ses conséquents sont matériels. Car si *quelques-uns* étaient immatériels, la pensée pourrait fort bien être immatérielle. Pourquoi, en effet, ayant à la fois des antécédents et des conséquents immatériels, des antécédents et des conséquents matériels, la pensée devrait-elle être supposée plutôt matérielle qu'immatérielle ?

Quand donc les Matérialistes disent dans leur raisonnement : Les antécédents et les conséquents de la pensée humaine sont matériels, donc la pensée est matérielle, ils entendent et doivent entendre dire : *Tous* les antécédents et *tous* les conséquents de la pensée humaine sont matériels. Autrement, il est de toute évidence que l'argument serait nul.

Or, je soutiens que l'argument des Matérialistes, si on le formule de la sorte : — *Tous* les antécédents et *tous* les conséquents de la pensée humaine sont matériels, donc la pensée elle-même est matérielle, — devient, par ce seul fait, une pétition de principe flagrante.

D'une part, en effet, demander qu'on accorde, ou affirmer, sans preuves, que *tous* les antécédents et *tous* les conséquents de la pensée sont matériels, c'est changer simplement les termes de la question, et demander équivalemment qu'on regarde comme vrai ce qui doit être prouvé vrai. Car je veux bien accorder que la pensée humaine est matérielle, si *tous* ses antécédents et *tous* ses conséquents sont matériels.

D'autre part, il est clair que les Matérialistes demandent qu'on leur accorde sans preuves que *tous* les antécédents et *tous* les conséquents de la pensée sont matériels : puisque tous les faits invoqués par eux en preuve, qu'ils les empruntent soit à la chimie, soit à l'anatomie, soit à la physiologie, soit à l'expérience vulgaire, établissent bien cette proposition : « *Un certain nombre* des antécédents, *certains* des conséquents de la pensée sont matériels, » mais n'ont aucun rapport avec cette autre proposition : « *Tous* les antécédents et *tous* les conséquents de la pensée humaine sont matériels. »

Les Matérialistes, en raisonnant de la sorte, supposent donc bien comme accordé et convenu ce qui est en question, et ce qu'ils doivent prouver. Ils commettent donc bien, comme je le disais, une pétition de principe flagrante.

Voilà ce que vaut, au jugement sans appel de la logique, cet argument de si imposante apparence, et que le matérialisme regarde comme son appui le plus solide. C'est un pur sophisme, que l'on ne peut pas même compter au nombre des plus fins, et auquel les hommes intelligents ne se laissent prendre que par surprise, ou faute d'avoir été suffisamment initiés aux principes d'une philosophie sérieuse.

« La pensée humaine a un certain nombre d'antécédents matériels »..... La grande nouvelle !... Le monde avait-il donc attendu qu'il y eût des chimistes, des anatomistes, des physiologistes, pour s'en apercevoir ?

Ce n'est pas là ce que nous avions besoin d'apprendre. Ce qu'il fallait nous dire, c'est si, oui ou non, *tous* les antécédents et *tous* les conséquents de la pensée humaine sont matériels.

L'anatomie, ou la chimie, ou la physiologie, ou toutes les trois ensemble, le disent-elles et le démontrent-elles? Non.

Qu'on ne parle donc plus tant d'observation et d'expérience; et, au nom de la raison, comme du vrai savoir, qu'on cesse de dire que l'avènement de la Science — ce qu'on appelle si improprement la Science — a été la démonstration et le triomphe du matérialisme.

Mais, je l'ai remarqué, les Matérialistes n'invoquent pas seulement les faits ; ils ont aussi prétendu établir leur thèse sur des idées, sur des principes. Voyons s'ils réussiront mieux sur ce nouveau terrain.

Ce n'est pas probable. Car, sans doute parce que le terrain de la métaphysique leur brûle un peu les pieds, ces Messieurs répugnent à s'y arrêter et y passent en courant. Or, en métaphysique, aller vite, c'est, pour l'ordinaire, ne point aller droit. Mais nous verrons bien.

Ecoutons les preuves:

« Nous ne saurions, dit d'Holbach, admettre une substance, que nous ne pouvons pas même nous représenter. Or, le moyen de nous représenter une substance spirituelle, qui n'est que la négation de tout ce que nous connaissons ?...

— Chose bizarre! en entendant cela, je m'imagine toujours quelque brave professeur de philosophie de première année, spiritualiste convaincu, proposant cette objection à résoudre à ses élèves, comme « exercice facile » d'argumentation.

Distinguer comme il suit : Si se *représenter* est pris dans le sens de se former une représentation *imaginative*, avec *figures et couleurs*, il est vrai qu'on ne peut se représenter un esprit, puisqu'il ne saurait avoir ni figure ni couleur. Mais si se *représenter* est pris pour *concevoir*, *penser*, rien n'empêche qu'on ne puisse se représenter un esprit, ou, en général, quelque nature immatérielle. Ainsi, quand les Spiritualistes disent que l'âme humaine est : 1° une réalité; 2° une réalité substantielle; 3° une réalité non composée de parties matérielles; 4° une réalité possédant en elle-même la puissance de subsister et de faire subsister son corps, etc., etc., les Spiritualistes conçoivent fort bien, et l'on conçoit fort bien après eux, ce qu'ils disent.

Ajoutons que les Matérialistes d'aujourd'hui n'ont pas le droit d'invoquer cet argument du vieux d'Holbach, eux qui ont *sans cesse* à la bouche le nom de *force*, qu'ils opposent à celui de *matière* [1].

Vous distinguez la *force* et la *matière* : vous

---

[1]. Félix Ravaisson, *La philosophie en France au XIXe siècle*, 2 édit., p. 288.

distinguez la nature et les propriétés de la *force*, de la nature et des propriétés de la *matière* : vous concevez donc la *force*, vous concevez donc un *quelque chose* qui, tout en étant inhérent à la *matière*, ne se confond pas pourtant, *au moins dans votre pensée*, avec la matière.

Puisque vous avez la *notion* de la *force* et la *notion* de la *matière*, c'est que vous *concevez* l'une et l'autre : et puisque vous concevez la force *non pas séparée, mais séparément* de la matière, c'est qu'il ne vous est point impossible de concevoir, d'une certaine façon, l'immatériel.

Tant que vous soutiendrez ce matérialisme bâtard et inconséquent, — que Démocrite renierait, — il vous est interdit d'affirmer que l'homme ne peut concevoir que la matière.

— Mais, si l'on place une âme, un esprit, dans le corps de l'homme, on sera forcé d'admettre qu'une substance dépourvue de parties peut répondre à des parties de l'espace déterminées, et être circonscrite par un lieu. Or, cela répugne absolument.

— Et la force? pourrais-je répondre aux Matérialistes, ne la placez-vous pas dans la matière? dans les corps? Mais j'aime mieux répondre autrement, et montrer que ce raisonnement n'a quelque apparence de vérité, que grâce à un malentendu. Il suffit, pour renverser ce fantôme de raison, de rappeler le mot d'A. Bain, à propos d'une difficulté d'Hamilton : « Il est bien vrai, comme le dit Hamilton, que *localiser* l'esprit, c'est tomber dans la contradiction et l'absurdité. Mais nous pouvons éviter cet écueil, si nous avons soin de choisir des expressions qui soient en rapport avec la nature particulière du sujet [1]. » Si l'on distingue, par exemple, ajouterons-nous, comme les a distinguées saint Thomas [2], deux manières d'être dans un lieu : être dans un lieu comme une table est dans une chambre, les parties de la table correspondant aux diverses parties de la chambre ; y être comme par un simple contact de vertu, d'énergie. Ainsi, dit-on que les esprits sont présents dans un lieu, et non pas dans un autre, simplement parce qu'on entend qu'ils exercent leur influence, leur action, dans un lieu, et non dans un autre. Ainsi l'âme spirituelle serait présente dans le corps qu'elle anime, parce qu'elle agirait sur ce corps et non sur un autre.

— Et c'est justement ce qui répugne, poursuit le matérialisme. Il répugne qu'un esprit meuve un corps.

— Je pense encore à ce professeur de philosophie de première année... Il ne faut qu'expliquer ce mot *mouvoir* : il répugne qu'un esprit meuve un corps : par manière de choc, en se heurtant partie contre partie : nous l'accordons.

Un esprit ne peut rien mouvoir en ce sens, puisqu'il n'a pas de parties. Mais répugne-t-il que,

1. *L'esprit et le corps*, 4ᵉ édit., p. 198.
2. *Somme contre les Gentils*, liv. II, c. 56.

agissant *d'une manière propre à sa nature*, il exerce une action sur le corps? Voilà ce que le matérialisme n'a pas même tenté de prouver, et pour cause.

Il lui est plus facile de dire : Mais nous ne concevons pas *comment* un esprit peut agir sur un corps.

— Cela vous donne-t-il le droit d'affirmer qu'une telle action n'existe pas?

Pouvez-vous dire, en bonne logique : je ne conçois pas *comment* tel phénomène se produit, donc tel phénomène ne se produit point?

Vous n'êtes pas capables d'expliquer *comment* une bille, courant sur un billard et rencontrant une autre bille au repos, *communique* à cette dernière son propre mouvement; nierez-vous le fait à cause de cela?

Toutes ces ignorances sur le *comment* des choses ne prouvent ni pour ni contre l'existence des choses.

Vous ignorez *comment* une âme spirituelle peut s'unir à un corps, peut agir sur un corps; vous ignorez *comment*, dans la série des antécédents qui préparent un phénomène, il peut s'en trouver un certain nombre qui soient matériels, et un certain nombre qui ne le soient pas; encore une fois, de ce chef de *nescience*, la logique ne vous permet pas de rien conclure.

Pour que vous puissiez nier que l'âme spirituelle ait jamais été et puisse jamais être unie à un corps; qu'elle ait jamais exercé et puisse exercer jamais une action sur un corps, ou bien qu'il se puisse trouver dans les antécédents de la pensée humaine, à la fois des antécédents matériels et des antécédents spirituels, voici ce que vous avez à faire : Il vous faut prendre l'idée de corps et l'idée d'esprit, l'idée d'agent spirituel et l'idée de matière, l'idée d'antécédents et l'idée de phénomènes, scruter et développer ce que ces idées contiennent ; puis, empruntant à la métaphysique quelque principe évident, vous assurer d'abord vous-mêmes, et faire voir ensuite aux autres, à la clarté de ce principe, que les concepts d'esprit et de corps, d'agent immatériel et de matière, d'antécédents et de phénomènes étant ce qu'ils sont, il est absolument contre la nature et l'essence des choses qu'un esprit agisse sur un corps et lui soit uni, qu'un phénomène ait à la fois, parmi ses antécédents, des antécédents matériels et des antécédents qui ne le soient pas.

Que les Matérialistes nous disent eux-mêmes s'ils ont rempli ce programme.

Qu'ils nous disent seulement quel est le principe sur lequel ils entendent appuyer leur démonstration.

En lisant avec l'attention due à des adversaires les livres de Moleschott, de Büchner, de Karl Vogt, etc., je n'ai rien trouvé qui ait quelque ressemblance avec un principe, si ce n'est cette affirmation, que tous répètent avec une assurance qui étonne d'abord, et qui fait sourire bientôt après : « *La force est une propriété de la matière.* Une force *qui ne serait pas unie à la matière, qui planerait librement au-dessus de la matière, serait une idée absolument vide.* »

Or, cette affirmation : il n'existe point, et il ne peut exister d'autre force que celle qui est une propriété de la matière; il n'existe point, et il ne peut exister, hors et au-dessus de la matière, aucune activité, aucun agent ; cette affirmation, dis-je, peut, dans la métaphysique matérialiste, compter au nombre des principes; mais je demande si elle peut être regardée comme telle par aucun partisan de la *vraie méthode positive,* d'après laquelle on ne doit prendre pour principe et pour point de départ dans la recherche scientifique, que des vérités *claires, évidentes, incontestables pour tout le monde.*

Est-il clair, évident, incontestable pour tout le monde, qu'il est contre la nature et l'essence des choses qu'il existe, hors et au-dessus de la matière, aucune force, aucune activité ? Et peut-on, sans manquer à soi-même et aux autres, prendre une telle affirmation pour un principe et pour un point de départ ?

Ici, le matérialisme se trouve au bout de ses preuves. C'est une bonne raison pour que nous ne poussions pas plus loin notre critique. Essayons de porter un jugement d'ensemble sur l'argumentation que nous venons d'examiner en détail.

Car le lecteur se souvient que le but de cette étude n'est pas proprement de rechercher si le matérialisme est vrai ou faux, mais seulement quelle est la valeur des raisons par lesquelles on s'est efforcé de le prouver jusqu'à présent.

Le matérialisme est-il un système démontré, comme quelques-uns le répètent avec tant de complaisance? Voilà notre question.

Nous l'avons vu, on a essayé d'asseoir cette prétendue démonstration sur une double base : les faits et les idées.

Ce que valent les raisons que l'on a tirées des principes, nous le disions il n'y a qu'un instant; et le lecteur a pu se convaincre combien ces raisons sont faibles et superficielles; et combien peu de temps il faut pour réduire le matérialisme à ce déshonorant procédé de toute mauvaise thèse aux abois, qui consiste à poser des questions au lieu de fournir des preuves.

Il était permis de penser qu'on trouverait le matérialisme plus solide sur le terrain des faits, surtout après qu'il s'était vanté que, grâce aux merveilleuses découvertes de la science, il allait démontrer cette thèse : le principe de la pensée dans l'homme est matériel, d'une façon aussi nouvelle que péremptoire.

Il n'en a rien été. Mais ce qui demeure bien démontré, au contraire, c'est que la chimie, l'anatomie, la physiologie, n'ont point résolu le problème de l'âme humaine : c'est que la chimie et la physiologie n'ont ni vu ni montré la pensée sortant d'une cellule nerveuse; c'est enfin que si le matérialisme a voulu inférer que le principe de la pensée est matériel, de ce fait scientifiquement démontré qu'elle dépend de certaines conditions cérébrales, il ne l'a inféré que par un sophisme palpable, en commettant une pétition de principe flagrante.

D'où la conclusion :

Que le matérialisme d'aujourd'hui est dénué de preuves et tout en l'air, comme le matérialisme d'autrefois.

Je ne puis relire les théories des bruyants philosophes qui prêchent cette doctrine de nos jours, sans qu'il se présente à mon esprit un texte fameux, et souvent cité, de Clément l'Alexandrin : « En Égypte, écrivait le célèbre docteur, les sanctuaires des temples sont ombragés par des voiles tissus d'or ; mais si vous allez vers le fond de l'édifice et que vous cherchiez la statue, un prêtre s'avance d'un air grave, en chantant une hymne en langue égyptienne, et, respectueusement incliné, soulève un peu le voile, pour vous montrer le Dieu. Que voyez-vous alors ? Un ibis, un chacal, un épervier ou un serpent : le dieu des Égyptiens paraît : c'est un vulgaire animal sur un splendide tapis de pourpre. »

Ouvrez les livres du matérialisme contemporain, presque infailliblement, votre premier regard sera charmé par la richesse des données positives, et comme ébloui par l'or de la science; car on s'applique à l'y faire rayonner et étinceler tout entière sous vos yeux : physique, chimie, anatomie, physiologie, mathématiques même.

Mais cette première impression du charme une fois passée, interrogez votre raison, et pesez froidement ce qu'il y a d'idées philosophiques sous ce brillant étalage de science : vous serez surpris de vous trouver en face d'un système si réduit, si faible, si misérable.

Ce qui fait, sans doute, la richesse et la valeur d'une doctrine, c'est d'abord une méthode nettement définie et bien raisonnée; c'est, en second lieu, une argumentation forte et soucieuse des règles; ce sont des distinctions précises et pénétrantes, comme il en faut pour ne pas confondre, et partant pour bien poser et bien résoudre les questions ; ce sont, enfin, des principes évidents et de grande portée, éclairant les choses et l'esprit tout ensemble d'une lumière vive et sûre.

Hé bien! Regardez : c'est justement tout cela qui manque au matérialisme contemporain.

Aussi, n'étaient le tapis de pourpre et les voiles tissus d'or de la science, dont il abuse, ce système paraîtrait à tous les yeux ce qu'il est en effet : une doctrine sans profondeur, comme sans élévation; le produit chétif d'une philosophie en décadence.

Mais, tout chétif qu'il est, le matérialisme pourrait encore être vrai, et même, c'est justice de le reconnaître, il est un point où il a pleinement raison : c'est lorsque, rapportant cette règle, nullement inventée par Newton, — qu'il ne faut pas multiplier les causes sans nécessité, — il soutient que nous devons accepter la doctrine d'une seule substance dans l'homme, jusqu'à ce qu'il soit démontré que la pensée ne saurait être une propriété de la matière.

Or, cette incompatibilité de la pensée et de la matière se démontre-t-elle ? — C'est ce que nous allons dire dans le chapitre suivant.

CHAPITRE TROISIÈME

L'AME HUMAINE EST UNE RÉALITÉ SPIRITUELLE.

Sommaire. — L'âme est une réalité. — Elle est d'ordre substantiel. — Elle est simple. — Elle est spirituelle.

Ce n'est pas tout, pour des explorateurs, que de se tracer une voie et d'écarter les obstacles : il faut marcher.

Dans notre chapitre sur la méthode, nous avons marqué la voie que nous devons suivre au cours de nos investigations psychologiques; en renversant les faibles preuves du matérialisme, nous avons écarté un obstacle qui embarrassait notre route; l'heure est venue de nous mettre en marche vers le pays de l'âme humaine; ou mieux, pour parler sans métaphore, de rechercher et de dire ce qu'est, en réalité, ce premier et mystérieux principe de notre connaissance et spécialement de notre pensée. C'est ce que nous allons faire maintenant. Écoutez suivant quel ordre.

L'âme humaine est, par nécessité, ou bien une réalité, un fait, ou une idée, un concept, un mot.

Supposé qu'elle soit une réalité, elle est, ou une substance ou un accident; une substance, comme la pierre; un accident, comme est dans la pierre la forme ou figure rectangulaire, cubique ou ronde. Supposé qu'elle soit une substance, elle est, ou corporelle, c'est-à-dire étendue, ou non corporelle, c'est-à-dire simple. Supposé enfin qu'elle soit simple, elle est, ou spirituelle, ou non spirituelle; spirituelle, si elle subsiste par elle-même, c'est-à-dire si elle ne tient que d'elle-même sa subsistance et ne l'emprunte pas, soit au corps, soit au composé qu'elle forme avec le corps; non spirituelle, si la subsistance ne suit pas de sa nature, ne lui appartient pas originairement en propre, mais lui vient, soit du corps, soit du composé.

Cela entendu, vous devinez sans peine l'objet et le plan de notre présent chapitre. Il doit nous apprendre si l'âme humaine est une réalité, si elle est une substance, si elle est simple, si elle est spirituelle.

Parmi les problèmes que je viens d'énumérer, il en est qui sont difficiles et réclament, au jugement de saint Thomas, beaucoup d'étude et de pénétration: *Requiritur diligens et subtilis inquisitio* [1]. Mais il n'en va pas ainsi, s'il faut en

---

1. « Unde et multi naturam animæ ignorant, et multi etiam circa naturam animæ erraverunt. » *Sum. theol.*, I, q. 87, a 1. S. Thomas, à ce qu'il paraît, était beaucoup moins apercevant que

croire le grand docteur, de la question de savoir si l'âme humaine est une réalité et non pas seulement un mot ou un concept. Et, de fait, un simple raisonnement suffit à établir la vérité sur ce point.

Vous vous souvenez que, par pensée, j'entends l'acte de concevoir, de saisir un objet immatériel, ou, en général, un objet qui n'est pas soumis aux lois et conditions de l'étendue ; et que j'oppose la pensée à la sensation, ou perception sensible, qui n'atteint que les objets concrets et revêtus des conditions communes aux corps existant dans l'espace.

Le sens que j'attache au mot pensée étant ainsi nettement défini, je dis d'abord que la pensée est un phénomène, un fait réel.

Vous pensez à l'âme humaine, à la cellule nerveuse, vous pensez à l'éloquence, vous pensez à la poésie. L'action de penser ces diverses choses est aussi réelle, n'est-il pas vrai, que l'action d'avancer le pied ou de lever le bras ; ces idées naissent dans votre esprit aussi réellement que des brins d'herbe germent dans une motte de terre ; elles s'allument et brillent dans votre âme aussi réellement que s'allument et brillent des flambeaux dans un salon.

La pensée est donc un phénomène, un fait réel.

Descartes, qui voyait une différence essentielle entre son corps et son âme, au premier coup d'œil, comme il distinguait un cercle d'un triangle.

Mais tout phénomène, tout fait réel suppose une cause réelle.

Le principe de la pensée en l'homme, ce que nous appelons âme humaine, est donc une réalité.

Je ne m'arrêterai pas davantage à prouver une vérité contre laquelle on ne saurait élever d'objections sérieuses, et je passe tout de suite à notre seconde question : celle de savoir si l'âme humaine est une substance.

Ici, j'emploie un terme obscur et que je dois définir, je le reconnais, sous peine de vous tenir un langage inintelligible.

Je vais donc vous faire connaitre ce que j'entends par substance. Ce sera moins métaphysique que vous ne pourriez le craindre, car l'étymologie nous dira presque tout.

Substance vient de *sub stare*. Le mot indique donc d'abord une chose d'un caractère intime, qui doit habiter, en quelque sorte, les régions profondes de la réalité : *sub stat*. Et parce que ce qui se conçoit de plus intime dans les êtres, de plus profond, c'est leur nature ou leur essence, il s'ensuit que le mot substance désignera avant tout ce qui fait le fond d'un être, une nature, une essence proprement dite.

Mais le mot substance, par son étymologie, n'éveille pas seulement l'idée d'une réalité intime et profonde ; il énonce, ou au moins il implique une certaine force, une certaine fermeté : *sub stat*. Aussi, ce mot de substance a-t-il été employé par Aristote, et plus tard par les scolastiques, à désigner, non pas toute nature, toute essence, mais seulement ces natures, ces essences plus nobles qui se supportent elles-mêmes, qui tiennent debout par elles-mêmes, *stant*.

Enfin la substance, à ne considérer toujours que l'étymologie, ne doit pas seulement être une nature qui se tient debout par elle-même : pour mériter son nom, comme elle tient debout, ainsi il faut qu'elle soit stable, permanente, et ne soit pas, par nature, fluente, changeante et à chaque instant diverse. Remarquez pourtant que les philosophes, en parlant de cette stabilité de nature, n'entendent pas que toute substance, pour être substance, doive être absolument inaltérable et indestructible ; mais ils veulent seulement dire que la substance, dans un être, est cette partie profonde qui n'est pas atteinte par le moindre changement de surface, qui est le sujet, le théâtre de ces mille et une modifications que subissent à chaque heure, sans pour cela changer de nature, les êtres qui nous entourent [1].

Une définition et un exemple vont tout rendre clair :

Par substance, j'entends : une chose, une réalité, de telle nature ou essence, qu'elle peut tenir

---

1. V. Jean de Saint-Thomas. *Cursus philosophicus*, p. 216. Lyon, 1663.

debout, demeurer, sans avoir besoin d'exister dans un autre être, comme dans un sujet qui la supporte, et qui est elle-même le sujet et le support d'une série indéfinie de modifications et de changements accidentels [1].

Exemple :

Voici une pièce d'or. L'or est-il une substance? Je réponds, d'après la définition donnée tout à l'heure, que l'or est une substance. En effet, l'or est de telle nature qu'il tient debout, qu'il demeure, sans avoir besoin d'exister dans un autre être comme dans un sujet qui le supporte.

Mais, sur ma pièce d'or, je distingue une couronne, une devise, j'y aperçois une effigie; elle a, du reste, la forme ordinaire de nos pièces d'or. Je demande si cette forme ronde que présente l'or de ma pièce, si le dessin de la couronne et des lettres de la devise, si les traits de l'effigie sont pareillement une substance.

Une forme géométrique, un dessin, les lignes d'une figure, tout cela demeure-t-il, tout cela tient-il debout, par soi? Non. Ne faut-il pas qu'une forme géométrique, un dessin, les lignes d'un portrait, pour exister, soient dans une matière comme dans un sujet qui les supporte, dans l'or, comme c'est le cas présent, sur le bois, sur la toile, dans l'air, dans le marbre? Oui, sans doute, car ces qualités, qu'on les suppose même, comme

---

[1]. Jean de Saint-Thomas, *Cursus phil.*, p. 720.

le veut Locke[1], groupées ou réunies, ne sauraient subsister sans un sujet, puisqu'il ne peut être que des zéros de subsistance, même additionnés, fassent une substance réelle, et qu'une longue chaîne de fer tienne en l'air sans point d'attache, quand un seul anneau ne saurait y tenir.

L'or est donc une substance ; mais la forme et les dessins de la pièce d'or n'en sont point une.

Il y a donc deux grandes catégories d'êtres dans le monde : Les êtres nobles, forts, subsistant en eux-mêmes, tenant debout par eux-mêmes, fermes, consistants, stables par nature : ce sont les substances. En regard, l'on voit des êtres faibles, qui ne peuvent subsister seuls, à qui il faut un support, réalités amoindries, dépendantes, fuyantes, changeantes : ce sont les accidents.

Encore un mot et vous aurez la théorie complète.

Les substances, suivant la profonde remarque d'Aristote, ne sont pas seulement les réalités les plus nobles, c'est à elles que l'être appartient dans le sens absolu et rigoureux. L'accident, en effet, ne fait pas, à proprement parler, qu'une nature soit : comme son nom l'indique, il est quelque chose de *survenant* à la nature déjà constituée et formée, *accidit*. La forme de la pièce de monnaie donnée à l'or ne fera pas que l'or soit, absolument parlant, mais seulement qu'il existe d'une manière

---

1. *De l'Entendement humain,* liv. II, c. 23.

déterminée : cette forme ne donne pas à l'or l'être premier, mais un être secondaire, un simple mode. Autant faut-il en dire du mouvement, de la température, de la position, de la couleur. La substance, c'est ce qui est par soi et pour soi, le vrai être : τὸ ὄν; l'accident, c'est ce qui est dans un autre et pour un autre : ὄντος ὄν.

Eh bien! dans quelle catégorie placerons-nous l'âme humaine, dont nous ne savons encore qu'une chose, c'est qu'elle est cette réalité intime et foncière d'où notre connaissance, et principalement notre pensée, procède?

Est-elle substance? Est-elle accident?

A cette question, la réponse est encore facile, et nous arrêtera d'autant moins, que le matérialisme ne met pas là sa difficulté, et qu'il ne se sent pas visé, ni atteint par notre doctrine, tant qu'elle se réduit aux termes généraux où nous allons la renfermer. Vous accorderez bien que, par sa nature, l'homme est un être pensant. Sans doute, vous ne tenez pas, comme Descartes, que toute la nature de l'homme est de penser. Vous ne diriez pas comme le grand homme : « Je ne suis donc, précisément parlant, — ce « précisément parlant » est admirable! — qu'une chose qui pense, c'est-à-dire un esprit, un entendement ou une raison [1].

[1]. Méditation deuxième.

Non. Mais encore que vous soyez convaincus d'être autre chose qu'un esprit ou une pensée, vous ne doutez pas le moins du monde que la propriété d'être pensant ne suive de votre nature d'homme.

S'il est de la nature de l'homme qu'il puisse penser, c'est, sans doute, que le principe premier de la pensée, ce que nous avons appelé l'âme, est un des éléments constitutifs de sa nature et forme une partie intégrante de l'essence humaine.

L'âme donc, ou le premier principe de la pensée, dans l'homme, fait partie intégrante de sa nature. Or, la nature homme étant véritablement une, comme la conscience que nous avons de notre *moi* nous en assure, tenant debout par elle-même, sans avoir besoin, pour exister, de s'appuyer à un autre être, demeurant ferme et stable sous le flot des événements qui passent, est une substance, aussi bien que l'or et la pierre. Donc, l'âme humaine elle-même est substance.

Est-elle substance complète ou incomplète, isolée ou conjointe? Je le dirai bientôt, mais je n'ai point à le dire en ce moment; car la question à résoudre en ce moment est uniquement de savoir si l'âme humaine appartient à l'ordre des substances ou à celui des accidents. A quoi je réponds: L'âme humaine faisant partie essentielle d'un être qui est une substance, il est évident qu'elle est d'ordre substantiel.

Je passerais, sans m'arrêter davantage, s'il

n'avait été fait à la question présente une réponse fameuse, que vous connaissez bien, et qui contredit ce que je viens d'affirmer.

Sans doute, vous désirez que je vous dise ce que j'en pense. Je le ferai d'autant plus volontiers qu'il ne sera pas inutile, après les questions, faciles si l'on veut mais abstraites, que nous touchions tout à l'heure, et avant celles que nous devrons aborder dans un instant, de laisser prendre haleine à vos esprits. Vous entendrez ce que j'ai à vous dire comme on entend une histoire pendant une halte.

A cette question donc : qu'est l'âme humaine? une substance ou un accident? l'on a répondu : « L'âme humaine n'est ni substance ni accident, mais phénomène. »

Ce serait le cas, — mais je craindrais d'offenser l'Auvergne, vous plus encore, lecteurs, — de répéter le mot célèbre : ni hommes ni femmes.....

« L'âme humaine n'est ni substance ni accident, mais phénomène. »

C'est là ce que disait M. Taine, dans le moment trop court, hélas! où il fut donné au monde de voir et d'entendre M. Taine : car M. Taine n'est plus. Non, nous ne possédons plus l'illustre auteur des *Philosophes classiques du* XIXe *siècle* et du *Traité de l'intelligence*. Lui-même, il s'est ôté l'existence. Je vous en donnerai les preuves tout à l'heure, et malheureusement trop certaines, puisque c'est M. Taine lui-même qui me les fournira.

Mais avant que je vous les fasse connaître, laissez-moi reprendre la chose d'un peu plus haut, et vous raconter par quel enchaînement funeste d'événements psychologiques l'illustre philosophe fut amené à se donner la mort.

M. Taine, autant qu'on peut en juger par ses œuvres, n'ayant jamais eu le loisir de lire ni saint Thomas, ni Albert le Grand, ni saint Bonaventure, et ne connaissant la scolastique que par les déclamations d'usage contre quelques-uns de ses derniers représentants, hommes de décadence, dont les noms ne sont pas même cités, ni les ouvrages feuilletés, par les théologiens de profession, conçut pour l'enseignement philosophique des écoles du moyen-âge une aversion profonde, qui, bientôt, se traduisit par une guerre à outrance. Tout jeune encore, il tenait déjà la campagne et bataillait vaillamment contre les « fantômes métaphysiques » et contre ce qu'il appelle « cette armée d'entités verbales qui, jadis, avaient envahi toutes les provinces de la nature ». Catégories, notions de cause et d'effets, genres, espèces, tous les vieux termes « abstraits et creux » tombaient sous les coups de sa logique, comme autrefois les monstres sous la massue d'Hercule. Rien ne trouva grâce devant lui, rien, pas même la substance et l'accident ; car il avait été dit que, lui passé, l'on ne devait plus revoir ni accidents ni substances, mais seulement des phénomènes.

Voici, en effet, la conclusion où M. Taine avait été conduit par ses hauts faits, et le dogme fondamental de sa doctrine :

« Les substances ne sont que des groupes de phénomènes ; les phénomènes n'ont pas de sujets proprement dits. »

L'esprit du malheureux Penseur, une fois hanté de semblables idées, il était trop facile de prévoir les extrémités où il serait conduit.

Tout ce qui est substance, de par M. Taine, n'existant plus et ne devant plus être, le moyen que l'homme, que le *moi* pût survivre ?

Aussi l'infortuné eut-il bientôt fait de dire :

« Il existe des mouvements, des sensations, des images, ou si l'on veut des idées, mais rien de plus.

« Les mouvements intestins des centres cérébraux ne sont pas les mouvements de mobiles véritables, de molécules solides. Ce ne sont point les mouvements d'un cerveau qui serait autre chose que ces mouvements eux-mêmes et leur préexisterait : le cerveau n'est lui-même que la collection de ces mouvements ; son existence concrète, son étendue, son impénétrabilité sont des illusions.

« De même, le moi, ce sont nos événements, sensations, images, souvenirs, idées, résolutions ; ce sont eux qui constituent notre être. Le moi qui croit les sentir n'est que leur collection : l'unité et l'identité de ce moi sont illusion pure. Le moi n'est que la trame continue de ces événements successifs. »

« Le moi, l'âme, ce sujet prétendu de la pensée gardant son unité, son identité, sous le flot mobile des sensations, images, sentiments, c'est une illusion.

« Il n'y a rien de réel dans le moi, sauf la file de ses événements [1]. »

Vous le voyez, à l'instant où M. Taine finissait d'écrire ces lignes, il cessait d'être. Son système fit son suicide.

Jusque-là, M. Taine vivait, ayant consenti à vivre ; mais à partir du moment où fut rédigée la fatale formule que vous venez d'entendre, le *moi Taine* s'évanouit.

Cette formule de l'éblouissant écrivain ne nous permet, en effet, que deux suppositions. Ou bien M. Taine, puisqu'il est entendu qu'il a existé, ne fut rien, absolument rien qu'un seul phénomène, une sensation, une idée ; ou bien, M. Taine est la collection de phénomènes, sensations, images, pensées, sentiments, dont la série, fort longue assurément, porte son nom. Les deux suppositions peuvent être faites et soutenues, grâce au langage obscur et contradictoire du maître. Mais, dans un

---

[1]. Voir *passim*, *Philosophes classiques du XIXe siècle*, ch. de la méthode; *De l'Intelligence*, préface, et liv. III, chap. I.

cas comme dans l'autre, M. Taine n'est plus, en vérité.

Il n'est plus, c'est trop évident, s'il ne fut qu'une seule sensation, ou qu'une seule idée, l'idée, je suppose, qu'il se forma du moi. L'instant qui suivit cette conception vit disparaître M. Taine. Il devait mourir ainsi; c'était fatal : le système le demandait.

Préférez vous la seconde hypothèse ? Elle est peut-être plus affreuse encore.

Que demeure-t-il des choses passées ? Où existe le passé ? Des choses passées il ne demeure que le souvenir. En réalité, le passé n'est plus ; il n'existe que dans la mémoire qui se souvient; son existence n'est qu'une fiction de l'esprit:

Il passato non é, ma se lo finge
Fervida rimembranza.

Le passé est donc, à sa manière, un « être de raison », c'est-à-dire un être qui n'existe qu'autant et parce que la raison s'en occupe.

De cent mille sensations, idées, sentiments, qui se sont succédé dans le passé, que reste-t-il ? Le souvenir. La *collection*, la *série*, la *file* de ces phénomènes, où existe-elle ? Dans ma tête, quand je pense à cette série. Les phénomènes et leur série, tout cela est maintenant à mettre au rang des fictions, des imaginations, des entités métaphysiques.

Vous voyez arriver la sinistre conséquence. A l'instant où M. Taine prononça que son moi était une collection de sensations et d'images successives, une file, une série de phénomènes antérieurs, du même coup il passait, lui, M. Taine, à l'état de « fiction, d'illusion, d'hallucination, de vieux terme abstrait et creux, d'entité verbale, de fantôme métaphysique », et pour dire d'un mot l'horreur de l'événement, il se métamorphosait en « être de raison!... » Et c'est de la sorte que M. Taine disparut du monde de la réalité !

Qui pourra dire combien est atroce pour un homme, même pour un philosophe, le supplice de se voir changer « en être de raison » ?

La fable antique, Ovide dans ses *Métamorphoses*, nous rapportent-ils rien d'aussi horrible ? L'idée de s'infliger à soi-même un trépas si cruel et si déshonorant peut-elle donc monter au cerveau d'un sage !...

Vous allez m'accuser de traiter le système de l'honorable écrivain bien peu sérieusement, et vous n'aurez pas tort. Mais j'ai mon excuse.

C'est d'abord que le système de Hume et de Condillac, au fond, n'est guère sérieux. C'est, en second lieu, qu'il n'est point à craindre de voir le phénoménalisme psychologique, de quelques séductions que l'ait entouré la plume de M. Taine, faire des adeptes nombreux et convaincus.

Sa formule est trop obscure, ou mieux, trop manifestement contradictoire ; il choque trop ouvertement le témoignage le plus ferme de la conscience.

Un homme grave, un philosophe de valeur, qui, bien sûr, ne veut point désobliger M. Taine, M. Émile Charles, recteur de l'Académie de Lyon, le dit sans détour : L'énoncé même de la thèse du phénoménalisme psychologique est inintelligible : c'est une véritable « logomachie », — le mot est du Recteur. « La phrase, dit-il encore, d'ordinaire incisive et nette, s'empêtre dans les contradictions [1]. »

Le moi est-il quelque chose d'un et de continu? « Oui, dit à un endroit M. Taine, et on ne peut pas dire qu'il soit la série de ses événements ajoutés bout à bout. »

« Non, vous dit-il vingt lignes plus bas, car le moi n'est que « la série », la trame de *ses* événements *successifs*. »

Vous entendez *ses* événements, ses événements à *lui*. M. Taine nous dit d'une part : Il n'y a pas de moi distinct ; le moi en dehors des *événements* n'est rien, rien en dehors des phénomènes, sensations, images.

Puis, tout à coup, voilà qu'il vient nous dire que : le moi *a ses* événements, et s'en distingue par conséquent comme le possesseur se distingue de sa propriété.

Ainsi encore il écrit : « *Nos* événements successifs sont donc les composants successifs de notre moi. Il est tour à tour l'un, puis l'autre. » *Nos*

---

[1]. *Lectures de philosophie*, 2ᵉ édition, 2ᵉ tirage, t. II, p. 330.

événements? « Pourquoi dire *nos* événements, observe très justement M. Charles, puisqu'il n'y a qu'eux, et que *nous* ne sommes pas? »

Ainsi encore il dira : « La trame d'événements qui est nous-mêmes et dont *nous* avons conscience. » Vous parlez comme si vous étiez encore quelque chose, Monsieur Taine. Mais vous n'êtes plus, nous ne sommes plus, souvenez-vous-en bien; à votre place, il n'y a plus que des événements qui s'écoulent. — Ne répétez plus cette phrase, que je relève encore dans votre livre : « *Nous* embrassons de très longs fragments de notre être dans un instant. » *Un être de raison* n'embrasse point de la sorte.

« On verra par là, conclurai-je avec M. Charles, et en me servant de ses propres paroles, tout ce que l'écrivain doit souffrir en s'obstinant à trouver des mots pour une pensée *contradictoire*; il supprime le moi et le rétablit dans la même phrase [1]. »

Le phénoménalisme ne se contredit pas seulement, quand il essaye de s'énoncer, de se formuler : mais, comme je le disais, il viole encore outrageusement le témoignage de la conscience.

S'il est une chose énergiquement et universellement affirmée par le sens intime, c'est l'unité, c'est la persistance du moi. L'on aura beau entasser les sophismes, l'on n'étouffera point ce témoignage. Interrogez un vieillard. Il vous racontera

---

1. *Lectures*, p. 331.

comment il a *traversé* la vie; les naïves histoires de *son* enfance, les aventures de *sa* jeunesse, les péripéties plus ou moins dramatiques de *son* âge mûr. Il *était* gai, il *est* triste; il *était* alerte et vigoureux, il *est* faible et lent; il n'*était* que fraîcheur, grâce et souplesse, il n'*est* plus que décrépitude et infirmité. Quel état, et quel état! Est-ce bien le *même* homme se retrouvant toujours le *même* aux deux points opposés de sa carrière, et après être passé par de si étranges vicissitudes? Demandez-le au vieillard, si vous vous sentez le courage de le faire sans rougir.

M. Taine, que ce témoignage de la conscience écrase, n'a qu'une ressource : celle d'en infirmer la valeur. Et il ne recule pas devant ce procédé, banal autant qu'odieux, d'un vulgaire scepticisme.

Il évoque donc et appelle à son aide tous les fous, tous les hallucinés, noctambules, somnambules, hommes à double conscience, de l'ancien et du nouveau monde; et nous apprenons de ces intéressants témoins, que l'un se crut Alexandre, l'autre César, l'autre Napoléon Ier. La conscience nous trompe donc, et son témoignage peut être récusé.

Je me garderai bien de faire la critique d'une pareille thèse. Je ne discuterai pas même « l'argutie grammaticale [1] » — le mot est encore de M. le recteur de l'Académie de Lyon, — ni le fameux argument de la planche [2] — colossale péti-

---

1. *Lectures*, p. 329.
2. *De l'Intelligence*, t. I. p. 344.

tion de principe, — par quoi M. Taine essaye d'étayer un peu son étrange assertion. A quoi bon s'attarder à la discussion d'un système, quand il est condamné, réprouvé, par les affirmations les plus certaines du sens intime?

Notre moi, et ce qui pense en nous, ce qui raisonne, ce qui veut, ce qui aime, notre âme, est donc quelque chose de permanent, de durable qui résiste aux changements. Nous en avons pour garant la conscience, et les efforts titaniques de M. Taine n'y feront rien.

L'auteur du *Traité de l'Intelligence* restera seulement un exemple mémorable des aberrations où se trouve entraîné un beau talent, quand il subit le préjugé, jusqu'à fermer les yeux à l'évidence.

Deux choses nous sont désormais acquises : 1° que l'âme humaine est une réalité; 2° qu'elle est une réalité substantielle. Mais une substance peut être matérielle ou immatérielle? Laquelle de ces deux épithètes convient à notre âme?

Comme vous le voyez, nous nous retrouvons en face du matérialisme; et cela devait être. Dans notre précédent chapitre, nous n'avons pas dit notre dernier mot aux partisans de ce système. Nous avons simplement fait la critique des arguments qu'ils apportent, et montré qu'ils ne sont pas concluants. Après avoir constaté que la thèse du matérialisme n'est pas démontrée, il nous reste à faire voir qu'elle n'est pas démontrable, par cette excellente raison qu'elle est fausse.

Aux matérialistes qui nous disent, avec Priestley : « C'est une règle rigoureuse de la logique de Newton, de ne pas multiplier les causes sans nécessité ; donc, nous devons accepter la doctrine d'une seule substance dans l'homme, jusqu'à ce qu'il soit démontré que les propriétés de l'esprit sont incompatibles avec celles de la matière, » nous devons prouver que cette incompatibilité existe : et c'est ce que nous allons faire, en établissant d'abord que l'âme humaine est immatérielle, et ensuite qu'elle est spirituelle.

Par matière, j'entends cette réalité qui a pour marque distinctive ces trois propriétés : l'étendue, l'impénétrabilité, la mobilité.

On l'a définie : une réalité étendue, résistante et mobile. Cette définition rend suffisamment, pour le quart d'heure, mon idée de la matière, et vous explique en quel sens je me demande si l'âme est matérielle ou non.

Je pourrais démontrer que l'âme est simple par les raisons qui servent à établir qu'elle est spirituelle ; car, si quelque fait prouve que l'âme est spirituelle, c'est-à-dire si parfaitement distincte et si peu dépendante du corps qu'elle lui communique l'existence loin de la recevoir de lui, à plus forte raison prouve-t-il qu'elle est simple. Mais je préfère démontrer la simplicité par des preuves qui lui soient propres. Ce procédé d'abord est d'une meilleure méthode; et ensuite il donnera de la précision et du relief à notre doctrine, en faisant ressortir la différence des deux thèses de la simplicité et de la spiritualité de l'âme humaine, par la diversité même des arguments qu'on emploie à prouver l'une et l'autre.

J'affirme que l'âme humaine est simple, de ce seul fait que, dans la sensation, elle perçoit des objets matériels d'une perception totale et une.

Cet argument a été souvent développé depuis un siècle par les philosophes, en vue d'établir la thèse qui nous occupe; mais ce n'a pas toujours été avec succès. Voici comme on le présente d'ordinaire :

C'est un fait, que nous percevons par nos sens, d'une perception totale et une, des êtres matériels : livres, tables, fenêtres, etc. Or, une telle perception ne peut avoir pour sujet ou pour cause un être composé de parties. Dans ce cas, en effet, ou bien chacune des parties connaîtrait l'objet tout entier, et nous aurions plusieurs connaissances totales du même objet, ce qui n'est pas; ou bien chaque partie aurait une connaissance partielle, et chacune n'ayant que sa portion de connaissance, la connaissance totale et une ne serait nulle part, ce qui contredit l'expérience; car l'expérience prouve que nous avons des connaissances totales. Voudra-t-on supposer un centre où chaque partie apporte sa contribution de connaissances, il faut que ce centre soit simple : car, s'il a des parties, la même difficulté se présente; s'il est simple, comme c'est lui qui est l'âme, notre thèse est prouvée [1].

Cette preuve a satisfait grand nombre de philosophes; d'autres y ont fait l'objection que voici, et qui n'a pas encore été résolue, que je sache :

Ce raisonnement a le grand tort de confondre unité et indivision avec simplicité et indivisibilité [2]. L'on dit : la connaissance est une et indivise, donc le sujet connaissant est un et indivis. C'est fort bien raisonné, mais la démonstration est inachevée; car il reste à dire si, pour avoir la perception sensible d'un objet matériel, il faut que le sujet de cette perception soit un jusqu'à être *simple*, et indivis jusqu'à être *indivisible*. Nous avouons que l'unité de nos sensations est inexplicable dans l'hypothèse que ce qui perçoit en nous serait un agrégat de substances simplement groupées et rapprochées suivant un certain ordre : la perception, dans ce cas, serait évidemment morcelée en autant de fragments que l'on compterait de substances. Mais en serait-il encore de même, si nous supposons une seule substance à la fois étendue et indivise, c'est-à-dire une substance divisible, mais dont les parties ne sont pas actuellement séparées? Cette substance, étendue, mais une, puisqu'elle n'est point divisée [3], n'est-elle pas un sujet appro-

1. A. Garnier, *Traité des facultés de l'âme*, t. I, p. 5.
2. Liberatore, *Dell'Uomo*. Roma, 1885, t. II, p. 102.
3. *Unum nihil aliud significat quam ens indivisum.* S. Thomas, *Sum. th.*, p. I, q. II, a. 7.

prié à la sensation, ou connaissance sensible, dont les deux éléments essentiels sont : un ébranlement organique d'une certaine étendue, et l'unité de perception ?

Vous voyez que cette preuve de la simplicité de l'âme telle que vous l'entendiez exposer, il y a un instant, prête le flanc à une sérieuse objection. Toutefois, vous l'aurez, bien sûr, remarqué, le défaut qu'on lui reproche, c'est moins de contenir une erreur, que d'être incomplète, et de conclure prématurément. Si, au lieu de dire : Nous percevons par les sens, d'une perception totale et une, divers objets matériels; donc ce qui perçoit en nous est inétendu et simple; l'on se fût contenté de dire : donc ce qui perçoit en nous est un et indivis, tout le monde aussitôt fût tombé d'accord; et l'on eût pu, sans contestation et en pleine sécurité, faire un second pas, pour chercher le complément de la preuve; car cette preuve peut facilement être complétée, et vous en serez vite convaincus avec un peu de réflexion.

Que pensez-vous de ce principe de saint Thomas, dont j'aurai l'occasion, dans un chapitre prochain, de vous montrer la profondeur et la portée ? « Tout être composé de parties n'est et ne demeure un, que s'il possède dans sa nature, outre le principe qui le fait multiple, quelque principe spécial qui le fasse un. » Ne vous est-il pas évident que l'*un* et le *multiple* étant opposés ne peuvent être expliqués, non plus que produits, sinon par un double principe : un principe de pluralité et un principe d'unité ; principes l'un et l'autre intimes à l'être, comme lui est intime sa double propriété d'un et de multiple? Et, pour parler un langage moins abstrait, comprenez-vous qu'un corps, une réalité étendue puisse être, à proprement parler, une seule substance, une seule nature existant d'une existence unique, un seul foyer d'action, si l'un de ses principes constituants ne pénètre, parfaitement un et identique, toutes ses parties, ne les ramène toutes à l'unité d'une seule nature, ne fait de toutes un sujet unique d'existence unique, et partant une source unique d'activité? En un mot, est-il concevable que ce qui de soi est multiple, possède l'unité d'être et l'unité d'agir, sans avoir pour conjoint un principe spécial, générateur spécial de cette double unité?

Après y avoir mûrement réfléchi, vous répondrez sans doute que cela n'est pas concevable, et vous direz avec saint Thomas : *Omne divisibile indiget aliquo continente et uniente partes ejus*[1]. Vous affirmerez par là même, — car les deux propositions suivent manifestement l'une de l'autre — que, dans le corps qui est sujet de sensation, il existe un principe le pénétrant dans toutes ses parties et le faisant un pour l'être et pour l'agir.

Eh bien, ce principe, qui met une telle unité

---

1. *Sum. cont. Gent.*, lib. II, c. 65.

dans cette petite portion de matière organisée où la sensation se produit, je vous demande s'il est lui-même composé de parties et multiple par nature, ou s'il est simple et indivisible? Vous n'hésiterez pas un instant à répondre, si vous vous rappelez quel doit être son rôle. Il doit faire du corps organisé une substance unique, un principe d'action unique; il doit, avec des millions et des milliards de molécules, faire, non pas un groupe d'êtres, mais un seul être, car l'unité de la perception sensible exige absolument l'unité dans l'être qui perçoit. Peut-il produire cette unification intime et substantielle, simplement en prenant les molécules par le dehors, soit pour leur imprimer un mouvement spécial, soit pour les disposer suivant un dessin particulier? Non, car pour être ainsi disposées ou agitées, les molécules n'en resteraient pas moins à l'état de fragments d'être, ne pouvant en aucune façon expliquer la sensation « totale et une ». Pour unifier les molécules, il faut qu'il les pénètre toutes, chacune dans son fond, se communiquant, se donnant à chacune, de telle sorte que toutes et chacune, étant pénétrées par lui, il soit simultanément en toutes et en chacune; bien plus, que toutes et chacune deviennent avec lui et par lui une seule chose, et que nous n'ayons plus en présence qu'un seul acte, une seule nature, une seule existence. Dites maintenant si un corps quelconque peut jouer un tel rôle, s'il en peut pénétrer un autre de la façon intime que nous venons de dire, et se trouver à la fois tout entier dans ce corps et tout entier dans chacune de ses parties [1].

Vous le voyez, l'unité de nos sensations ou perceptions sensibles prouve invinciblement qu'il y a dans notre corps un principe immatériel, une âme indivisible et simple [2].

Je ne me dissimule point que cet argument, pour être saisi dans toute sa force, suppose un esprit exercé dans la philosophie. Aussi, pour la satisfaction de ceux qui seraient moins familiarisés avec les raisonnements métaphysiques, je veux apporter une seconde preuve de la simplicité de l'âme humaine. Elle aura sur la première l'avantage de n'être pas seulement démonstrative, mais encore facile et nouvelle; nouvelle, en ce sens, du moins, qu'elle repose sur une des

---

1. *Sum. cont. Gent.*, lib. II, c, 65, n° 2.
2. M. Théodore Fontaine, dans un thèse remarquable intitulée : *De la Sensation et de la Pensée* (Louvain, Charles Peeters, 1885), éclaire toute cette démonstration à l'aide d'une observation physiologique fort curieuse.

« Si le sujet percevant, dit-il, était uniquement la matière corporelle, nous devrions avoir conscience que la perception sensible est composée d'autant de parties qu'il y en a dans l'organisme en contact avec l'objet. On a observé, par exemple, que la surface palmaire des doigts est tapissée par une infinité de fibrilles nerveuses; on en a compté cent huit dans l'espace d'une ligne carrée; lorsque je touche un objet d'une telle superficie, la condition de la perception tactile de son étendue est l'ébranlement des cent huit fibres nerveuses, chaque papille correspondant à un point différent de l'objet. Or, la sensation provoquée par le contact ne se compose pas de cent huit sensations; elle nous apparaît globale, une, indivise. »

découvertes les plus curieuses de la science moderne.

Écoutons d'abord les faits : nous sommes au Muséum d'histoire naturelle, à Paris; et c'est M. Flourens qui parle :

« Lorsque j'étudie le développement d'un os, je vois successivement *toutes* les parties, *toutes* les molécules de cet os être déposées, et successivement toutes être résorbées ; aucune ne reste : toutes s'écoulent, toutes changent ; et le mécanisme secret, le mécanisme intime de la formation des os, est la mutation continuelle de leur matière [1]. »

Ce que notre illustre savant français affirme, il l'appuie sur les expériences les plus concluantes :

« J'ai entouré l'os d'un jeune pigeon, nous dit-il, d'un anneau de fil de platine.

« Peu à peu l'anneau s'est recouvert de couches d'os, successivement formées, bientôt l'anneau n'a plus été à *l'extérieur*, mais *au milieu* de l'os; enfin, il s'est trouvé à *l'intérieur* de l'os, dans le *canal médullaire*.

« Comment cela s'est-il fait ?

« Comment l'anneau, qui, d'abord, recouvrait l'os, est-il à présent recouvert par l'os? Comment l'anneau, qui, au commencement de l'expérience, était à *l'extérieur* de l'os, est-il, à la fin de l'expérience, dans *l'intérieur* de l'os?

---

1. *De la Vie et de l'Intelligence*, 2ᵉ édit., p. 16.

« C'est que, tandis que, d'un côté, du côté externe, l'os acquérait les couches nouvelles qui ont recouvert l'anneau, il perdait de l'autre côté, du côté interne, ses couches anciennes qui étaient résorbées.

« En un mot, tout ce qui était os, tout ce que recouvrait l'anneau quand j'ai placé l'anneau, a été résorbé; et tout ce qui est actuellement os, tout ce qui recouvre actuellement l'anneau, s'est formé depuis; toute la matière de l'os a donc changé pendant mon expérience [1]. »

Ces expériences, M. Flourens les a répétées, en les variant, un grand nombre de fois, et toujours avec le même résultat évident.

« J'ai placé une petite lame de platine sous le périoste d'un os long.

« Peu à peu cette lame de platine a été recouverte de couches osseuses, comme l'avait été l'anneau.

« Elle était d'abord à l'extérieur de l'os; elle s'est trouvée ensuite au milieu; elle s'est trouvée, à la fin, dans l'intérieur de l'os, dans le *canal médullaire*.

« Le prodige de l'anneau, d'abord *extérieur* et puis *intérieur*, s'est renouvelé.

« L'os, qui, primitivement, était sous la lame, est maintenant *sur* la lame; ou plus exactement, plus nettement, *tout* un os *ancien* a disparu, et il

---

[1]. P. 20.

s'est formé *tout* un os *nouveau*. L'os qui existe aujourd'hui n'est pas celui qui existait quand on a mis la lame, il s'est formé depuis ; et l'os qui existait alors n'est plus, il a été résorbé.

« Tout l'os, toute la matière de l'os change donc pendant qu'il s'accroît : il y a, dans tout os qui se se développe, deux faces à phénomènes inverses et opposés, et, si je puis le dire, un *endroit* et un *envers* : un *endroit* par lequel il reçoit sans cesse des molécules nouvelles, et un *envers* par lequel il perd sans cesse les molécules anciennes ; ou plutôt, *et à plus rigoureusement parler*, un os qui se développe *n'est pas un seul os, c'est une suite d'os* qui se remplacent et se succèdent. »

Et, après ces explications remarquables, M. Flourens conclut par ces graves paroles : « *Toute* la matière, *tout* l'organe matériel, *tout l'être* paraît et disparaît, se fait et se défait, et une seule chose reste, c'est-à-dire celle qui fait et défait, celle qui produit et détruit, c'est-à-dire la force qui vit au milieu de la matière et qui la gouverne [1]. »

« *Tout l'organe matériel, tout l'être paraît et disparaît.* »

On le croit sans peine, après qu'il vient d'être si bien démontré que, dans le corps de l'animal, les parties les plus solides et les plus résistantes se décomposent, et sont emportées comme les autres par le flot de la vie.

1. P. 21.

Vous pensez bien que ce que M. Flourens vient de nous dire de cette nuance perpétuelle du corps de l'animal, lui et les autres savants l'affirment et le démontrent du corps de l'homme. « Un animal, un homme, dit Draper [1], est une réalité, une forme, à travers laquelle un courant de matière passe incessamment. Il reçoit son nécessaire et rejette son superflu. En cela, il ressemble à une rivière, une cataracte, une flamme. Les particules qui le composaient, il y a un moment, sont déjà dispersées. Il ne peut durer qu'à la condition d'en recevoir de nouvelles. »

Moleschott affirme la même chose, et il ajoute : « Cet échange de matières, qui est le mystère de la vie animale, s'opère avec une rapidité remarquable... La concordance des résultats qu'on a obtenus à la suite de diverses expériences est une garantie positive de l'hypothèse d'après laquelle il faut trente jours pour donner *au corps entier* une composition nouvelle. Les sept ans, que la croyance du peuple fixait pour la durée de ce laps de temps, sont donc une exagération colossale [2]. »

Quoi qu'il en soit du temps nécessaire pour le renouvellement du corps, il est certain qu'il se renouvelle intégralement dans une période relativement fort courte.

Voilà donc qui est certain et scientifiquement

---

1. *Les Conflits de la science et de la religion*, p. 91. — Claude Bernard, *la Science expérimentale*, 2ᵉ édit., p. 181 et suiv.
2. *Circulation de la vie*, t. I, p. 150.

démontré aujourd'hui, de l'aveu unanime des savants : Tout ce qui est matière, en nous, passe, s'écoule et change.

Tout homme adulte a changé de corps, non pas seulement plusieurs fois, mais un grand nombre de fois ; de telle sorte qu'à l'âge où il est arrivé, il ne possède plus rien, pas une seule molécule de son premier corps.

Mais quoi! n'existe-t-il pas quelque chose en nous qui ne passe point et ne change point ?

Je vous disais il y a un moment : Interrogez un vieillard ; mais c'est vous-mêmes que j'interroge à cette heure.

Quand vous remontez, à l'aide de la réflexion et du souvenir, le cours de vos événements personnels, quand vous suivez du regard toute cette série de faits si divers qui forment comme la trame de votre existence passée, les états intérieurs qui se sont succédé en vous non moins variés que les circonstances extérieures ; malgré tous les changements arrivés en vous et autour de vous, votre conscience ne vous dit-elle pas qu'un élément, une réalité est demeurée en vous, immuable et identique, que vous retrouvez au dedans de vous-mêmes un quelque chose qui a été le sujet et le témoin de tous ces événements intimes, qui le constate et l'affirme à cette heure ; et ne dites-vous pas : *je fus* triste et *je suis* heureux ; *je fus* ennemi du travail, *je suis* laborieux ; *je fus* indifférent pour la science, *je suis* désireux de m'instruire ; *je fus* un enfant, *je suis* un homme ?

Oui, votre conscience vous montre et vous fait entendre ce quelque chose de permanent et de stable qui dit et répète sans cesse, et à tout propos, ces deux paroles d'un sens si profond : *je fus, je suis*. Votre conscience affirme que votre moi, dans le fond, est demeuré identique pendant toute votre existence.

Si donc, d'autre part, la science affirme, avec une égale certitude, que de toute la matière dont votre corps était formé au début et pendant la première période de votre vie, il ne reste plus un atome ; que conclure ? sinon que ce qui se nomme *moi*, ce qui dit *je*, ce qui se souvient, ce qui compare son état présent avec ses états passés, l'âme, enfin, n'est point de la matière, et ne participe pas plus à la nature de la matière qu'elle n'est soumise à ses lois.

Donc, l'âme n'est point matière : donc, l'âme n'est point le cerveau ni aucune partie du corps.

— Elle en est le type, elle en est la forme, a-t-on répondu. Le type du corps humain est toujours le même, il ne change pas. On peut donc soutenir, tout à la fois, que l'âme est quelque chose de matériel et qu'elle demeure cependant toujours identique.

— Ne parlant pas latin, je dois m'abstenir de donner à cette objection, que d'aucuns font très gravement, le qualificatif qu'elle mérite.

Mais il m'est bien permis de dire que son inventeur la formula sûrement à un moment de distraction, et qu'il faut se trouver dans un état mental semblable pour la répéter.

D'un seul mot, en effet, l'on perce à jour ce misérable sophisme. Le type du corps humain reste le même, dites-vous. — Non pas *numériquement* le même, s'il vous plaît, mais *spécifiquement* le même.

Peut-on dire que deux hommes portent le *même* habit? Oui, à condition d'entendre que ce n'est pas le même habit *numériquement*, mais *spécifiquement*. C'est le *même* habit que portent deux hommes, parce que leurs *deux* habits sont d'étoffe *semblable* et de coupe *semblable*. Mais il y a *réellement* deux habits, et même deux étoffes, et même *deux coupes*.

Ainsi, quand nous changeons de corps, nous changeons d'habit; et en changeant ainsi d'habit, l'habit, l'étoffe, la coupe, c'est-à-dire le *type*, en réalité, se multiplient.

— Mais nous ne changeons pas de corps, comme nous changeons d'habit, tout d'un coup, en une seule fois.

— Cette réplique m'oblige à développer ma comparaison, mais l'on n'y gagnera rien.

Je connais un avare, qui, pour ne point acheter d'habit neuf, fait sans cesse réparer l'ancien. Un jour on lui change la première manche, un autre la seconde, un troisième, autre chose; et de la sorte, au bout d'un certain temps, l'habit a été tout entier renouvelé pièce par pièce. En fait, ce renouvellement terminé, l'avare a-t-il toujours le même habit? Il n'a pas le même *numériquement* quant à l'étoffe, c'est évident. Mais quant à la coupe, quant au type? La coupe de chaque pièce rapportée est-elle *numériquement* différente de la coupe ou du type de chaque pièce remplacée? C'est encore évident; et il ne l'est pas moins que toute la coupe, tout le *type* de l'habit s'est renouvelé successivement, tout aussi réellement que l'étoffe elle-même [1].

Vous n'arrivez donc point avec votre type, *qui ne demeure toujours le même que dans votre idée*, à ce quelque chose de permanent, de *numériquement* un, et d'identique, qui survive en nous au changement, et le comprenne et le dise [2].

Un jour, qu'un homme de science [3] m'expliquait la structure et les fonctions de la moelle épinière, — avec un savoir et une clarté extrêmes comme son obligeance, — la conversation s'égarant, je ne

[1]. V. *Sum. theol.*, p. I, q. 119, art. 1, ad 2; et Jean de S.-Thomas, *Cursus philosophicus*, p. 129, édit. de Lyon.
[2]. Ce fait de l'identité du moi persistant au milieu du renouvellement incessant et intégral du corps humain renverse à lui seul, non seulement cette théorie du type constant ou forme permanente, mais encore les hypothèses analogues de Simmias, d'Alexandre d'Aphrodise et de Galien. (*Sum. cont. Gent.*, lib. II, c. 62, 63, 64.)
[3]. M. Laulanié, professeur de physiologie à l'École vétérinaire de Toulouse, dont il est aujourd'hui Directeur.

sais à quel propos, et les rôles s'étant intervertis, je me trouvai exposant et prouvant la thèse spiritualiste sur l'âme humaine. Comme j'annonçais qu'ayant établi que l'âme est simple, j'allais démontrer qu'elle est spirituelle : « Ah! me dit le savant professeur, avec un petit éclair de malice dans l'œil et sur les lèvres, vous autres, vous admettez une différence entre ce qui est immatériel et ce qui est spirituel. Nous, nous pensions qu'une chose est simple si elle n'a point de parties, et matérielle si elle en a ; mais nous ne nous étions pas imaginé qu'une négation, qu'une absence de parties, comportât du plus ou du moins, et fût affaire de degrés. »

Heureusement j'avais ma réponse prête, et qui fut fort bien comprise :

Quand nous recherchons si l'âme est spirituelle, nous n'entendons nullement qu'il puisse y avoir du plus ou du moins dans cette négation, ou absence de parties qui fait l'être simple. La spiritualité n'est pas le moins du monde, suivant nous, un degré de simplicité. C'est une propriété d'un genre tout divers. Simplicité dit : absence de parties ; spiritualité : manière d'exister indépendante d'une substance conjointe. Pour que l'âme humaine soit simple, il suffit qu'elle n'ait point de parties; pour qu'elle soit spirituelle, il faut que l'existence ne lui vienne ni du corps, ni du composé qu'elle forme avec le corps, mais d'elle-même, mais d'elle seule, — parlant bien entendu du principe prochain et intrinsèque de l'existence, qui n'exclut nullement la cause efficiente première. Vous voyez qu'il y a une belle différence entre la simplicité et la spiritualité.

Descartes et les Cartésiens n'ont pourtant jamais voulu la reconnaître ; et, en conséquence, ont toujours négligé de prouver, à part, la spiritualité de l'âme humaine. Il leur semblait que, savoir de l'âme qu'elle est simple, immatérielle, c'est en connaître tout ce qu'il faut, et que sa dignité au-dessus des corps est établie aussi complètement qu'elle peut l'être, par ce seul fait qu'elle n'est pas une substance à trois dimensions.

Les vieux scolastiques avaient vu plus loin. L'âme est simple, se dirent-ils : elle est unie au corps, puisqu'elle pense dans le corps et l'associe même, dans une certaine mesure, au travail de sa pensée : elle subsiste dans le corps. Mais, au fait, qui la fait subsister ? Subsiste-t-elle en vertu d'une énergie qui lui soit propre, qu'elle tienne de sa nature, ou bien tient-elle du corps de pouvoir subsister ? Nous concevons des forces qui, tout en étant simples, inétendues, ne subsistent que par les corps où elles sont, en vertu de l'union qu'elles ont avec la matière

En est-il ainsi de l'âme humaine ? N'est-elle que simple, ou bien est-elle *spirituelle*, c'est-à-dire portant en elle-même la raison de sa subsistance ?

Vous voyez qu'il y avait matière à une question, et à une question importante ; et je me réjouis de voir de nos jours M. F. Bouillier, le savant historien de la philosophie Cartésienne, le reconnaître en plusieurs endroits de ses ouvrages, bien qu'il ne pose pas encore peut-être le problème avec toute l'exactitude et la précision qu'on pourrait souhaiter [1].

Quand nous parlions de la méthode, vous êtes convenus que l'on peut, dans une démonstration, partir indifféremment d'un fait ou d'un principe, pourvu que l'on parte d'une certitude. Jusqu'ici, dans presque tous nos raisonnements, nous sommes partis d'un fait; cette fois, ne serait-ce que par amour de la variété, nous allons partir d'un principe.

Le voici, tel qu'on l'énonçait autrefois dans l'École : « L'opération suit l'être et lui est proportionnée. » Cette formule, telle qu'on vient de l'entendre, n'est pas si vieillie qu'elle ait besoin, pour qu'on la comprenne, d'être traduite dans un langage plus moderne; et elle est d'une vérité si évidente qu'elle s'est imposée à tous les esprits.

M. Büchner en reconnait formellement la valeur, quand il écrit ces paroles : « La théorie positiviste est forcée de convenir que *l'effet doit répondre à la cause*, et qu'ainsi des effets compliqués doivent supposer, à un certain degré, des combinaisons de matière compliquées [2]. »

---

1. *Du Principe vital*, p. 23.
2. *Matière et force*, p. 218.

M. Karl Vogt la suppose et en invoque implicitement l'autorité, quand il appuie un de ses raisonnements par cette observation : « Encore *faut-il pourtant que la fonction* (les scolastiques auraient dit l'opération) *soit proportionnelle à l'organisation et mesurée par elle* [1]. »

M. Wundt rend, lui aussi, hommage à notre principe, quand, parlant des savants, il dit : « Nous ne pouvons mesurer directement ni les causes productrices des phénomènes, ni les forces productrices des mouvements, *mais nous pouvons les mesurer par leurs effets* [2]. »

C'est vous dire qu'aujourd'hui, comme autrefois, tout le monde reconnaît qu'on peut juger de la nature d'un être, par son opération.

Telle opération, telle nature ; tel effet, telle cause : telle fonction, tel organe ; tel mouvement, telle force ; telle manière d'agir, telle manière d'être. Ainsi parlent, dans tous les siècles et par tout pays, la raison et la science.

Donc, si un être a une opération à laquelle seul il s'élève, à laquelle seul il puisse atteindre, qu'il accomplisse comme agent isolé, dégagé, libre, transcendant, cet être doit avoir une existence transcendante, libre, dégagée et qui appartienne en propre à sa nature.

Or, en regardant l'âme humaine, je lui trouve une semblable opération : je lui vois, à un moment,

[1]. *Leçons sur l'homme*, 2ᵉ édition, p. 12.
[2]. Ribot, *Psychol. allem.*, p. 222.

cette manière d'agir libre, transcendante, dégagée de la matière.

Vous me demandez quel est ce moment où je reconnais à l'âme humaine cette haute et caractéristique opération. Je réponds :

C'est quand l'âme humaine pense, et quand elle prend conscience d'elle-même et de sa pensée.

Veuillez bien suivre le raisonnement que je vais vous faire : Une opération est absolument immatérielle, c'est-à-dire exclut toute forme, toute actualité, toute condition *intrinsèque prochaine* : matérielle, si elle a pour objet une réalité absolument immatérielle. Cela est hors de doute. C'est par l'opération, en effet, que la faculté atteint son objet. Supposez que l'objet soit d'un ordre supérieur à l'opération, qu'il soit par exemple immatériel et l'opération matérielle, l'opération ne pourra joindre ni atteindre son objet, pas plus que ma main ne peut toucher un plafond qui me dépasse de six pieds ; l'objet sera, pour l'opération et pour la faculté qui opère, comme s'il n'était pas, l'opération demeurera éternellement empêchée. Si donc une opération se produit ayant pour objet une réalité tout immatérielle, cette opération est, par nécessité, tout immatérielle. C'est la conséquence palpable du principe de tout à l'heure, que tout effet doit avoir sa cause proportionnée.

Or, quels sont les objets où s'adresse et se porte de préférence votre pensée? N'est-ce pas la justice, l'honneur, la vertu, le droit, le devoir, le nécessaire, le contingent, l'absolu, l'infini?

Et ces objets que vous m'entendez nommer et que vous pensez, sont-ils matériels, oui ou non?

Le droit, le devoir, la moralité, la vertu, l'honneur, sont-ce des corps? Sont-ce des êtres à trois dimensions?

Si vous me définissez le droit, la contingence, la moralité, la liberté, les notions de la logique ou de la métaphysique, parlerez-vous de hauteur, de largeur, de profondeur, de moitié, de tiers, de quart, de volume ou de poids?

Non, en tous ces objets, tels que vous et moi les concevons, vous ne retrouverez, vous ne pourrez signaler aucune des propriétés essentielles de la matière.

Ces objets sont donc tout à fait immatériels. L'acte qui les atteint, la pensée qui les conçoit, est donc tout immatérielle.

Enfin, la force d'où notre pensée procède n'est donc point engagée tout entière dans le corps, mais le dépasse; elle est dans le corps une force libre et transcendante dans son mode d'être comme dans son mode d'agir. Comme elle a une opération que le corps ne peut lui donner, puisqu'il n'y peut pas même atteindre, ainsi elle a une existence qu'elle ne tient pas de lui, mais d'elle-même et d'elle seule.

L'on a bien essayé d'infirmer notre preuve, en disant d'abord que toutes nos idées, même les plus sublimes, nous viennent des sens, et ensuite que l'âme ne peut rien penser sans le concours de l'imagination et de ses images : deux faits qui établissent, dit-on, qu'elle n'a point une opération, et par conséquent point une existence transcendante. Mais cette objection est sans valeur.

Qu'importe, dans la question présente, que les idées nous viennent des sens ou d'ailleurs, et suivent ou ne suivent pas de nos perceptions sensibles des objets matériels ? Nous ne nous embarrassons nullement, à l'heure qu'il est, de savoir quelle est l'origine de nos idées, si elles sont acquises ou innées, si elles nous viennent d'en haut ou si elles nous viennent d'en bas, nous les prenons et les regardons *telles qu'elles se trouvent actuellement en nous*, et nous demandons si elles ont pour objet, oui ou non, l'immatériel. La réponse n'est plus à faire.

Le second fait qu'on nous oppose ne nous met pas plus en peine. — L'intelligence, dites-vous, ne peut penser, si l'imagination ne lui présente ses tableaux. — Soit. — L'imagination fournit donc, selon vous, la matière première de nos idées. — Qu'en voulez-vous conclure ? Que l'objet de nos idées est matériel? Mais, vous dirai-je, regardez donc à quoi vous pensez tous les jours, et si vous ne pensez pas tous les objets absolument immatériels que je vous nommais il y a un instant. Un raisonnement ne peut rien contre une observation directe. Que diriez-vous si j'argumentais de la sorte : quand je pars de Paris pour aller en

Corse, je voyage en chemin de fer : le commencement de mon voyage se faisant par terre, donc tout le voyage se fait par terre ; donc la Corse n'est pas une île. Vous m'enverriez voir la Corse, et vous auriez raison. Je suis heureux que vous n'ayez pas à aller chercher si loin votre pensée et son objet.

Mais peut-être vouliez-vous simplement conclure du fait que l'intelligence reçoit d'une faculté organique la matière première de ses idées, qu'elle ne peut subsister que par le corps. La logique vous empêcherait encore de conclure ainsi. Le fait que vous alléguez prouve bien que l'intelligence humaine est faite pour être unie à un corps ; mais il ne nous révèle rien sur les relations ou sur la situation respective du corps et de l'âme par rapport à la subsistance. Un être peut fort bien recevoir d'un autre l'objet sur lequel s'exerce son activité, sans en dépendre le moins du monde pour subsister. « Autrement, dit à propos de cette objection saint Thomas, l'animal lui-même ne serait pas un être subsistant, puisqu'il lui faut les objets extérieurs du monde matériel pour sentir. *Alioquin animal non esset aliquid subsistens, cum indigeat exterioribus sensibilibus ad sentiendum* [1].

Nous pensons des choses absolument immatérielles de leur nature ; et la conséquence qui suit de là inévitablement, *inevitabiliter*, comme parle

---

1. *Sum. theol.*, p. I, q. 75, a. II, ad 3.

Albert le Grand [1], c'est que nous avons une âme spirituelle. Mais, remarquez, je vous prie, que nous ne sommes nullement obligés, pour établir notre thèse, de recourir à ces idées que nous nous formons des êtres immatériels ; nous pouvons la prouver d'une façon tout aussi démonstrative, en raisonnant sur la manière dont notre esprit conçoit les êtres sensibles eux-mêmes. Laissez-moi vous exposer cette nouvelle preuve en quelques mots. Nous y gagnerons d'enlever à certains esprits difficiles, jusqu'à la velléité de chicaner sur la question de savoir si nous percevons l'immatériel, et d'arrêter un instant notre attention sur un des points les plus importants de l'idéologie.

Une thèse capitale en idéologie, — et que je trouve supérieurement développée dans un traité spécial qui restera au nombre des pages de philosophie les plus magistrales qu'on ait écrites dans ce siècle [2], — c'est que nous n'avons l'intuition, ou perception directe et distincte, d'aucune nature ou essence.

L'expérience personnelle nous le fait assez connaître. Nous nous formons l'idée des êtres qui nous entourent, en raisonnant sur les propriétés dont ils se montrent revêtus. La connaissance que nous avons de leur nature n'est donc pas *in-*

---

1. *De Nat. et Orig. animœ*, tract. I, c. VIII, vol. V, p. 196.
2. Zigliara, *Della Luce Intellettuale*, lib. IV.

tuitive, mais *déduite*. De plus, cette idée déduite a encore le défaut de n'être point, autant qu'il faudrait, *propre* ni spéciale à l'être auquel elle se rapporte. Examinez, en effet, les idées que vous vous faites des différents êtres, et vous verrez que vous les avez toutes constituées à l'aide des notions transcendantales et *communes* de l'ontologie : notions générales d'être, de substance, de qualités, de cause, d'action, d'unité et de pluralité, de simplicité et de composition, de durée, d'espace, etc. D'après cela nos idées des choses matérielles sont donc comme autant de faisceaux, de concepts additionnés, réunis et groupés en autant de diverses manières que nous connaissons d'êtres matériels différents. Car ces idées ne diffèrent entre elles que par le nombre et le groupement des éléments communs qui entrent dans leur composition, de même que des maisons bâties avec des matériaux de même espèce ne diffèrent entre elles que par leur plan et la quantité des matériaux employés à les construire.

Or, voici la merveille : parmi les concepts dont sont formées nos idées des êtres matériels, il en est dont l'objet ne présente absolument rien de la matière et en fait totalement abstraction.

Prenez l'idée de n'importe quel corps et soumettez-la à une analyse métaphysique. Vous verrez cette idée se résoudre en éléments dont plusieurs, *pris à part*, ne disent ni ne représentent absolument rien de matériel.

Comme l'expérience est facile, autant que décisive, je vais la faire moi-même devant vous, et même avec vous, si vous le voulez.

J'ai l'idée, et vous l'avez comme moi, du chêne, être matériel à coup sûr. Ce chêne que vous pensez n'est point celui que, tel jour, vous vîtes de vos yeux, et que votre imagination voit encore à cette heure peut-être, en tel taillis, sur telle haie, au milieu de telle prairie ; c'est le chêne en général, ce *chêne abstrait* que vous pensez, par exemple, quand on vous parle botanique. Eh bien ! prenons cette idée et décomposons-la.

L'analyse ne vous amène-t-elle pas, comme moi, à ce résultat que : le chêne, tel que vous et moi le concevons, est : un *être, réel, substantiel, vivant*...?

Voilà déjà quatre concepts ; et vous remarquez combien ils sont généraux. De combien d'autres corps ne pourrais-je pas dire ce que je viens de dire du chêne ?

Mais ces concepts, pris à part, se réfèrent-ils à un objet matériel ?

Que dit le concept d'*être*? et quelle en est la définition universellement acceptée ? Par *être*, l'on entend simplement « *ce qui existe ou peut exister* ». Vous le voyez, de la matière, il n'y en a pas trace dans ce premier concept.

Mais le concept d'être réel ? — Il ne nous ramène pas davantage à la matière. Être *réel*, en effet, ne signifie rien de plus qu'une chose qui existe ou peut exister *hors de l'esprit* qui la conçoit : c'est l'opposé de ces choses qui n'existent que parce que l'esprit les pense, qui ne sont que des fictions ; c'est l'opposé du fameux « *être de raison* ».

C'est donc « *être substantiel* » qui va nous mettre en face des trois dimensions. — Pas davantage. « Être substantiel », nous l'avons vu, désigne uniquement « ce qui subsiste par soi, ou ce qui n'a pas besoin, pour exister, d'être dans un autre comme dans un sujet ». Nous ne voyons point encore apparaître la matière.

Mais elle apparaîtra, sans doute, avec le quatrième terme. — Nenni. Remarquez que ce quatrième terme est « vivant », mais vivant tout court. Or, tenant avec saint Thomas, à tort ou à raison, que le propre de la vie est « l'immanence de l'action », vivant, selon cette opinion qui est celle de beaucoup de monde et a pour elle de bonnes preuves, dit tout uniment un être qui a des actions immanentes.

Si j'ajoute que le chêne est un végétal, ou vivant de vie végétative, ce mot, je l'avoue, va susciter en nous un concept matériel, d'une certaine façon, dans son objet, mais ces quatre idées d'être, de réel, de substantiel, de vivant n'impliquent pas un atome, ni une ombre de matière. Ajoutons même que l'esprit ne voit pas la moindre contradiction, à ce que ces idées se réalisent en des êtres qui n'auraient rien de corporel, « *Quæ etiam esse possunt absque omni materiâ*[1]. »

1. *Sum. theol*, p. I, q. 85, a. 1, ad 2.

Et notez bien qu'il n'est nullement particulier à cette idée du chêne, de renfermer en elle des concepts immatériels ; la même chose s'observe dans toutes les idées que nous avons des êtres matériels. Vous le croirez sans peine, si vous voulez analyser l'idée, bien sûr la plus réfractaire à la loi que j'énonce, l'idée de corps ? Tournez et retournez tant qu'il vous plaira votre idée, il vous faudra toujours finir par répondre : « C'est un *être réel, substantiel*. » Et moi de faire, sur ces trois termes, le même raisonnement que je faisais tout à l'heure sur les quatre premiers termes de la définition du chêne.

Nos idées des êtres les plus matériels contiennent donc des concepts qui ne sont point matériels quant à leur objet, qui ne sont pas plus matériels que ne le serait celui d'un esprit pur.

Ce qui ne veut point dire qu'il n'y ait jamais aucune différence, dans nos idées, entre ce qui est corps et ce qui est esprit. Il existe une différence immense, et que voici : Quand on conçoit un être matériel, l'on arrive toujours à découvrir, dans son idée, un élément ou principe constitutif spécial dont *l'étendue est la suite naturelle* et nécessaire, au lieu que si l'on conçoit un esprit pur, pas un des éléments inclus dans son idée n'implique une pareille propriété. Vous vous souvenez comment, tout à l'heure, quand nous disions que le chêne est un végétal, aussitôt nous percevions, avec pleine évidence, qu'il lui convient non seulement d'avoir un volume, une masse, comme la pierre, mais des parties organisées pour la nutrition, l'accroissement, la reproduction, et ce système spécial de branches, de racines, de feuilles, caractérisé par, etc. Si je nomme un esprit pur et que je vous le définisse, un *être réel, substantiel, vivant, simple, spirituel, intelligent, libre, immortel,* vous ne découvrez rien de pareil.

Notre pensée saisit donc et perçoit l'immatériel, dans le matériel même. Comment cela se fait-il ? L'idéologie des grands Docteurs scolastiques a jeté une merveilleuse lumière sur cette question; mais ce n'est le temps ni de la poser, ni de la résoudre.

Ce qu'il me suffit et ce que j'ai le droit de conclure, après l'analyse que j'ai faite devant vous de nos idées des êtres matériels, c'est qu'en les concevant, nous posons un acte où le corps ne peut prétendre, qui dépasse la portée de tout organe : c'est que pour prouver la spiritualité de l'âme nous n'avons nullement besoin de montrer que nous concevons des êtres immatériels par nature; les idées que nous nous formons des êtres matériels y suffisent pleinement.

Vous allez trouver que je suis long; mais si vous saviez les bonnes raisons que j'omets, - j'en aperçois dix, bien comptées, dans un seul endroit des œuvres d'Albert le Grand[1]; — si vous saviez la vio-

---

1. *De Animâ*, lib. III, chap. xiv.

lente tentation que j'ai, invoquant ce principe dont Kant a fait un si maladroit usage : « Tout ce qui est reçu dans un être y est reçu conformément à la nature de l'être qui reçoit », de vous montrer que notre âme recevant en soi d'une façon immatérielle les êtres matériels, et leur communiquant l'immatérialité, doit être spirituelle [1], vous ne vous montreriez pas trop sévères; vous me sauriez même quelque gré de m'en tenir aux seuls arguments que j'ai annoncés, et de ne plus vous exposer que celui qui se tire de la conscience que l'âme a d'elle-même.

Il est court et solide.

N'est-il pas vrai que votre esprit, quand il lui plaît, se replie complètement sur lui-même, à tel point qu'il voit ses divers états, qu'il aperçoit ce qui se passe dans ses derniers replis? Votre esprit voit sa pensée; fréquemment il sait quand et comment elle lui vient, le temps qu'elle demeure et l'instant où elle s'en va. Tous les hommes l'éprouvent comme vous, et c'est à cette faculté précieuse qu'ils doivent de pouvoir se communiquer mutuellement les sentiments intimes qui naissent dans leur âme, et de charmer le commerce de la vie par les épanchements de l'amitié.

Votre pensée se pense elle-même. Voilà le fait. Or, il y a une impossibilité absolue et constante, à ce qu'un être matériel opère sur lui-même

---

1. S. Thom., *De Ente et Essentia*, chap. v.

une semblable conversion. Il est de la nature de la matière d'être à elle-même impénétrable. Voilà pourquoi les sens, qui sont des organes, n'ont point sur eux-mêmes ce retour complet de l'esprit ; et pourquoi l'œil, par exemple, qui est le plus parfait des sens extérieurs, ne se voit point lui-même, et ne voit pas davantage sa vision [1].

Du fait de la conscience comme du fait de la pensée, il résulte donc que l'âme humaine a une opération où le corps n'a point de part immédiate, où il n'intervient point directement, une opération libre, dégagée des conditions matérielles, transcendante.

Mais nous avons admis en principe qu'une opération transcendante, une opération libre et dégagée des conditions de la matière, exige une existence transcendante, une existence libre et dégagée du corps.

L'âme humaine tient donc sa subsistance d'elle-même, elle a donc une existence qu'elle ne reçoit point du corps, et, partant, l'âme humaine est spirituelle au sens que nous avons expliqué.

Au moment de finir, je vois poindre dans l'esprit de tous mes lecteurs une même pensée, je devrais dire une même question : Qui sait, si, dans tout le cours de la démonstration que nous venons d'en-

---

[1] *Cont. Gent.*, lib. II, c. 66.

tendre, le professeur est resté fidèle aux lois de cette méthode positive qu'il nous a exposée dans son premier chapitre, et dont personne ne peut s'affranchir sans renier l'évidence ?

Cette préoccupation, digne d'esprits sérieux, me réjouit, et m'inspire l'idée de vous encourager à faire la critique de ma thèse, en vous rendant tout ensemble facile et sûr le contrôle des arguments que j'ai apportés, et de tout le procédé rationnel que j'ai suivi.

Laissez-moi donc, comme un scolastique du vieux temps, plus fidèle à la Logique qu'à l'Éloquence, vous présenter, en quelque sorte, le « schème » de toute l'argumentation qui vous a été développée. De cette façon, vous pourrez juger, à l'aise, de la vérité des principes, des faits, des déductions.

La pensée dans l'homme est un fait réel. Donc le principe de la pensée, — l'âme, — est une réalité.

Le principe de la pensée, — l'âme, — est partie intégrante de la nature de l'homme qui est une substance. Donc l'âme humaine est d'ordre substantiel.

Nous avons la perception sensible, totale et une, des objets matériels ; en outre, notre moi reste identique au milieu du renouvellement perpétuel et intégral des parties de notre corps. Donc notre âme est simple et incorporelle.

Notre âme pense des objets immatériels par nature, et des êtres matériels se forme des concepts immatériels ; de plus, elle a conscience d'elle-même et de sa pensée. Donc, elle est spirituelle.

Vous venez d'entendre les faits et comment j'ai raisonné sur les faits. Voici maintenant les principes sur lesquels je m'appuie,

Tout effet a sa cause proportionnée.

Appartient à l'ordre substantiel toute réalité entrant comme partie intégrante dans la nature d'un être qui subsiste par soi, ou n'a pas besoin pour exister d'être dans un autre comme dans un sujet.

Ce qui de soi est multiple et divisible, n'est et ne demeure un pour l'être et pour l'agir, qu'à la condition d'être pénétré et lié par un principe un et indivisible.

Une seule et même chose ne peut pas changer sans cesse et rester identique.

Telle opération, telle nature ; telle manière d'agir, telle manière d'être.

Voilà en raccourci toute ma thèse : à vous maintenant de la juger.

Me faut-il l'avouer, du reste, j'ai la plus entière assurance que si vous voulez bien réfléchir sérieusement aux preuves que je n'ai fait qu'ébaucher, vous trouverez qu'elles méritaient d'être mieux présentées, et démontrent bien plus solidement que je ne l'ai fait voir, que l'âme de l'homme est vraiment une réalité, substantielle, simple, spirituelle.

CHAPITRE QUATRIÈME

L'AME RAISONNABLE ET LA VIE ORGANIQUE DANS L'HOMME.

Sommaire. — La vie organique suppose nécessairement qu'il existe, dans le vivant, un principe constitutif supérieur aux forces physiques et chimiques.

Quand le philosophe a démontré qu'il existe dans l'homme, outre l'élément matériel, une âme spirituelle, il se trouve immédiatement en face d'un grand problème : celui de savoir quel genre de rapports subsistent entre ces deux parties de l'être humain, ce qu'elles se doivent l'une à l'autre, quel est l'apport précis de chacune d'elles, dans la formation du merveilleux composé qui résulte de leur union. Aussi, après avoir prouvé que cette réalité simple et spirituelle que nous appelons l'âme est en nous le principe premier de la connaissance, et tout particulièrement de la connaissance intellectuelle [1], nous trouvons-nous naturellement amenés à rechercher si cette âme, comme elle est le premier principe de la perception et de la pensée,

1. *V.* le chapitre précédent.

est encore le premier principe de la vie; car nous vivons une vie organique, tout aussi réellement que nous vivons une vie intellectuelle.

Ces deux vies sortent-elles de la même source, l'âme pensante? ou bien, laissant à l'âme la perception et la pensée, devons-nous croire que le corps tient la vie des seuls éléments matériels qui entrent dans sa constitution? ou mieux encore, ne faudrait-il pas admettre, entre le corps et l'âme, une réalité intermédiaire, dont le rôle serait de constituer le corps vivant, et qu'on appellerait, en conséquence, le principe vital? Tel est le nouveau problème qui se pose devant nous, à cette heure, et que nous voudrions essayer de résoudre.

A la façon dont s'expriment certains auteurs, l'on pourrait s'imaginer que cette question tient tellement au fond du spiritualisme, que le sort du spiritualisme en dépend. « Croit-on, dit un savant professeur du Collège de France [1], que le fait vital est essentiellement spécifique, irréductible aux faits de la nature physique ou inanimée, on est spiritualiste; croit-on, au contraire, que les phénomènes vitaux peuvent être ramenés à tous les autres phénomènes de l'ordre naturel, on est matérialiste. ». Ce langage n'est pas rigoureusement exact. La vraie question du spiritualisme, nous avons déjà eu l'occasion de le dire [2], consiste à savoir si, oui

---

1. M. Dastre, *Revue philosophique*, 1878, p. 443.
2. Chapitre troisième, p. 120.

ou non, l'âme pensante subsiste par elle-même, et peut, par conséquent, exister après la destruction du corps. C'est, on le voit, une tout autre question que celle du principe vital. Aussi, M. Cl. Bernard fait-il justement observer que « l'explication matérialiste de la vie organique a été acceptée par des philosophes décidément spiritualistes, tels que Descartes, Leibnitz et toute l'école Cartésienne [1]. » On peut donc être spiritualiste sans être vitaliste. Mais, pour ne pas tenir à l'essence même du spiritualisme, la question du principe vital n'en demeure pas moins du plus haut intérêt, et l'un des problèmes où s'est le plus passionné le génie des philosophes et des savants. Le moyen, en effet, de parler de la vie, sans évoquer aussitôt devant l'esprit ces théories fameuses auxquelles se rattachent les noms les plus illustres : Pythagore, Platon, Aristote, S. Augustin, Albert le Grand, S. Thomas, Descartes et Leibnitz. Démocrite et Épicure, Buffon, Cuvier, Bichat, Flourens, Cl. Bernard ? Le seul fait que tant de grands hommes se sont préoccupés d'un tel sujet nous assure de son importance ; tout comme, il faut le dire, le peu d'accord qui règne entre leurs doctrines nous en fait entendre l'extrême difficulté.

1. *Leçons sur les phénomènes de la vie*, etc., I. p. 42, et II, p. 428. — Le P. Carbonel, *Les confins de la science et de la philosophie*, t. II, *passim*, et le P. Tongiorgi, *Psychologia*, lib. 1, cap. II, art. 3, sont certainement spiritualistes, et pourtant ils combattent le vitalisme.

Nous allons entreprendre, à notre tour, cette périlleuse étude, ayant soin d'emprunter au passé ses vraies lumières, toutes les notions que le temps a consacrées, et au présent ses découvertes; ne nous attachant *a priori* à aucun maître, mais les consultant tous, et n'ayant, comme toujours, qu'une préoccupation : celle de pénétrer aussi loin dans la vérité que nous le permettront les faits certains, les principes évidents, une logique rigoureuse.

Le plan, du reste, que nous devons suivre en traitant ce sujet : *L'âme raisonnable et la vie organique dans l'homme*, est indiqué d'avance et s'impose. Nous nous demanderons d'abord, en général, si la vie organique réclame nécessairement un principe supérieur aux forces physiques et chimiques ; ensuite, supposé que la vie organique ne puisse s'expliquer sans un tel principe, nous rechercherons si, dans l'homme, ce principe est autre que l'âme spirituelle.

Que la vie animale, nous dit Albert le Grand, suppose un principe d'un ordre supérieur aux forces de la nature inanimée, c'est chose manifeste, et qui se prouve sans peine. Percevoir, imaginer, se transporter d'un lieu dans un autre, voilà, en effet, autant d'opérations qui dépassent évidemment toutes les énergies de la matière brute, « *evidenter patet ista ab alio esse principio quam illud quod naturalium corporum principium esse dicimus;* mais il faut avouer que s'il existe un tel principe dans les plantes, il y est bien caché, et rien moins qu'apparent, *in plantis autem est principium vitæ occultum, et non evidens in operationibus ejus :* et c'est pourquoi, continue le grand homme, la recherche en est très laborieuse, et ne peut réussir qu'avec force syllogismes et raisonnements, *per syllogismum et rationem multam* [1]. »

Or, c'est précisément de cette vie, sans aucun éclat et si obscure, que l'homme a de commun avec la plante, que nous devons nous occuper ici. Si donc le principe en est si difficile à déterminer, et si la raison y a tant à faire, commençons par définir avec rigueur le procédé que nous devons suivre pour mener à bonne fin notre recherche, et de quels faits exclusivement il nous sera permis d'inférer en bonne logique, que la vie organique relève d'un principe supérieur aux propriétés communes de la matière.

Le procédé que nous suivrons ne différera en rien de celui qu'on nous a vu employer quand nous avons démontré la spiritualité de l'âme. Pour établir et déterminer la transcendance de l'âme pensante, nous avons regardé à ses opérations : pour établir et déterminer la transcendance du principe vital, nous examinerons

---

[1]. *De Vegetabilibus,* tractat. I, c. II.

de même ses actes et ses propriétés. Appuyés sur ce principe inébranlable que tous, philosophes et savants, admettent et supposent, qu'ils le veuillent ou non, qu'ils le sachent ou qu'ils l'ignorent : tout effet, toute opération suit d'une cause, d'une nature qui lui est proportionnée, et pour savoir d'un être ce qu'il est, il suffit de savoir ce qu'il fait, nous avons dit : L'âme humaine pense ; donc, elle dépasse la matière et en est indépendante. De même nous dirons, s'il y a lieu : La vie organique nous présente des phénomènes qui ne peuvent s'expliquer sans l'intervention d'un principe supérieur aux forces de la matière brute ; donc, en tout vivant, outre les forces physiques et chimiques, il existe un principe vital transcendant.

Deux choses nous deviennent dès lors évidentes : la première, que la difficulté et les débats vont se concentrer sur un seul point : celui de savoir s'il se rencontre vraiment dans les vivants des phénomènes tels qu'ils impliquent nécessairement l'existence de ce principe vital transcendant ; la seconde, qu'il faut, avant de procéder à l'observation des phénomènes et de formuler aucun raisonnement, définir quels caractères généraux ces phénomènes doivent présenter, pour qu'il nous soit permis d'en inférer la transcendance du principe qui les cause. Il est clair, en effet, que si l'on ne convient d'abord de ces caractères, tous les arguments qu'on pourra produire, en faveur d'une thèse ou d'une autre, ne reposant point sur un fondement certain et reconnu, seront réputés sans valeur. Voyons donc quels devront être ces caractères.

Ils peuvent se réduire à deux. Il faut d'abord qu'ils soient spécifiques, ou propres aux êtres vivants. Il va de soi, en effet, que, s'il ne se passait dans les êtres vivants d'autres phénomènes que ceux qui s'observent dans les corps inorganiques, il ne saurait être question de revendiquer pour les vivants aucun principe constitutif spécial. Ils doivent donc présenter des phénomènes qui leur soient propres et ne se rencontrent qu'en eux.

Mais, qu'on veuille bien le remarquer, ce fait que l'on observe dans les vivants des phénomènes spécifiques ne saurait, à lui seul, prouver la transcendance du principe qui les produit. Des propriétés ou des opérations spécifiques différentes, en effet, prouvent bien l'existence de principes spécifiques divers, mais elles ne prouvent pas que ces principes soient d'un *ordre* différent, les uns appartenant à un *ordre* supérieur, les autres à un *ordre* inférieur. Par exemple : de ce que l'oxygène, l'hydrogène, l'azote, l'eau et le sulfate de fer ont des propriétés spécifiques diverses, l'on est parfaitement autorisé à dire qu'ils ont une constitution essentielle différente, mais non pas qu'ils possèdent quoi que ce soit qui sorte du domaine de la physique et de la chimie. C'est qu'en effet, tous ces corps ne manifestent aucune propriété d'un ordre plus élevé, et qui nous oblige à les regarder comme étant autre chose que les différentes espèces d'un même genre. Cela nous fait comprendre quel est ce second caractère que doivent présenter les phénomènes dans les êtres vivants, pour qu'il nous soit permis d'affirmer qu'ils sont constitués par quelque principe supérieur aux forces physiques et chimiques. Les vivants ne doivent pas seulement manifester des propriétés telles qu'il ne s'en montre pas dans les autres corps composés, ils doivent apparaître avec des propriétés *d'un ordre plus élevé*, c'est-à-dire qui accusent une perfection, une noblesse *d'un genre nouveau*, dont l'ensemble des forces physiques et chimiques ne nous fournissent ni le type ni la raison.

De la sorte, voici que notre problème du principe vital se précise et se circonscrit encore, puisqu'il se ramène évidemment à ces termes : Existe-t-il dans les êtres vivants des propriétés ou des opérations *d'un ordre supérieur*, et par conséquent irréductibles aux propriétés ou opérations qui relèvent des forces physiques et chimiques ? L'existence d'un principe vital transcendant sera démontrée ou ne le sera pas, suivant qu'on démontrera ou qu'on ne démontrera pas l'existence de telles propriétés.

J'ai cru essentiel de faire ces observations préliminaires, afin de marquer nettement le but à atteindre ; et parce que, faute de les avoir faites, l'on a trop souvent vu, en cette matière, se produire des raisons qui n'en étaient pas, et qui n'ont servi qu'à obscurcir la question et à compromettre la vérité.

Car, il faut le dire, l'on a apporté beaucoup de raisons, sinon mauvaises au moins fort contestables, pour établir l'existence du principe vital. Dans ces derniers temps l'on raisonnait d'après Bichat. Le grand homme avait cru découvrir qu'entre les propriétés des corps vivants et celles des corps bruts, il existe non pas simplement une différence, mais opposition, antagonisme, lutte. C'est pourquoi il définissait la vie : « *L'ensemble des fonctions qui résistent à la mort.* » Ce qui signifiait dans sa pensée : La vie est l'ensemble des propriétés vitales qui résistent aux propriétés physiques. L'antagonisme des propriétés une fois admis, l'on passait à conclure qu'elles ne pouvaient procéder du même principe ; et l'on arrivait ainsi, avec toute l'apparence d'avoir raison, à dire que, outre les forces physiques et chimiques, il faut admettre une force vitale.

Malheureusement la science n'a pas consacré l'existence de cet antagonisme entre les propriétés vitales et les propriétés physiques et chimiques, sur lequel reposait tout l'argument. « Ce n'est pas un antagonisme qu'il faut voir entre les phénomènes chimiques et les manifestations vitales;

c'est, au contraire, un parallélisme parfait, une liaison harmonique et nécessaire. Dans toute la série des êtres organisés, l'intensité des manifestations vitales est dans un rapport direct avec l'activité des manifestations chimiques organiques... [1]. » « L'opposition, l'antagonisme, la lutte admise entre les phénomènes vitaux et les phénomènes physico-chimiques par l'école vitaliste, est une erreur dont les découvertes de la physique et de la chimie modernes ont fait amplement justice [2]. » Les faits, comme la suite de ce chapitre le fera comprendre, donnent trop évidemment raison à M. Cl. Bernard pour que j'insiste. J'aime mieux faire remarquer, en passant, combien la vieille école Péripatéticienne a été clairvoyante à cet endroit.

Il était bien à craindre que des esprits si faiblement lestés de science expérimentale ne se laissassent emporter à quelque conception vitaliste exagérée, attribuant à l'âme seule tout ce qui se fait dans le vivant, et n'ayant cure de tout ce que nous appelons aujourd'hui forces physiques et chimiques. Rien de semblable n'est arrivé. Les Péripatéticiens, depuis Aristote [3] jusqu'à Jean de St-Thomas [4], loin d'isoler la vie des agents physiques, ou de les lui opposer, affirment unanimement et

---

1. Cl. Bernard, *la Science expérimentale*, 2e édit., p. 177.
2. P. 179.
3. *De l'Âme*, livre II, c. IV.
4. *Cursus philosophicus*, de Anima, quæst. III, art. 2.

avec une remarquable précision de termes que la vie organique en a besoin pour son œuvre; et qu'elle s'en sert comme d'instruments ou d'auxiliaires (*ministrantes*), qui, sous son action, produisent des effets où par eux-mêmes ils ne sauraient atteindre [1]. Albert le Grand a même, au second livre de sa Physique[2], un passage où cette doctrine est mise en si belle lumière qu'il mérite d'être placé sous les yeux de nos savants : « Les forces de la nature (chaleur, etc.), dit-il, sont au principe de vie, ce qu'est la flèche à la main de l'archer. Ce n'est pas à l'archer que la flèche doit de pouvoir blesser et de déchirer; elle ne le doit qu'à sa pointe, *propter acumen sui teli*: mais c'est l'archer qui lui donne de frapper à cet endroit plutôt qu'à cet autre, celui-ci plutôt que celui-là. De même les forces de la matière, dans les vivants, ne reçoivent pas de l'âme le pouvoir de produire dans la nature tous les changements qu'ils y produisent : ce pouvoir, elles l'ont d'elles-mêmes. Mais c'est l'âme qui fait aboutir leurs actions au terme réclamé par les natures spécifiques des vivants, « *ad fines determinatarum specierum*[3]. »

Défaits sur la thèse générale du prétendu anta-

---

1. *Summa theolog.*, I, q. LXXVII, art. 2 ad 1um et ad 2um.
2. Tractat. III, cap. IV.
3. Comparer avec l'intéressant chapitre que M. Denys Cochin a intitulé : les auxiliaires de la vie, dans son livre, *l'Évolution et la Vie*, 2e édit., p. 148.

gonisme entre la physique et la vie, les Vitalistes se sont rabattus sur certaines propriétés particulières. Il est bien évident, par exemple, ont-ils dit, que la forme du vivant diffère du tout au tout de celle des corps bruts. Chaque vivant a sa forme spécifique obligée ; le corps brut prend celle que le hasard lui donne. Dans l'un, tout est géométrique, angle ou ligne droite; dans l'autre, tout s'arrondit, se courbe, affecte une certaine irrégularité gracieuse. De même pour la masse : les vivants ne peuvent croître indéfiniment, les corps bruts le peuvent. De même pour la durée : par eux-mêmes, les corps bruts sont éternels, l'existence des vivants, au contraire, est fort limitée. Mais ces nouvelles preuves n'ont pas tenu longtemps.

« La morphologie n'est point particulière aux vivants, ils ne sont pas seuls à se présenter sous des formes spécifiques constantes. Les substances minérales sont susceptibles de cristalliser : ces cristaux eux-mêmes sont susceptibles de s'associer pour former des figures diverses et très constantes, groupements, astérescences, macles, trémies, etc...; d'autres fois, les substances prennent des formes qui ne sont point véritablement cristallines, glycose en mamelons, leucine en boules, lécithine en globes, etc. Il y a donc lieu, jusqu'à un certain point, de rapprocher les deux régions des minéraux et des êtres vivants, en ce sens que nous voyons chez les uns et chez les autres cette influence morphologique qui donne aux parties une forme déterminée [1]. »

Voilà comment M. Cl. Bernard détruit l'argument tiré de la morphologie. Voici maintenant comment S. Thomas renversait d'avance, en quelques mots, tout ensemble l'argument tiré de la morphologie et celui qu'on fondait sur la différence d'accroissement. « Tout corps, dit le saint Docteur, a sa nature déterminée. Mais les accidents qui suivent d'une nature déterminée et spécifique doivent être eux-mêmes déterminés et spécifiques. Donc, la quantité, la forme, etc., des corps, *vivants ou non*, sont déterminées, « *licet cum aliqua latitudine*, PROPTER DIVERSITATEM MATERIÆ [2]. »

Quant à la durée : « D'abord est-il vrai que les corps de la nature inorganique soient éternels, et que les corps vivants seuls soient périssables ; n'y aurait-il pas entre eux de simples différences de degrés ?... Les astres eux-mêmes n'ont pas toujours existé, dit M. Faye ; ils ont eu une période de formation ; ils auront pareillement une période de déclin, suivie d'une extinction finale [3]. »

L'on pourrait demander ensuite si l'on a grande chance de prouver que les vivants sont d'un ordre supérieur aux non vivants, en invoquant le fait

---

1. Cl. Bernard, *Leçons sur la Vie*, I, p. 294.
2. *Somme théologique*, I, q. VII, a. 3, et *de Animâ*, lib. II, lect. VIII.
3. Cl. Bernard, *la Science expérimentale*, p. 170.

que les vivants ont une existence éphémère, et les non vivants une existence perpétuelle.

Dans ces derniers temps, quelques Vitalistes, mettant à profit la curieuse découverte de M. Pasteur : que les matières organiques non seulement à l'état de cristaux, mais dissoutes, possèdent le pouvoir de faire tourner à droite ou à gauche le plan de la lumière polarisée, ont voulu bâtir là-dessus une nouvelle preuve en faveur de leur système. Mais ils n'y ont pas réussi. S'il leur a été facile de montrer, en effet, que ce pouvoir ou « cette qualité est le propre de la substance formée par la vie, et qu'elle établit une séparation fondamentale entre la nature morte et les règnes vivants [1] », ils sont restés court, quand le moment est venu de montrer, comme c'est pourtant indispensable, que le pouvoir rotatoire n'est pas seulement une propriété, mais une *supériorité*, qui suppose dans le vivant un principe d'un ordre plus élevé que la physique et la chimie.

Jusqu'ici le vitalisme n'a pas été heureux : l'on a vu toutes ses preuves tomber l'une après l'autre. Ces faits sur lesquels il avait établi sa théorie avec tant de confiance : antagonisme des propriétés, diversité au point de vue de la figure, de l'étendue, de la durée, de l'action sur la lumière, n'étaient que des fondements ruineux ; et voici

1. M. Denys Cochin, *l'Évolution et la Vie*, p. 113.

que le terrain se dérobe sous ses pieds de toutes parts. Il ne lui reste plus qu'un seul point d'appui, un seul refuge : la nutrition. La plante se nourrit, le minéral ne se nourrit pas, finissent donc par dire les Vitalistes, et cela suffit pour mettre un abîme entre ce qui vit et ce qui ne vit point. Tel est leur argument suprême, où repose désormais tout leur espoir. Il nous faut examiner maintenant si ce raisonnement *in extremis* supportera l'épreuve de la critique.

Je remarque d'abord que la nutrition, quels qu'en soient l'essence et le fonds, n'est pas chose aussi simple que le nom pourrait le faire croire; mais qu'elle comporte des phénomènes nombreux, d'une complexité souvent extrême, et qu'il faut absolument démêler par l'analyse. Pour comprendre tout cela, rappelons-nous les enseignements les plus récents et les mieux établis de la physiologie générale.

De l'aveu de tout le monde, la nutrition est le résultat d'un conflit entre l'élément vivant, organisé, et le milieu qui l'entoure immédiatement. Pour les êtres simples, les organes réduits à un élément ou à un petit nombre, les plantes ou les animaux d'un degré inférieur, ce milieu est le monde ambiant, c'est le milieu cosmique, *il est surtout extérieur*. Pour les êtres plus élevés en organisation, au contraire, et qui possèdent des particules vivantes profondément situées, *le milieu est intérieur;* et cela doit être, puisque, le conflit vital de la nutrition devant avoir lieu dans les profondeurs mêmes où siègent les particules vivantes, le milieu doit nécessairement atteindre jusqu'à ces profondeurs. Ce milieu intérieur baigne les parties élémentaires, essentielles et véritablement douées de vie; il les enveloppe, les sépare du dehors, et sert d'intermédiaire entre elles et le milieu cosmique. C'est ce qui faisait écrire à Cl. Bernard cette phrase d'apparence assez paradoxale : « Il est donc bien vrai de dire que l'animal aérien ne vit pas, en réalité, dans l'air atmosphérique, le poisson dans les eaux, le ver terricole dans le sable. L'atmosphère, les eaux, la terre, sont une seconde enveloppe autour du substratum de la vie, protégé déjà par le liquide sanguin qui circule partout et forme une première enceinte autour de toutes les particules vivantes [1]. »

Or, chose extrêmement remarquable, ce milieu requis pour la nutrition, entourant immédiatement la substance vivante et entrant en relation d'échange avec elle, qu'il soit intérieur ou extérieur, qu'il ait à nourrir des cellules végétales ou animales, doit réaliser seulement quatre conditions essentielles, toujours et partout les mêmes. Il doit contenir de l'humidité, de l'air, de la chaleur, et une certaine constitution chimique. A toute cellule, pour qu'elle vive, il est besoin et il suffit d'avoir de l'eau, de l'oxygène, une température convenable, certains principes chimiques.

1. *Leçons sur les Phénomènes de la vie*. t. II, p. 5.

Avouons d'abord qu'il n'est rien, dans ces quatre conditions extrinsèques essentiellement requises pour l'acte nutritif, qui fasse le moins du monde présager que nous devions nous trouver, dans le cours de l'opération, en présence d'un principe qui soit autre chose qu'une force, ou un ensemble de forces physiques et chimiques. Toutefois, il faut voir comment ces diverses substances du milieu vont se comporter dans le processus compliqué de l'échange nutritif. Peut-être quelque propriété, ou quelque opération d'un ordre nouveau va-t-elle se produire.

Ce n'est pas d'abord ce qui semble avoir lieu pour l'eau. Mise en conflit avec l'organisme, nous voyons simplement qu'elle est le dissolvant ou le véhicule des autres substances du milieu extérieur ou intérieur; qu'elle favorise, par elle-même ou permet un grand nombre de réactions chimiques de l'organisme; enfin, qu'elle entre comme constituant dans la composition des éléments anatomiques de la substance vivante. C'est dire qu'elle se conduit, en tout, dans le vivant, conformément à ses propriétés d'agent physique et chimique que nous lui reconnaissons partout ailleurs.

Il faut en dire autant de l'air, ou mieux de l'oxygène. « Tout être vivant respire [1], » écrit Cl. Bernard. « La respiration, dit-il encore, est le phénomène le plus caractéristique de la vitalité,

1. *Leçons sur les Phénomènes de la vie*, t. II, p. 146.

c'est-à-dire de l'être en activité vitale. Aucun acte, en effet, parmi ceux qu'exécute l'organisme, ne présente à un égal degré ces deux attributs fondamentaux : l'universalité et la continuité. Le phénomène respiratoire est universel, en ce qu'il se retrouve chez tous les êtres et dans toutes leurs parties jusqu'au plus petit des éléments ayant figure : il est continu, c'est-à-dire qu'il ne saurait subir d'interruption sans entraîner *ipso facto* la suspension de la vie elle-même [1]. » Donc, tout vivant, animal ou plante, respire. Tous les êtres, il est vrai, ne sont pas doués du même appareil fonctionnel : parfois, c'est l'air qui va au-devant des éléments anatomiques dans les tissus, comme dans les végétaux, où l'air pénètre à travers les stomates des feuilles et circule dans la plante; d'autres fois, et c'est le cas des cellules du sang, ce sont les cellules qui se déplacent dans l'organisme pour venir au contact de l'air : de même, si la plupart des vivants s'emparent de l'oxygène libre, d'autres (comme les anaérobies de M. Pasteur) s'emparent de l'oxygène combiné; mais si l'on écarte tous les accessoires du phénomène qui peuvent se rencontrer variables d'une espèce à l'autre ou d'un règne à l'autre, et si, ne considérant que ce qui en est l'essentiel, on le réduit à l'action de l'oxygène sur l'élément anatomique et à l'usage que celui-ci en fait, la respiration appa-

1. *Ibid.*, p. 146.

rait aussitôt comme la propriété commune de tout ce qui a vie.

Mais cette respiration, qu'est-elle en fin de compte? — Pas autre chose qu'une absorption d'oxygène avec exhalation ou dégagement d'acide carbonique et production de chaleur. Quand un animal, un homme, respire, que se passe-t-il? — Le sang amené au poumon par la circulation, étant mis en contact avec l'extérieur à travers la paroi vasculaire, se charge d'oxygène : puis le sang, ainsi chargé d'oxygène, se distribue aux tissus. S'il se charge d'oxygène dans le poumon, c'est que l'une des deux parties qui compose ses globules, la matière colorante, ou hémoglobuline, a la propriété chimique de fixer l'oxygène en se combinant avec lui ; et s'il cède ensuite l'oxygène aux tissus, c'est que ces derniers ont une propriété chimique analogue qui leur permet de l'enlever aux globules et de se l'approprier. Le dégagement d'acide carbonique et la chaleur suivent, sans doute : mais ce ne sont là encore que des phénomènes chimiques. Lavoisier disait : « La respiration, c'est une combustion; » la physiologie moderne, corrigeant Lavoisier [1], dit : La respiration est l'*équivalent* d'une combustion, et probablement une fermentation : combustion ou fermentation, cela ne nous fait jamais sortir du domaine de la chimie.

C'est dire que nous n'en sortirons pas davan-

[1]. Cl. Bernard, *Leçons sur les Phénomènes de la vie*, t. II, p. 212, et t. I, p. 166.

tage avec la troisième condition que nous avons dit devoir être réalisée par le milieu vital : la chaleur. On nous rapporte des expériences curieuses autant que décisives, d'où il appert que chaque fonction vitale d'un organisme, élémentaire ou complexe, ne peut s'exercer qu'entre des limites de température étroitement déterminées. Ce n'est pas avec cela, évidemment, qu'on prouvera la nécessité ni l'existence d'un principe vital transcendant. Si l'on ajoute que la chaleur n'est pas seulement une condition de milieu, mais qu'elle est aussi une source d'énergie, et qu'une partie en est employée, par l'être vivant, à la production de principes immédiats, qui, plus tard, en se détruisant, manifesteront cette force vive, soit à l'état de chaleur, soit sous quelque autre forme, il est encore manifeste que le vitalisme n'en sera pas plus avancé.

Mais nous avons dit que le milieu vital doit réaliser une quatrième condition : outre les conditions d'humidité, de chaleur et d'aération convenables, il doit renfermer, et présenter à l'élément vivant, certaines substances sans lesquelles ce dernier ne saurait se nourrir. « On a cru pendant longtemps que la composition de cette atmosphère était totalement différente lorsqu'on passait des animaux aux plantes, qu'elle variait infiniment d'un organisme à l'autre, de manière à échapper à toute systématisation. Mais, dans la réalité, cette composition est beaucoup mieux déterminée qu'il ne semblait : elle présente des caractères universels, communs à tous les êtres vivants, uniformes, que des recherches récentes permettent d'entrevoir.

« Le milieu propre à la nutrition doit contenir des substances azotées, — des substances ternaires (sucre, graisse, etc.), — des substances minérales (phosphate de chaux)[1]. » Ces substances participent à la composition du milieu en des proportions et sous des formes bien variées; mais, sous une forme ou sous une autre, dans une proportion ou dans une autre, il est essentiel que chacun de ces trois ordres soit représenté dans le milieu où baignent les éléments anatomiques. Mais est-il aussi essentiel, pour expliquer la manière dont ces substances concourent à entretenir la vie, à construire et à réparer l'organisme, de faire appel à un principe distinct des forces physiques et chimiques? Telle est la question qui se pose et revient toujours. Toujours aussi, pour en trouver la solution, il nous faut suivre la même voie : c'est-à-dire analyser, décomposer, avec une précision croissante, le phénomène de la nutrition, le considérer à ses divers moments, et voir si tous et chacun ont leur raison suffisante dans les énergies communes de la matière brute.

La nutrition, débarrassée de tous ses accessoi-

---

1. *Phénomènes de la vie*, II, p. 16, p. 275 et p. 323.

res, de tous les détails secondaires de mise en scène, consiste essentiellement dans ce fait que l'organisme prend au monde extérieur et s'approprie les substances qui lui sont nécessaires pour développer ses parties et réparer ses pertes continuelles. Mais l'appropriation de ces substances par le vivant ne peut se faire, que si elles ont pénétré dans le milieu intérieur nourricier; et par ailleurs, elles ne peuvent y pénétrer, que si elles ont été mises dans un état qui le leur permette. Les substances nutritives doivent donc être d'abord préparées, puis absorbées, enfin assimilées et mises en place pour faire partie intégrante des tissus. Par conséquent, la nutrition présente trois moments ou trois phases essentielles distinctes : la digestion proprement dite, l'absorption, l'assimilation.

Or, en ces trois phases, il n'est pas un détail, reprennent triomphalement les Antivitalistes, que nous ne puissions expliquer par la physique et la chimie. Voyez la digestion : c'est une simple opération chimique. L'estomac n'est pas autre chose qu'une « cornue, dans laquelle les substances mises en contact se décomposent, se combinent, etc., conformément aux lois générales de l'affinité chimique. Un poison qui est entré dans l'estomac peut y être neutralisé par les remèdes chimiques, comme si ce procédé avait lieu dans un vase quelconque, et non dans l'intérieur de l'organe[1] ».

1. Büchner, *Force et Matière*, p. 321.

La digestion est si bien une opération de chimie pure et simple, que nous reproduisons avec une extrême facilité, en dehors de l'animal, dans des vases à expériences, de véritables digestions artificielles[1]; que l'estomac d'un cadavre digère les substances qu'il renferme, et, chose plus curieuse, parfois se digère lui-même.

Il est vrai que la digestion stomacale est très incomplète : la digestion véritable et définitive ne débute même, à proprement parler, qu'au sortir de l'estomac; elle s'accomplit dans l'intestin grêle. Mais nous savons comment elle s'opère, et qu'elle ne suppose ni ne réclame aucune force mystérieuse et inconnue de la science. La science, en effet, démontre que l'intestin grêle digère quatre sortes d'aliments : les aliments féculents, les aliments sucrés, les aliments gras, les aliments albuminoïdes. Mais elle nous montre en même temps, d'une part, qu'à ces quatre aliments répondent quatre ferments dont chacun a la vertu de transformer l'aliment qui le regarde; et, d'autre part, que les agents fermentifères de cette quadruple digestion sont des ferments solubles, non figurés, non vivants, dont plusieurs peuvent être produits artificiellement, être conservés et agir hors de l'animal, tout comme la salive et le suc gastrique[2]. Analyse des aliments et synthèse des prin-

---

1. V. le récit des expériences de plus en plus décisives de Réaumur, Spallanzani, Tiedemann, Leuret, Beaumont, Eberlé, *Phénomènes de la vie*, II, p. 264 et suivantes.
2. V. Cl. Bernard, *Leçons sur la digestion*.

cipes élémentaires, favorisées et accélérées, ici, par les mouvements péristaltiques de l'estomac, là, par les mouvements vermiculaires de l'intestin grêle : voilà toute la digestion. La chimie et la mécanique y font tout et y expliquent tout.

La physique et la chimie expliquent, sans plus de peine, l'absorption. Réduite à ses termes les plus simples, l'absorption n'est pas autre chose que l'introduction dans le vivant d'une ou plusieurs substances étrangères : c'est le premier terme de l'échange incessant que l'on observe entre les corps organisés et les milieux qui les environnent; c'est une des conditions essentielles du mouvement vital. L'absorption n'a pas, comme la plupart des autres fonctions, d'appareil particulier qui lui corresponde; elle appartient à toutes les parties vivantes. Pour qu'elle s'opère, il suffit qu'une matière liquide ou gazeuse soit placée au contact d'une surface qui a vie. Il suit de là qu'on distingue diverses absorptions, suivant la place où elles s'effectuent. Mais, parce que l'absorption digestive est la plus considérable, et que l'avoir expliquée c'est avoir fait suffisamment entendre ce que sont toutes les autres, nous allons parler de celle-là.

L'on peut dire que l'absorption se fait sur toute l'étendue du tube digestif, dans la bouche, dans l'œsophage, dans l'estomac; mais il est démontré que c'est dans l'intestin grêle qu'elle acquiert tout son développement. Voyons donc comment s'effectue, dans cette région de l'organisme, le passage des substances alimentaires de l'extérieur dans l'intérieur des vaisseaux; car, c'est ce passage qui constitue, chez les animaux supérieurs, l'essence de l'absorption.

D'abord, il faut bien nous souvenir que, contrairement à la fameuse théorie des *bouches absorbantes*, que l'on prétendait être placées à l'origine des vaisseaux absorbants, le système vasculaire, en toutes ses parties, ne présente que des appareils dont les réseaux terminaux sont clos de toutes parts. Les substances qui s'introduisent dans leur intérieur ne le peuvent donc qu'à la condition d'être *dissoutes*, et réduites en gaz ou en liquide; car, à cet état seulement, elles peuvent traverser les tuniques des vaisseaux [1].

Mais comment s'y prendront-elles pour les traverser ? — Elles y arrivent par un procédé physique très simple, en utilisant des propriétés physiques connues, et qu'il nous suffira presque de nommer, pour que tout mystère s'évanouisse : diffusion, imbibition simple, imbibition par pression, osmose. Qui ne connait ces choses ? L'absorption ne demande rien de plus.

En effet, on sait que les trois principaux produits de la digestion sont la glycose, la peptone et les matières grasses. Or, la glycose et la peptone (albuminose et matières albuminoïdes dissoutes), baignant dans les vaisseaux chylifères et

1. V. Béclard, *Physiologie*, I, p. 183, 7ᵉ édition.

lymphatiques, doivent y pénétrer, tout ensemble, par imbibition, par diffusion et par osmose. Elles y pénètrent aussi par pression : car, ces matières liquides se trouvant, en plusieurs endroits, comme emprisonnées dans les anses intestinales sans issue, et poussées contre les parois du tube digestif par les contractions de la tunique musculaire de l'intestin, ne peuvent manquer de s'introduire dans la substance molle et spongieuse des villosités intestinales. Quant aux matières grasses, qui ne pourraient y pénétrer seules, elles y entrent avec les autres matières liquides, qui entraînent avec elles la graisse émulsionnée suspendue dans leur masse et qui était demeurée, grâce à sa nature, réfractaire à l'osmose.

Une fois entrées dans les vaisseaux, tant chylifères que lymphatiques, la contractilité de ces vaisseaux et le système de valvules-soupapes dont ils sont pourvus déterminent d'abord leur mouvement, et ensuite leur direction fixe vers les conduits du sang, avec lesquels ces vaisseaux s'abouchent directement; et, de la sorte, les divers produits de la digestion se trouvent versés et emportés dans le grand torrent de la circulation sanguine [1].

Cette circulation, du reste, qui permet au sang de convoyer aux diverses parties de l'organisme les principes nécessaires à leur entretien et à leur réparation, s'explique le plus simplement du

---

1. V. dans Béclard tout l'intéressant chapitre *de l'absorption*, I, p. 183-212.

monde, par la propriété contractile du cœur et la conformation de l'appareil circulatoire.

Le cœur est un muscle. Comme tel, il possède un tissu charnu constitué par des fibres qui ont la propriété de se raccourcir, c'est-à-dire de se contracter. « Or, la physiologie générale comprend très bien qu'une substance soit contractile en vertu des propriétés inhérentes à sa constitution physique et chimique [1]. »

Par ailleurs, « quand les fibres musculaires sont disposées de manière à former un muscle allongé, dont les deux extrémités viennent s'insérer sur deux os articulés ensemble, l'effet nécessaire de la contraction ou du raccourcissement du muscle est de faire mouvoir les deux os l'un sur l'autre, en les rapprochant. Mais quand les fibres musculaires sont disposées de manière à former les parois d'une poche musculaire, comme cela a lieu dans le cœur, l'effet nécessaire de la contraction du tissu musculaire est de rétrécir et de faire disparaître plus ou moins complètement la cavité, en expulsant le contenu. Cela nous fera comprendre comment, à chaque contraction des cavités du cœur, le sang qu'elles contiennent se trouve expulsé suivant une direction déterminée par la disposition des valvules ou soupapes cardiaques. Quand l'oreillette se contracte, le sang est poussé dans le ventricule, parce que la valvule auriculo-

---

1. Cl. Bernard, *Physiologie générale*, p. 155.

ventriculaire s'abaisse ; quand le ventricule se contracte, le sang est chassé dans les artères, parce que la valvule sygmoïde ou artérielle s'abaisse pour laisser passer le liquide sanguin, en même temps que la valvule auriculo-ventriculaire se relève pour empêcher le sang de refluer dans l'oreillette [1]. »

D'où cette formule consacrée : le cœur est une véritable machine qui fonctionne comme une pompe foulante, dans laquelle le piston est remplacé par la contraction musculaire.

Cette formule nous donne le dernier mot de l'absorption dans les organismes supérieurs, et achève de nous convaincre que cet important phénomène relève en tous ses détails de la physique et de la mécanique.

Évidemment la situation du vitalisme devient de plus en plus critique. Son dernier refuge, avons-nous dit, était la nutrition ; et voilà que des trois moments que la nutrition comprend, les deux premiers, la digestion et l'absorption, ne lui fournissent aucun appui. L'assimilation seule lui reste. Mais lui sera-t-elle une retraite sûre, et ne va-t-il pas se trouver forcé jusque dans ce dernier retranchement ?

Le sang va donc distribuer aux diverses parties de l'organisme, et jusqu'aux plus reculées, les principes nourriciers qui leur sont nécessaires.

---

1. Cl. Bernard, *Physiologie du cœur*.

Ces substances, incessamment modifiées et élaborées, finissent par prendre place dans les tissus, où s'accomplissent de la sorte ces phénomènes de genèse organisatrice et de régénération qui sont le terme vers lequel marche, dès le commencement, tout le procédé nutritif. Mais cette assimilation, cette genèse vitale, à quelque endroit ou à quelque moment qu'on la regarde, que nous montre-t-elle ? — Toujours et partout, des phénomènes de synthèse chimique. Or, poursuit la science :

« En tant qu'actions synthétiques, il est évident que ces phénomènes ne relèvent que des forces chimiques générales : en les examinant successivement un à un, on le démontre clairement. Les matières calcaires qu'on rencontre dans les coquilles des mollusques, dans les œufs des oiseaux, dans les os des mammifères, sont bien certainement formées selon les lois de la chimie ordinaire, pendant l'évolution de l'embryon. Les matières grasses et huileuses sont dans le même cas, et déjà la chimie est parvenue à reproduire artificiellement, dans les laboratoires, un grand nombre de principes immédiats et d'huiles essentielles qui sont naturellement l'apanage du règne animal ou végétal. De même, les matières amylacées qui se développent dans les animaux, et qui se produisent par l'union du carbone et de l'eau sous l'influence du soleil dans les feuilles vertes des plantes, sont bien des phénomènes chimiques les mieux caractérisés. Si, pour les matières azotées ou albuminoïdes, les procédés de synthèse sont beaucoup plus obscurs, cela tient à ce que la chimie organique est encore trop peu avancée; mais il est bien certain néanmoins que ces substances se forment par les procédés chimiques dans les organismes des êtres vivants [1]. »

Après tout cela, il semble bien que la ruine du vitalisme soit consommée. Sans doute, les explications des diverses phases de la nutrition que nous venons de rapporter ne sont pas toutes aussi satisfaisantes que paraissent le croire leurs auteurs ; et il y aurait matière à de nombreuses réserves. Mais il suffit qu'un fait puisse être interprété d'une manière plausible, par la physique ou la chimie, pour que le vitalisme soit obligé de l'abandonner comme preuve. Voilà pourquoi le vitalisme s'étant appuyé, jusqu'au point où nous sommes arrivés, sur des faits d'une nature douteuse et de transcendance contestable, a toujours perdu du terrain et a toujours été obligé de reculer.

Mais le vitalisme ne reculera plus. S'il a dû le faire jusqu'ici, c'est qu'il s'était aventuré sur un mauvais terrain. Il s'était avancé imprudemment hors de ses lignes ; on l'y a fait rentrer. Mais si, par son imprudence, il s'est attiré une leçon, il n'a pas subi une défaite. Chez lui, il reste inattaquable, et on ne le forcera point. C'est de quoi il faut maintenant nous convaincre.

---

[1]. Cl. Bernard, *Définition de la vie*.

« Ce qui se nourrit, dit Albert le Grand, ne saurait être sans âme, c'est-à-dire sans un principe supérieur aux forces physiques et chimiques, *quidquid cibatur, non est sine anima* [1]. Donc, la simple vie organique suppose un tel principe, suppose une âme. »

Pour que ce raisonnement d'Albert le Grand subsiste, il faut évidemment qu'en tout ce qui précède nous n'ayons pas dit le dernier mot de la nutrition, et qu'il reste à signaler un ou plusieurs phénomènes dont l'existence implique celle du principe vital. Les paroles suivantes de M. Chevreul, une des grandes figures scientifiques de ce siècle, nous le donnent à comprendre. « En définitive, écrivait-il, je n'ai jamais aperçu aussi clairement qu'aujourd'hui combien il y aurait peu de raison à supposer que celui qui aurait expliqué la digestion, l'absorption, la respiration, la circulation et les sécrétions, serait en état d'expliquer la vie [2]. » Ces simples mots expriment une vérité profonde, comme nous allons le voir en étudiant de plus près les phénomènes de la nutrition.

Pour entendre quelque chose à la nutrition et en saisir tout ensemble le mystère et la grandeur, il faut prendre l'être vivant à ses premières origines et regarder les débuts de la vie. Ils sont bien humbles, il faut l'avouer, et le paraissent même de plus en plus à mesure que la science progresse.

1. *De Vegetabilibus*, lib. I, tract. I, cap. v.
2. Cité par le D' Chauffard, *la Vie*, p. 175.

Pendant les deux siècles qui ont précédé le nôtre, il était généralement admis par les savants que chaque organisme, dès son commencement, est pourvu de toutes les parties que sa nature comporte. L'être, en cet état, est réduit à une petitesse qu'on n'imagine pas; mais si petit qu'il soit, il est complet. Il n'a qu'à *grossir*, à développer ses parties. Il n'a pas à se former, il est *préformé*, et préformé depuis l'origine même de ses premiers ancêtres. On reconnaît, en ces quelques mots, la fameuse théorie de la *préexistence*, ou de l'*emboîtement des germes*, dite encore de l'*involution*, que Swammerdan, Harvey, Malpighi, Haller ont embrassée et rendue populaire, pendant plus de cent ans, par leur nom autant que par leurs recherches.

Cette théorie, Wolff et de Baer l'ont renversée, en y opposant des faits indéniables et des raisons péremptoires; et la doctrine de l'*épigénèse* a remplacé la théorie de la préformation [1]. Voici donc, en deux mots, d'après les données les plus récentes et les mieux établies de la science, l'histoire schématique de la formation et du développement des êtres vivants qui nous entourent, des plus élevés tout comme des autres. Au commencement, ils ne possèdent aucun des membres, aucun des organes qu'ils auront plus tard; ni cœur, ni pou-

---

1. Mathias Duval, *le Darwinisme*, p. III-XXXIII. — Frédault, *Traité d'anthropologie*, p. 361-367.

mons, ni tête, ni estomac, ni fibres, ni muscles, ni vaisseaux, même à l'état de miniature. L'être futur, dont on admirera quelque jour la grandeur, la force, la structure à la fois si complexe et si bien concertée, est en ce moment une simple cellule, moins que cela, « une petite masse granuleuse, sans forme dominante, » nue, sans enveloppe, le *protoplasma*. C'est de ce point imperceptible que tout va partir; c'est ce fondement presque invisible qui portera l'édifice vivant le plus grandiose, qu'il se nomme lion, cheval ou homme. Mais là n'est pas encore la merveille.

La merveille, c'est que cet atome, cette informe petite masse, va être l'ouvrier de sa perfection et de sa grandeur. Oui, ce qui est petit va se faire grand, ce qui n'a pas l'organisation va se donner l'organisation, ce qui agit à peine rayonnera bientôt de toutes parts l'énergie et l'action sous les formes les plus brillantes, ce qui mérite à peine le nom d'être va monter, par ses propres forces, jusqu'aux plus hauts sommets de l'existence.

Voici une masse protoplasmique. Qu'en sortira-t-il? Un éléphant, une souris, ou un homme? Le microscope ne le voit point. Nul ne le sait, l'avenir seul le dira. En attendant, elle condense son *noyau*, puis elle se forme une enveloppe dont elle se revêt tout entière. Nous voilà en face de la première cellule « qui est aussi la première forme déterminée de la vie, une sorte de moule où se trouve encaissée la matière vivante, le protoplasma [1]. » La cellule s'enfle, se gonfle et, par une sorte d'étranglement étrange, se divise en deux parties égales, de forme arrondie [2]. D'une cellule, il s'en est fait deux. Ces deux cellules se comportant comme tout à l'heure la première, nous obtenons quatre cellules, qui se divisent elles-mêmes, et ainsi de suite. Les cellules se multiplient, mais, en se multipliant, elles ne se séparent pas; elles sont distinctes, mais non isolées. Le protoplasma qui les produit toutes les tient aussi toutes sous sa dépendance, et les pénètre de son unité en les pénétrant de son action; car elles ne sont et ne subsistent que par lui. Mais non seulement les cellules se multiplient et s'unissent, les voilà qui s'ordonnent et se disposent, suivant un plan qui s'accentue et se précise à chaque moment : la poussée initiale du protoplasma n'est pas seulement féconde, elle est ordonnatrice. Ici, la masse des cellules se creuse en forme de vaisseaux; là, elle s'allonge en fibres; ailleurs, elle se condense en muscles; le cœur, les poumons, la poitrine, l'axe vertébral, la tête s'ébauchent et se façonnent tour à tour; les bourgeons rudimentaires

[1]. *Phénomènes de la vie*, I, p. 193, I, p. 316 et s.
[2]. Il existe un autre procédé de division cellulaire beaucoup plus compliqué : c'est *la division indirecte*, étudiée de nos jours sous le nom de *karyokinèse*, par Flemming, Strasburger, Carnoy. Comme elle ne présente point, par rapport à notre thèse, d'intérêt particulier, je m'abstiens de la décrire. — Note due à la communication de plusieurs leçons encore inédites, qu'a bien voulu me faire M. le Dr J. Tapie, agrégé près la Faculté de médecine de Montpellier, professeur à l'École de médecine de Toulouse, auteur de l'ouvrage : *Travail et chaleur musculaires*.

des membres apparaissent. Enfin, voilà l'être parfait. De la petite masse informe primitive, de l'imperceptible ovule fécondé, est sorti et s'est construit, pièce à pièce, organe par organe, ce grand et bel être que nous avons devant les yeux.

Cependant, il faut le reconnaître, tout ne se fait pas toujours aussi aisément qu'on pourrait le croire à nous entendre ainsi parler. Souvent, la cellule primitive doit accomplir son œuvre de nutrition dans des circonstances défavorables. Parfois, le milieu lui refuse les éléments qui lui seraient nécessaires, ou les lui présente dans un état réfractaire à l'absorption; en d'autres cas, il lui dispute l'espace; et, de la sorte, elle se trouve entravée dans la double synthèse chimique et morphologique où se résume son œuvre. N'importe; elle n'en poursuit pas moins son ouvrage; et l'obstacle qu'on lui oppose ne fait que mieux éclater l'énergie de ses tendances spécifiques, et l'étendue de sa puissance et de ses ressources. Contre le manque de matériaux, elle se défend en faisant appel aux réserves préalablement emmagasinées dans l'organisme[1]; le dedans lui fournit ce que le dehors lui refuse : si les aliments sont impropres à la nutrition, elle les désagrège et leur fait subir des transformations compliquées; si l'espace la gêne, elle modifie le type de l'être qu'elle façonne, juste à l'endroit et dans la mesure des

1. *Leçons sur les phénomènes de la vie*, I, p. 180.

limites qui lui sont imposées, et ensuite le reprend et continue imperturbablement. « Partout, dit Claude Bernard, nous voyons des compensations, des compromis qui tendent à rétablir l'équilibre menacé. La machine vivante renferme son propre régulateur, l'animal n'a qu'à se laisser vivre. Il peut manger plus de cette substance, moins de celle-ci, pas du tout de cette autre; sa constitution ne suivra pas les variations de son goût; la compensation se fera seule [1]. »

Mais le travail plastique terminé, l'être achevé, voici qu'un accident, traumatique ou autre, vient endommager une partie, un membre. Quelque restreint que soit le mal, tout l'organisme en ressent l'atteinte, mais tout l'organisme aussi s'émeut et travaille pour le faire disparaître; et des points les plus éloignés, par des chemins plus ou moins détournés et cachés, arrivent les secours et s'opère la réaction; à l'effet, ici, de rétablir la circulation un instant interrompue, là de cicatriser une plaie, ailleurs de réparer ou même de refaire un membre.

Telle est, à grands traits, l'œuvre étonnante de la nutrition. Elle nous montre la cellule primitive en travail de s'étendre, de s'agrandir, au moyen de ce qui l'entoure, de se constituer à l'état d'être complet et organisé; elle nous la montre poursuivant en elle-même et à son profit la réalisation

---

[1]. *Leçons sur les phénomènes de la vie*, II, p. 368.

d'un type spécifique dont rien ne peut lui faire perdre ni la poursuite ni le dessin, douée d'une puissance que les plus grands obstacles n'arrêtent pas, d'une souplesse et d'une fécondité de ressources que presque rien ne déconcerte, d'une énergie d'absorption et d'assimilation telle, que de toutes les parties du vivant il ne se fait qu'un seul être, où tout vibre, agit, souffre et prospère en commun et à la fois.

Nous connaissons désormais la vraie merveille de la nutrition, telle que l'explique si bien cette théorie cellulaire, que les Allemands, Virchow surtout, ont victorieusement établie; et qui restera, dans sa substance et dans la formule où elle se résume : « *Omnis cellula e cellula,* » une des gloires de la science du XIXe siècle. Voilà le fait scientifique qui domine la question du principe vital, et qui, bien compris et bien interprété, nous donnera la réponse au redoutable problème.

Mais puisque ce fait est si capital, et qu'il doit servir de base à notre démonstration, assurons-nous, avant de commencer nos raisonnements, que nous l'avons bien compris; et pour cela écoutons un instant le langage même de la Science.

Voici d'abord les paroles d'un éminent professeur de la Faculté de médecine de Paris :

« A l'origine de l'être, il n'y a qu'une cellule, l'ovule, et, par conséquent, une seule espèce cellulaire. Cette cellule, en se divisant et en se multipliant sans fin, ne perd pas ses caractères propres ; elle garde son type primitif, et ce type devient celui de l'élément cellulaire, celui du tissu le plus répandu de l'économie, du tissu dit conjonctif ou connectif, que l'on rencontre dans la trame de tous les organes. La cellule plasmatique est l'élément de ce tissu ; on pourrait l'appeler avec plus de vérité *cellule génératrice commune*. Cette cellule à type primitif a, en effet, une puissance génératrice originelle et persistante. C'est elle qui, suivant des conditions de temps et de lieu déterminées par le type spécifique de l'être, engendrera des cellules de forme et de fonctions spéciales, dérivées de la cellule primitive et commune, et cependant distinctes d'elle : ce sont les cellules des systèmes nerveux, musculaire, épithélial. Ainsi donc, cellule primitive, se multipliant, d'un côté, en conservant ses caractères originels et propres, et, d'un autre côté, se multipliant sous des formes secondes, disposées pour des aptitudes fonctionnelles, spéciales, transformées, mais toujours soumises au type spécifique de l'être ; la cellule première de l'être contenant en puissance, sinon en manifestation immédiate et visible, toutes les formes cellulaires qui vont évoluer et constituer l'être complet : telle est la loi générale du développement cellulaire [1]. »

1. Dr Chauffard, *la Vie*, p. 448.

A un autre endroit, l'illustre professeur formule ses idées avec plus de netteté encore :

« La cellule primitive est une individualité, et la plus puissante, la plus active qu'on puisse imaginer : car elle contient l'individu entier, avec toutes ses facultés natives, avec toutes ses fonctions diverses, avec son caractère spécial et inaliénable. L'ovule fécondé, voilà donc la cellule une, voilà l'être et l'individu dans son expression simple et première. Mais, à bien dire, qu'est l'être vivant, arrivé à son complet développement? Rien autre chose que cette cellule primitive, accrue par son activité propre, ayant engendré en elle d'autres cellules qu'elle vivifie de sa propre vie, qu'elle nourrit en sa propre substance. Ces cellules secondes se sont associées en tissus et en organes, ont acquis des aptitudes fonctionnelles spéciales ; mais sous ces formes, et dans ces activités nouvelles, ces cellules engendrées font toujours partie de la cellule engendrante, qui les soutient et les régit tant que la vie persiste. Tout être animé est donc comme une cellule unique, variable de type et de développement, et créant en elle tout un monde intérieur et soumis de cellules harmoniquement associées. L'unité de l'être est toujours dans la cellule primitive [1]. »

Cl. Bernard enseigne la même doctrine avec la

---

1. P. 433.

même assurance. « C'est dans le protoplasma seul que nous trouvons l'explication de toutes les propriétés des tissus. Le protoplasma possède, en réalité, à l'état plus ou moins confus, toutes les propriétés vitales ; il est l'agent de toutes les synthèses organiques, et par cela même de tous les phénomènes intimes de nutrition. Le protoplasma, en outre, se meut, se contracte, sous l'influence des excitants, et préside ainsi aux phénomènes de la vie de relation. Par suite de l'évolution des organismes et par la différenciation successive de leurs tissus, chacune de ces propriétés primitives et confuses du protoplasma se différencie elle-même, par une intensité relative devenue plus grande dans certains éléments organiques. Ainsi, l'autonomie des tissus n'est, au fond, qu'une différenciation protoplasmique... Dans certaines cellules, l'irritation extérieure produit des synthèses de matières ternaires, quaternaires, sous forme de sécrétion solide ou liquide ; c'est alors la propriété synthétique du protoplasma qui a été mise en jeu ; ailleurs, l'irritation externe produira une multiplication de cellules et mettra en activité la propriété proliférante du protoplasma ; ailleurs enfin, l'irritation extérieure excitera la contraction musculaire et manifestera la propriété motrice ou contractile du protoplasma.

« Telle est la conception que nous devons nous faire du protoplasma ; il est l'origine de tout, il est la seule matière vivante du corps qui anime toutes les autres. C'est d'une partie du protoplasma de l'ancêtre que se développe le nouvel être, et c'est par la reproduction incessante du protoplasma que la vie se perpétue[1]. »

Après de tels témoignages rendus par de tels maîtres, il serait inutile de citer davantage. Nous avons la pensée, le mot même de la Science. Maintenant que nous avons entendu parler l'observation scientifique et la physiologie, voyons ce que vont dire la raison et la philosophie.

Ce que la raison comprend et affirme tout d'abord, en présence des faits sur lesquels est établie la théorie cellulaire, c'est que cette théorie donne le coup de mort à l'organicisme mécanique. Qui donc oserait désormais répéter après Descartes : que les plantes et les animaux ne sont que des machines, telles « qu'un orgue ou un moulin », et que, dans les vivants, la vie suit naturellement de la disposition des organes, « ni plus ni moins que font les mouvements d'une horloge, ou autre automate, de celle de ses contre-poids et de ses roues [2] ? » Si cela pouvait se dire autrefois, cela ne peut plus se dire aujourd'hui, que le microscope nous a montré, non pas que les organes font la vie, mais que la vie fait ses organes.

« Quelques-uns ont cru, nous dit un célèbre physiologiste, que la vie est le résultat d'une har-

1. Cl. Bernard, *Phénomènes de la vie*, I, p. 250.
2. *Traité de l'homme*, fin.

monie, d'un engrenage, semblable à l'engrenage des roues d'une machine... Un tel engrenage existe manifestement... Seulement, cette harmonie des membres nécessaires au tout ne subsiste pas sans l'influence d'une force qui pénètre le tout, et qui même existe avant que n'aient paru les membres... L'organisme ressemble à une construction mécanique... Mais l'embryon engendre, par la vertu du germe, le mécanisme lui-même des organes. Voilà ce que le microscope démontre ; et les fameux organes en miniature, que s'étaient imaginés Bonnet et Haller, ne valent plus la peine qu'on les discute [1]. »

« L'organisation du corps vivant, dit encore un des plus illustres représentants de la science, n'est pas la cause de la puissance vitale que celui-ci possède, mais une conséquence des propriétés de cette force vitale... la vie est une force organisatrice de la matière pondérable [2]. »

En résumé, de l'avis unanime des savants d'aujourd'hui, vivre, c'est créer son organisme. En voilà assez pour renvoyer Descartes et ses amis à l'orgue, ou au moulin.

Mais il n'en faut pas non plus davantage pour établir solidement le vitalisme.

Pour que le vitalisme, en effet, soit démontré,

---

1. Jean Müller, *Handbuch der physiologie des menschen*, p. 21.
2. Milne-Edwards, *Leçons de physiologie*, t. XIV, p 265. Comparer saint Thomas : *Somme théologique*, I. q. CXIX, a. II, et Cl. Bernard, *Leçons sur les phénomènes de la vie*, I, p. 316 et s.

deux choses sont nécessaires, avons-nous dit au commencement de ce chapitre, et deux choses suffisent. Il faut et il suffit : d'abord, qu'il soit bien constaté que les vivants ont des propriétés qui ne se trouvent qu'en eux ; ensuite, que ces propriétés constituent un tel degré de perfection, qu'elles les placent dans un ordre à part, plus noble et absolument réservé. Or, ces deux conditions, la théorie cellulaire nous met à même de prouver sans peine qu'elles sont remplies.

En premier lieu, il est constant que la vie, dans l'ensemble de ses fonctions nutritives, présente des phénomènes et des propriétés dont les êtres inorganiques n'offrent pas même de traces. Ici, nous n'avons qu'à rappeler les faits :

Tout vivant commence par une cellule qui le contient tout entier, non pas en acte, mais en puissance ; tout minéral, dès le premier instant qu'il existe, est tout ce qu'il peut être. Tout vivant emprunte au milieu où il se trouve les éléments nécessaires à sa constitution et à sa formation, il se les assimile, il se les identifie, il les fait lui : — Il faudrait pouvoir dire, avec Dante, *se l'immedesima, se l'inluia*, — c'est un être ouvert qui absorbe. Nul minéral ne reçoit en lui-même substance quelconque du dehors : c'est un être clos où rien ne pénètre. Le vivant ne subsiste qu'à la condition de renouveler incessamment ses parties ; perpétuellement sa matière change et sa forme demeure[1] ; comme le torrent qui, à chaque seconde, change de flots sans changer de lit ; il se développe et grandit de dedans en dehors, il croît. Le minéral, pourvu que nul agent extérieur ne l'attaque, reste toujours le même tant qu'il subsiste ; s'il augmente de volume, c'est par la simple adjonction ou survenance de corps étrangers ; il s'étend par le dehors, il s'accroît ; ou plutôt, et à vrai dire, il ne s'étend point, et ne s'accroît point ; mais venant à se réunir à d'autres corps, il forme avec eux une plus grande masse, comme dix cailloux s'unissant à dix cailloux font un plus gros tas[2].

Le vivant a des parties non seulement distinctes, mais profondément différenciées entre elles, par la structure comme par les propriétés et les opérations : toutes les parties du minéral sont homogènes, possédant même nature et même vertu. Si le vivant est contrarié par son milieu dans son évolution, il résiste aux influences nuisibles ; et s'il ne peut les vaincre, il s'accommode et se plie aux circonstances, jusqu'à modifier, dans une mesure considérable, ses formes et ses propriétés : le minéral ne sait qu'être ou n'être pas ; il ne varie jamais. Enfin, dans le vivant, tout vient et tout demeure dans une essentielle dépendance du premier élément animé ; la cellule primitive

---

1. *Somme théologique*, I, q. CXIX, a. 1, ad 2ᵐ.
2. S. Thomas, *de Anima*, lib. II, lect. IX.

est, tant qu'il dure, le centre et le foyer d'existence, de propriétés et d'action pour toutes ses parties, qu'elle pénètre de son être et de sa vertu, à tel point qu'isoler d'elle un point de l'organisme, c'est y faire la mort, qu'on ne peut toucher à une partie sans qu'elle-même le ressente, et sans que par elle toutes les autres n'en soient impressionnées, le bien de l'une devenant le bénéfice de toutes, le mal d'une seule ayant son retentissement dans toutes les autres, et toutes aussi s'employant sans retard et concourant à le réparer, de près ou de loin, suivant leur place respective. Rien de pareil dans le minéral. Fendez une pierre en deux : les deux fragments subsistent indifférents l'un à l'autre, indépendants l'un de l'autre : ils étaient tout aussi indifférents et indépendants avant votre coup de marteau.

Cellule initiale et motrice, assimilation, croissance, instabilité matérielle et permanence formelle, organisation et différenciation des parties, adaptation au milieu, solidarité existentielle et fonctionnelle, voilà déjà bien des phénomènes ou propriétés qui se trouvent dans les vivants, et ne se trouvent qu'en eux : et si nous le voulons, nous pourrons nous dispenser d'en invoquer d'autres pour établir ce qu'il nous fallait prouver d'abord : à savoir, que les vivants ont des propriétés absolument caractéristiques, et que seuls ils possèdent.

Il faut pourtant l'avouer : quelques savants ne sont pas de cet avis.

— Ces phénomènes, disent-ils, ne se trouvent pas que dans les vivants ; on les constate dans les minéraux tout comme en eux, avec une simple différence de degré peut-être. Voyez le cristal. Sa formation ne reproduit-elle pas tous les traits essentiels de la formation du vivant? Celui-ci commence par une cellule : lui, commence par un noyau primitif, — que d'autres appellent molécule intégrante, ou maille cristalline élémentaire ; — le vivant s'accroît aux dépens de son milieu : le cristal fait de même ; le vivant a sa forme déterminée : le cristal a aussi la sienne ; le vivant guérit ses plaies et répare ses fractures : M. Pasteur [1], MM. Beudant, Lavalle, de Sénarmont, etc., ne nous ont-ils pas fait voir, en des expériences célèbres, les cristaux cicatrisant leurs blessures et reprenant d'eux-mêmes leur forme régulière primitive? Vous n'avez donc pas le droit d'affirmer qu'il existe une différence aussi profonde entre le vivant et le minéral. Les phénomènes que vous exaltez dans le premier, nous vous les montrons dans le second.

— L'objection est peut-être spécieuse. Mais il est bien sûr qu'elle produit surtout impression sur l'esprit, parce qu'elle fait appel à une science, d'une part encore fort obscure en elle-même, et d'autre part fort peu étudiée [2]. Ce qu'on nous op-

---

1. V. Cl. Bernard, *la Science expérimentale*, p. 174, et *Leçons sur les phénomènes de la vie*.
2. V. M. de Lapparent, *la Cristallographie rationnelle; Questions scientifiques*, Juillet 1883.

pose, ce sont beaucoup moins des faits que des ténèbres.

Heureusement qu'en dépit de toutes les obscurités, la théorie cellulaire nous permet de renverser l'objection d'un mot, d'une seule question. Nous disons à nos adversaires : « La science vous oblige d'admettre avec nous que le *vivant tout entier sort d'une cellule.* » Pouvez-vous affirmer que *tout le cristal sort* de ce que vous appelez soit « le noyau cristallin », soit « la molécule intégrante », soit « la maille cristalline primitive » ? Le microscope, qui nous fait assister au développement du cristal, et nous le montre s'agrandissant par simple adjonction de parties, vous l'interdit. Donc, toute votre objection croule ; car elle suppose, en toutes ses parties, que le procédé de formation initial des cristaux est le même que celui des vivants.

Mais l'on aimera d'entendre un savant de profession faire justice de ces affirmations qu'on nous oppose, plus bruyantes que scientifiques.

« L'acquisition de la forme chez le cristal n'est en rien comparable à l'acquisition de la forme dans l'être organisé. Dans le premier cas, *et ce point est capital, il n'y a pas évolution,* acquisition graduelle, création progressive de la forme typique définitive : non, cette forme existe, complète, parfaite dès l'origine, dès la première apparition du cristal, alors qu'il est microscopique et encore invisible à l'œil. Cette forme peut croître par juxtaposition de cristaux; mais quelque accrue qu'elle soit, elle demeure absolument semblable à elle-même dans tout le cours de son accroissement...

« Le cristal en partie brisé se répare, mais de la même façon qu'il s'est formé : les cristaux subsistants servent d'appel, de centre de cristallisation ; de sorte que la partie détruite se rétablit par juxtaposition, comme se formerait un nouveau dépôt cristallin. La réparation du cristal n'amène donc pas, comme celle de l'être vivant, une modification plus ou moins notable de forme et de structure : elle n'est jamais imparfaite et relative; elle est jetée dans le moule absolu du cristal primitif.

« Certes tous ces phénomènes sont admirables ; ils peuvent nous faire supposer que des lois géométriques gouvernent tout le monde physique, les atomes de la matière, les vibrations de l'éther, comme la marche des astres; mais cette géométrie sublime, qu'a-t-elle à faire avec l'acquisition de la forme spécifique de l'être vivant?... Pour que l'organisation et la cristallisation fussent grossièrement comparables, il faudrait en revenir à la vieille hypothèse de l'emboîtement des germes et des organismes préformés. L'organisme serait, en petit, tout contenu dans le germe; si notre vue était assez puissante, nous devrions trouver dans l'ovule fécondé l'organisme complet, pourvu de tous ses appareils et organes, et de sa forme définitive... Le microscope a anéanti ces idées chimériques. Il nous a fait assister, d'instant en instant, à la génération de l'instrumentation organique et de la forme typique de l'être ; il nous a montré par quelles successions de formes inférieures l'organisme s'élevait aux formes supérieures, à son type complet et définitif : et ce spectacle est à lui seul une réfutation vivante et magistrale des procédés de cristallisation appliqués à la formation de l'être [1]. »

Après M. le Dr Chauffard, voulez-vous entendre Cl. Bernard? L'évidence des faits l'oblige, lui aussi, à tenir absolument le même langage :
« Les phénomènes de création organique, dit-il, sont les plus particuliers, les plus spéciaux de l'être vivant : *ils n'ont pas d'analogue en dehors de l'organisme* [2]. » Et plus expressément encore :

« L'évolution caractérise les êtres vivants, et *les distingue absolument* des corps bruts [3]. »

C'est ce qui faisait si bien dire à Wirchow, qui malheureusement n'a pas su voir toute la portée de cette vérité et de cet aveu : « *Il n'y a de semblable à la vie que la vie elle-même... La nature est double* [4]. »

On comprend, après cela, que M. le Dr Chauffard ait écrit, en parlant de cette assimilation qu'on voudrait faire du cristal au vivant : « N'est-ce pas

---

1. Dr Chauffard, *la Vie*, p. 358-361.
2. *Leçons sur les phénomènes de la vie*, I, p. 348.
3. P. 389.
4. Discours sur la *Conception mécanique de la vie*, au congrès des naturalistes Allemands, 1866.

le comble de l'abus en fait de comparaison, et peut-on contester que ce ne soit là une tentative indigne de la science sérieuse [1] ? »

Il reste donc prouvé par la nutrition prise au sens restreint, comme nous venons de le faire, que le vivant se distingue du minéral par des caractères propres, et qui *n'ont pas d'analogue* en dehors de l'organisme, suivant l'énergique expression qu'employait tout à l'heure M. Cl. Bernard.

Mais la nutrition peut être entendue dans un sens plus large, et qui va nous fournir une confirmation magnifique de la thèse que nous soutenons. Aristote avait déjà dit : C'est la même puissance de l'âme qui nourrit et qui engendre : Ἡ αὐτή δύναμις τῆς ψυχῆς θρεπτική καὶ γεννητική [2]. La science contemporaine parle comme Aristote; et au lieu de désigner seulement, par ce mot de nutrition, l'acte ou la faculté spéciale d'entretenir et de réparer l'organisme, elle entend une fonction complexe, dont l'effet est d'abord de faire subsister le vivant, ensuite de le faire croître, enfin de le reproduire, de le faire revivre dans un autre être, tout semblable à lui.

D'un certain point de vue plus général, en effet, nourrir et engendrer c'est une même chose. Pour le comprendre, revenons à la cellule primitive ; car c'est là qu'il faut toujours revenir pour em-

1. *La Vie*, p. 361.
2. *De l'Ame*, livre II, c. IV.

brasser tout ce sujet de la vie dans son unité profonde et dans sa grandeur. Nous l'avons vu, la cellule primitive se nourrit ; elle emprunte au milieu qui l'entoure des éléments dont elle fait une partie d'elle-même. Elle se nourrit ; et l'effet et le terme de son alimentation, c'est qu'elle se développe non seulement jusqu'à prendre un volume plus considérable, mais jusqu'à devenir deux cellules, puis quatre, puis un nombre incalculable. La multiplication des cellules est donc l'aboutissant de l'acte nutritif. Mais des cellules ainsi multipliées, ce sont des cellules engendrées. La génération nous apparaît donc comme le prolongement ou le couronnement de la nutrition.

Toutefois, l'observation nous fait distinguer deux générations bien différentes [1]. Dans la multiplication des cellules ordinaires, ou cellules de développement, la cellule-mère ne communique qu'une partie de son énergie et de sa vertu : elle ne donne à chacune de ces cellules que la puissance particulière à l'organe dont elle doit faire partie, puissance de voir aux cellules de l'organe visuel, puissance d'entendre aux cellules de l'organe auditif, etc. ; nous sommes là en présence d'une génération partielle et incomplète. Mais, d'autres fois aussi, la cellule-mère transfuse dans une autre cellule toutes ses énergies et toutes ses puissances vitales, de telle sorte que l'une est

---

1. *Somme théologique*, I. q. CXIX, a. 2.

exactement la répétition de l'autre, tant elle est sa reproduction adéquate. D'un premier vivant est sorti un autre vivant, aussi complet que lui, qui va évoluer comme lui, et réaliser, par les mêmes procédés que lui, le dessin vital spécifique commun qu'ils ont tous deux. Ici, nous avons la génération totale, la génération proprement dite. La génération, par un vivant, d'un autre vivant, tel est donc le terme dernier et le plus noble de la nutrition [1].

Mais telle est aussi la marque éclatante qui caractérise ce qui a vie, et achève de le distinguer de ce qui ne vit pas. Car, où donc trouver rien de semblable dans les corps inorganiques que l'on dit se rapprocher davantage des vivants? Et qui a jamais vu le minéral engendrer un autre minéral, de même espèce que lui?

Je sais bien que l'on a osé prétendre que des cristaux engendraient parfois d'autres cristaux. L'on a voulu se prévaloir de l'expérience curieuse où M. Gernez, déposant un cristal infiniment petit de borax octaédrique, par exemple, dans une solution sursaturée contenant du borax octaédrique à cinq équivalents d'eau, voyait la température s'élever, et en quelques instants, tout le borax octaédrique contenu dans la solution prendre la forme cristalline. Mais, de bonne foi, que fait cette expérience à la question qui nous occupe?

---

1. D¹ Chauffard, *la Vie*, p. 121. — Cl. Bernard, *la Science expérimentale*, p. 192.

et n'est-ce pas une mauvaise plaisanterie que de prétendre, comme le prétendait naguère un professeur de Faculté[1], « qu'on y voit naître le cristal d'un parent ? »

La vérité est qu'on ne voit rien naître du tout dans cette expérience, pas plus que dans l'expérience suivante qu'on nous oppose encore. Procédant comme M. Gernez, vous effectuez, à chaud, dans un tube étroit, une solution sursaturée de soufre dans le sulfure de carbone ; et, après refroidissement, vous introduisez dans la solution un fil de platine portant un petit cristal de soufre prismatique ; cela fait, vous voyez apparaître des cristaux prismatiques. — Mais, est-ce que vous voyez le cristal primitif absorber, transformer et s'assimiler les éléments du milieu ? se développer, enfin produire de lui-même, hors de lui-même, un second cristal de même forme et de même nature que lui ? Pas le moins du monde. Vous ne voyez donc pas votre cristal se nourrir, ni évoluer. Or, M. Cl. Bernard, au nom de la physiologie,

---

[1]. M. Thoulet, de la Faculté des sciences de Nancy, qui, s'inspirant de l'écrit de M. Mario Pilo : *La Vita dei cristalli*, soutint, dans sa leçon de clôture de 1886, que le cristal vit tout aussi bien que la plante ; et faisait suivre les paroles que nous venons de citer de la piquante observation qu'on va lire : « Bien mieux, le cristal tout formé semble quelquefois se douter qu'il existe un idéal, la symétrie parfaite, l'ellipsoïde du système cubique qui est une sphère : il le cherche, il s'en approche, et s'il ne peut y parvenir, il triche, il joue la comédie, il se déguise ; tout comme, parmi les hommes, plus d'un s'efforce, etc... « *Revue scientifique*, 24 janvier 1885. — Quelle comédie !

vous affirme que nutrition, évolution, génération, c'est tout un. Puis donc que, ici, vous ne voyez ni nutrition, ni évolution, vous ne voyez pas davantage de génération.

Du reste, les chimistes font une observation qui me semble tout à fait confirmer ce que je soutiens, et montrer assez clairement que, dans ces sortes d'expériences, il n'y a point de vraie génération. Ils nous disent : « Ce qui constitue l'efficacité d'un cristal introduit dans une solution sursaturée pour déterminer la cristallisation, c'est *l'identité de sa forme* avec celle des cristaux qui peuvent prendre naissance, *et non pas sa composition chimique*. Ainsi, une solution sursaturée de chromate de soude (NaO, CRO^3 + 10HO) cristallise par l'introduction d'un cristal de sulfate de soude (NaO, SO^3 + 10HO) qui a même forme cristalline.... Il suffit donc, pour produire la cristallisation, que le cristal introduit soit *isomorphe* avec ceux qui peuvent se former [1]. »

Si cela est vrai, ne faut-il pas en conclure que, dans les expériences citées, les cristaux qui se forment après l'introduction du premier cristal n'ont avec celui-ci qu'une similitude de forme ou de figure, et non de nature ? Mais il est évident que cela ne suffit pas pour qu'il y ait génération. Car il existe plus qu'une similitude de forme entre le parent et son produit : il existe entre eux une

---

[1]. Drion et Fernet, *Traité de physique*, 9ᵉ édition, p. 232.

similitude de nature, puisque, suivant le mot d'Aristote, le vivant n'engendre qu'autant qu'il produit un autre être qui lui ressemble, non pas simplement par telle ou telle propriété accidentelle, mais par la substance, qui soit substantiellement et absolument tel que lui « οἷον αυτο » [1].

Il reste donc bien établi que ce terme, ce couronnement de la nutrition qui s'appelle génération, est réellement une propriété spécifique, la marque absolument distinctive du vivant. Et, de la sorte, la théorie cellulaire démontre bien ce qu'il nous fallait démontrer d'abord, à nous Vitalistes, à savoir : que les vivants présentent des phénomènes absolument spéciaux, nettement caractéristiques, qui ne se trouvent qu'en eux.

Mais nous ne sommes pas encore au bout de notre tâche. Le vitalisme, en effet, n'est pas établi par le seul fait qu'il a prouvé que les vivants possèdent des propriétés tout à fait spéciales. Il veut qu'on lui accorde, dans les vivants, l'existence d'un principe supérieur aux forces physiques et chimiques. Or, cela ne sera accordé, qu'autant qu'il pourra montrer, dans les vivants, des opérations ou des propriétés supérieures aux opérations et aux propriétés des corps bruts. Si ces propriétés existent, la raison autorise et même oblige à hiérarchiser les êtres ; si elles n'existent pas, la rai-

---

1. *De l'Âme*, livre II, chap. IV.

son commande de n'en faire qu'une classe, et de ne pas distinguer d'ordres privilégiés. Si les vivants possèdent vraiment des titres de noblesse, qu'on les produise. Il nous reste donc à prouver maintenant que, par leurs propriétés spécifiques, par la nutrition dont nous avons parlé, les vivants sont mis tout à fait hors de pair, et passent, en nous faisant passer avec eux, dans un monde nouveau et supérieur. Cette démonstration ne sera heureusement pas difficile, car nous avons les éléments tout préparés dans ce qui a été déjà dit. Il ne s'agit que de regarder avec un peu d'attention les traits caractérisques principaux de la vie. La supériorité qu'ils assurent aux vivants éclatera d'elle-même, avec une pleine évidence.

« S'il fallait définir la vie, écrivait M. Cl. Bernard, d'un seul mot, qui, exprimant bien ma pensée, mît en relief le seul caractère qui, suivant moi, distingue nettement la science biologique, je dirais : *La vie, c'est la création.* » Et, plus loin : « Dans tout germe vivant, il y a une *idée créatrice*, qui se développe et se manifeste par l'organisation. Pendant toute sa durée, l'être vivant reste sous l'influence de cette même force vitale *créatrice*, et la mort arrive lorsqu'elle ne peut plus se réaliser [1]. » La vie, c'est la création : elle crée son organisme. La vie n'est pas, comme on l'a si bien dit, « l'hôte qui vient dans la maison, quand elle

---

1. *La Science expérimentale.*

est déjà toute faite, mais l'architecte qui bâtit la maison [1]. » Le vivant se construit lui-même : « La vie qui préexiste virtuellement aux moyens de son existence les suscite et se fait ainsi exister elle-même [2]. » Je pourrais citer cent autres passages semblables, et cent auteurs qui s'expriment de cette manière. En présence de ce fait de l'évolution active propre au vivant, — car il va sans dire que, par création, ici l'on n'entend pas autre chose, — je pose cette simple question : Est-il plus noble, beaucoup plus noble, de se créer que d'être créé? de se faire exister que d'être fait existant? d'être l'auteur de sa perfection que de la recevoir? d'être par soi que d'être par un autre? La réponse ne peut faire un doute. Et d'autre part, en présence d'affirmations si unanimes et si catégoriques, je me dis : ou les mots ne signifient plus rien, ou tout le monde reconnaît, en fait, qu'il existe un abîme entre la nature vivante et la nature morte.

Mais le vivant ne se fait pas seulement lui-même : il possède encore la faculté de se reproduire, de se faire revivre en d'autres êtres, tout semblables à lui, qui ne sont que la continuation et le prolongement de sa propre vie. « L'être qui naît, c'est M. Claude Bernard qui parle, avant d'être constitué à l'état libre, indépendant et complet, d'individu en un mot, a passé par l'état de *cellule-œuf*, qui elle-même était un élément vivant, une cellule

---

1. Francisque Bouillier, *le Principe vital et l'âme pensante*, p. 65.
2. Liard, *la Science positive et la Métaphysique*, p. 166.

épithéliale de l'organisme maternel. L'échelle de sa filiation est infinie dans le passé, et dans cette longue série il n'y a pas de discontinuité ; à aucun moment *n'intervient une vie nouvelle ; c'est toujours la même vie qui se continue* [1]. » « *C'est la même évolution* qui dure et qui se développe [2]. » J'attendais la fameuse comparaison que Platon a inspirée : l'on se passe la vie de génération à génération, comme on se passait les flambeaux de main en main aux courses de la déesse Bendis [3].

La molécule d'eau n'a point ce pouvoir d'engendrer une autre molécule d'eau ; elle ne franchit point, en se développant, les limites du lieu imperceptible qu'elle occupe ; quand une force est venue la désagréger, plus rien ne demeure qui apparaisse seulement l'ombre d'elle-même. Ainsi en est-il dans toute la nature morte. Tout s'y détruit sans relâche et s'y transforme, dans le conflit incessant des forces : rien ne s'y multiplie, rien ne s'y perpétue. Toute vie, au contraire, tend à grandir, parce qu'elle tend à se multiplier. La vie, en proliférant, envahit sans cesse l'espace, et se prolonge, comme à l'infini, dans la durée. Le pouvoir générateur fait le vivant d'une amplitude merveilleuse. En engendrant, il devient immense et perpétuel ; et, suivant le superbe mot d'Aristote, apparaît vraiment de condition divine, partici-

---

1. *Leçons sur les phénomènes de la vie*, t. I, *appendice*, p. 385.
2. *Ibid.*, p. 388.
3. *Lucrèce*, II. — Platon, *République*, I.

pant de l'éternité et de l'immensité de Dieu [1].

Cette fécondité envahissante et conquérante de la vie, que des statistiques et des calculs bien connus montrent si extraordinaire, voilà un nouveau et incontestable titre de supériorité pour les vivants.

Mais faisons davantage œuvre de philosophes, et après avoir caractérisé la vie à la façon des savants et avec leurs propres paroles, efforçons-nous d'en préciser encore la notion et d'en fixer le caractère abstrait fondamental. Par ce moyen, nous verrons, sans doute, ressortir avec plus d'éclat la supériorité des vivants, et nous nous formerons de la vie une idée qui nous ouvrira, peut-être, des horizons.

Rappelons-nous la cellule-mère, le procédé et la marche évolutive de la nutrition, telle que nous l'avons décrite.

Le vivant se nourrit donc et s'accroît. Il s'accroît dans tous les sens et dans toutes les directions, comme le fait observer, avec une insistance marquée, Aristote. La nutrition est, en conséquence, par certain côté, un mouvement. Mais ce mouvement, d'où vient-il? Quel en est le principe? Il vient du vivant lui-même. Car, qu'on veuille bien remarquer ce point essentiel, la vie, à son origine, est moins un mouvement actuel, une activité en exercice, qu'une force capable de pro-

[1]. *De l'Âme*, livre II, chap. II.

duire le mouvement et l'action. Dans l'embryon, hormis l'impulsion initiale à peine appréciable, tout est non pas actuel, mais virtuel et potentiel. Le parent ne transmet pas à son produit la somme globale des mouvements à effectuer pendant la durée de son existence. En effet, il n'y a pas de mouvement sans mobile, puisqu'il ne peut exister de mode sans sujet. Or, le mouvement ordonnateur de l'organisation n'a pas de sujet où il n'existe pas actuellement d'organes : donc, il ne peut pas exister dans la cellule primitive, puisqu'elle est dépourvue d'organes; pas plus que le mouvement actuel de la marche ne peut exister où il n'existe actuellement ni pieds ni jambes. La cellule initiale ne peut être que le sujet d'un mouvement actuel initial, non global, et le parent ne lui en transmet pas d'autre. D'où viendra donc le mouvement dans la suite? Il ne pourra venir que d'une force communiquée au vivant par la génération, ou du milieu. Or, le milieu, avec son enchevêtrement de forces et d'énergies, la mêlée confuse d'actions et de réactions qui le composent, ne peut en aucune façon expliquer l'évolution nutritive, si assurée et si ferme dans son allure, si harmonieuse, si constante. Le mouvement actuel de la nutrition ne venant ni du parent ni du milieu, force est bien de reconnaître qu'il vient du vivant lui-même. Le vivant qui se nourrit se meut donc, et se dirige lui-même : il se fait donc passer lui-même de puissance à acte, et, par conséquent, son mouvement est non pas libre toujours, sans doute, mais toujours spontané.

Agir spontanément, c'est se donner plus de mouvement actuel qu'on n'en a reçu; c'est agir, dans une certaine mesure, de soi et par soi. Voilà ce que fait le vivant. Le non-vivant ne fait rien de semblable. Il ne se donne rien de nouveau; il se meut comme on le meut, ou, plutôt, il ne se meut pas, il est mû, « *Agitur, non agit.* »

On dit quelquefois que les corps bruts agissent *spontanément*. En parlant ainsi on tient un langage impropre et qui embrouille : c'est *naturellement* qu'il faut dire. L'eau mouille, la lumière éclaire, le feu brûle, etc., *naturellement*, non pas *spontanément*; car ni l'eau, ni la lumière, ni le feu ne se déterminent eux-mêmes à mouiller, éclairer, brûler. Ils y sont tout déterminés actuellement par leur nature. Il ne leur manque que l'occasion. Et nous voilà encore ramenés à conclure que le corps brut est inférieur au vivant, mais inférieur de toute la distance qu'il y a d'agir par soi à n'agir que par un autre [1].

« Les corps bruts sont dépourvus de *spontanéité*: les êtres vivants, au contraire, doués de *spontanéité* [2]. » D'après ce que nous venons de dire, l'on comprend que c'est une différence immense au profit des vivants. Mais voici qui

---

1. *Somme théologique*, I. q. XVIII, a. 1.
2. Cl. Bernard, *la Science expérimentale*, p. 38.

nous fera voir la différence plus grande encore.

Agir spontanément, en effet, c'est se porter, se déterminer à l'action, c'est se mouvoir soi-même. Mais, qui se meut soi-même, remarque S. Thomas[1], est tout ensemble son moteur et son mobile, le principe et le terme de son activité. Toute action vraiment et proprement spontanée, comme telle, est immanente. La spontanéité et l'immanence sont l'endroit et l'envers de l'action vitale. Celle-ci demeure donc dans le sujet qui la pose, et, comme se plaît à le redire le Docteur angélique, elle en est l'acte et la perfection.

Mais, quel avantage l'immanence de son action n'assure-t-elle pas au vivant sur tout ce qui n'a pas vie ? Par la spontanéité, il est le principe de son opération et en a l'honneur. Grâce à l'immanence, voici qu'il en est le terme, et il en recueille le profit. « L'opération de la molécule minérale est toujours une dépense de force, jamais une recette : tandis que l'acte vital proprement dit est toujours un acte de conservation ou de développement[2]. » Comme le vivant agit de lui-même, il agit pour lui-même. Il est, en quelque façon, sa propre fin. Bien plus, il est la fin des êtres qui l'entourent.

Voyez l'arbre qui se nourrit. L'air, l'eau, la terre, la lumière, la chaleur, il met tout à contribution ; il s'empare de tout et utilise tout. J'ai dit,

---

1. *Somme contre les Gentils*, liv. I. chap. xvii.
M. Farges, *la Vie et l'Évolution des espèces,* p. 29.

il s'empare de tout : c'est lui-même, en effet, qui se détermine à l'œuvre de la nutrition et se constitue partie prenante. Le milieu, il est vrai, le sollicite et agit sur lui, comme il agit sur un morceau de bois mort. Mais, à la différence du bois mort, qui ne réagit que suivant les lois ordinaires de la mécanique et de la chimie, l'arbre répond par une réaction spéciale, qui a pour marque inimitable et pour effet, non pas seulement de modifier et de s'adjoindre les substances qui le touchent, ou de s'abîmer, ou de se perdre avec elles, en formant des composés nouveaux, mais de se les assimiler, de les transformer et de les tourner en lui-même, jusqu'au point qu'ils cessent d'être eux pour devenir lui [1]. Se nourrir, c'est donc poser une action dont le milieu peut être la condition et l'occasion, non le vrai principe, ni la vraie cause; et dont le terme ou le résultat, obtenu par un circuit plus ou moins long et plus ou moins compliqué [2], est la conservation et l'accroissement du vivant, aux dépens de ce qui l'entoure.

Le vivant est donc bien la fin des autres êtres : une existence principale et plus noble, à laquelle sont subordonnées et sacrifiées même les existences inférieures.

Résumons-nous, et montrons que la preuve que nous devions faire est faite, et qu'elle est décisive.

---

1. Béclard, *Physiologie*, p. 717.
2. *Philosophie des Carmes d'Alcala, de Anima,* disput., IV, § II.

Un être qui se crée et se fait exister lui-même, qui est l'ouvrier de son développement et de sa perfection, qui peut s'étendre indéfiniment dans l'espace et dans la durée, qui agit par soi et pour soi, occupe un degré beaucoup plus élevé, est incomparablement plus noble qu'un être qui reste nécessairement tel qu'on le fait, qui demeure circonscrit dans ses limites natives, quant à la durée et quant à l'espace, et n'agit ni pour soi, ni par soi. Or, telle est la condition des vivants par rapport aux non-vivants. Donc, les vivants sont incomparablement plus nobles, et occupent, dans l'existence, un degré beaucoup plus élevé que les non-vivants [1].

Je pourrais m'arrêter là : mais pourquoi s'arrêter quand il semble qu'on peut faire un pas de plus dans la science? Aristote, longtemps avant saint Thomas, et saint Thomas longtemps avant

---

1. Notre thèse est admirablement confirmée par cette expérience, que tout vivant ne vient jamais que d'un vivant. Les travaux de M. Pasteur, en effet, ont établi que cette loi ne souffre pas d'exceptions ; et « la doctrine de la génération spontanée (Hétérogénie), comme le dit très bien M. Laulanié dans son *Programme développé du cours de physiologie*, p. 149, n'a plus qu'une valeur historique ». Or, est-il croyable que, si la vie n'était que le résultat d'une combinaison particulière des agents matériels, la matière n'arrivât jamais à s'organiser en être vivant, soit par quelque jeu ou caprice de la nature, soit par quelque heureux coup de laboratoire? Pourquoi nos savants, qui de tant de façons tourmentent la matière, connaissent si exactement la composition de corps vivants nombreux, et tant de fois ont essayé d'en refaire la synthèse, pourquoi n'ont-ils jamais pu seulement produire un atome de matière vivante, une cellule avec son germe?

Emmanuel Kant, ont parfaitement exposé que le multiple n'explique rien à fond, et que l'un est la raison dernière de toute chose. Or, ce que nous venons de dire de la vie nous laisse en face du multiple ; car nous n'avons point marqué la différence qui sépare le vivant du non-vivant par une seule note, mais par plusieurs. Je veux bien que toutes les propriétés caractéristiques de la vie aient leur explication dans la spontanéité et l'immanence. Nous restons encore en présence de deux notions. Ne pourrait-on pas les ramener à une seule, et dire d'un mot ce qui à la fois constitue et distingue l'activité vitale ?

Agir spontanément, avons-nous dit, c'est se mouvoir soi-même, se déterminer soi-même à l'action. Or, se mouvoir soi-même, c'est être, dans une certaine mesure, indépendant et maître de son activité. La spontanéité suppose, dans une certaine mesure, le pouvoir de disposer de soi.

Par ailleurs, nous le savons aussi, poser une action immanente, c'est se constituer terme de son action : c'est ne pas la rapporter à un autre. C'est donc être, sous un nouveau rapport, indépendant et maître de son action.

Mais, qui est maître de son action au point d'en être la cause et le terme, le principe et la fin ; qui est indépendant dans l'ordre de causalité et dans l'ordre de finalité, comme on parle aujourd'hui, est autonome. L'activité autonome, voilà donc ce que serait la vie.

Et, de fait, ne remarque-t-on pas que la vie est d'autant plus riche et pleine, d'autant plus élevée que le vivant est plus autonome, et que la vie s'élève dans la même proportion où l'autonomie s'accentue ?

Saint Thomas, se fondant sur ce que la spontanéité et l'immanence sont bien propriétés caractéristiques de la vie, a pu déterminer et fixer les degrés de la vie par les degrés même de ces deux qualités. Raisonnant sur la spontanéité dans un article de la *Somme théologique* [1], et sur l'immanence dans un article de la *Somme contre les Gentils* [2], il prouve admirablement que plus l'opération est spontanée, et plus le terme en est intime à l'être qui agit, plus la vie est élevée. Il me semble que cette notion de l'activité autonome nous donnerait tout aussi bien raison des divers degrés que la vie nous présente. J'espère le montrer, en quelques mots.

Nous l'avons vu, la plante se donne le mouvement de nutrition; elle constitue, développe et entretient son organisme. De ce chef, elle est autonome. Mais il faut avouer que son autonomie est bien restreinte. Elle ne peut se nourrir sans substances alimentaires; elle ne peut préparer les substances alimentaires comme elles doivent l'être pour l'assimilation, sans employer des forces physiques et chimiques : puis elle n'agit que

---

1. I, q. XVII, a. 2.
2. Liv. IV, ch. XI.

sur les substances qui se trouvent dans son voisinage immédiat : elle travaille en aveugle, sur une matière qu'elle ne perçoit point, pour une fin qu'elle ne connait point. La plante est au dernier degré de l'autonomie.

Aussi occupe-t-elle le dernier degré de la vie. Au-dessus d'elle il y a l'animal.

C'est que l'animal est moins dépendant. Il n'est pas fixé au sol comme la plante : il peut aller chercher au loin les objets qu'il lui faut, et ces objets, il ne les emploie pas sans les connaître. Quand il se les assimile par la connaissance, il ne subit pas toutes leurs conditions matérielles, comme lorsqu'il se nourrit : la pierre, par exemple, quand il voit, n'entre pas dans son œil à l'état de bloc, mais à l'état d'image. Pour agir, il a besoin d'être provoqué par les objets extérieurs. Son action leur est une réponse, mais il ne répond pas en simple écho. Il ne reste pas passif sous leur action, comme le cristal qui reçoit un rayon de lumière : il répond à la provocation toute mécanique de l'objet, par un acte d'un autre ordre et plus élevé, un acte vital [1] : la perception, absolument sans analogue, — le matérialisme a dû en faire l'aveu [2], — avec le choc qui en est l'occasion.

Toutefois l'animal ne connait que le matériel

---

1. V. Cajétan, *Commentaire sur la Somme théologique*, I, q. XVII, a. 2.
2. Tyndall au Congrès de Londres.

et le concret, et son activité est enserrée dans un étroit domaine ; quand il cherche et poursuit sa proie, il obéit à un instinct fatal. Les fins auxquelles il se porte sont imposées, non choisies. De plus, il n'a pas une pleine conscience de lui-même, puisque son acte le plus élevé n'est que l'exercice d'une faculté attachée à un organe, et qu'une telle faculté ne peut complètement se replier sur elle-même. L'autonomie de l'animal, plus grande que celle du végétal, est encore incomplète ; et il y a place au-dessus de lui pour une vie plus parfaite. Aussi existe-t-il, au-dessus de la vie animale, une vie intellectuelle.

L'être intelligent se meut sans entraves, à travers toutes les immenses régions de l'idéal. Le domaine de son activité est vaste comme l'être, le vrai et le bien. Réalité spirituelle, il pense sa pensée et veut son vouloir. Il a la pleine possession de lui-même. Il a l'idée du bien parfait et sans limites ; et comme il découvre à tout bien fini une borne qui lui permet de considérer en ce bien un côté par où il est défectueux et inspire l'indifférence ou même l'aversion, nul bien fini ne le subjugue, et il est maître de son vouloir en face de tout ce qui est moindre que l'infinie perfection. Il choisit donc d'agir ou de ne pas agir, de faire ceci ou de faire autre chose. Il est libre enfin, et dispose, par choix, de lui-même, de ses actes et de tout le reste.

Cependant, si autonome que soit l'homme ou

l'ange, son autonomie a encore des limites, et il ne peut être le premier vivant. L'opération la plus haute d'une créature, en effet, connaissance ou vouloir libre, n'est pas sa nature même, de même que sa nature n'est pas son existence. L'acte vital, en un tel être, n'est pas l'essence, mais un simple accident, tout comme l'existence. Son acte vital est donc mesuré, déterminé, circonscrit par sa nature et par les lois de sa nature : tout comme son existence, étant reçue dans son essence, en subit les limites et les lois; car, ce qui est reçu doit nécessairement subir les conditions du sujet où il entre; outre que n'étant pas, mais recevant l'existence, il dépend nécessairement d'un autre, pour l'être et pour l'agir.

Mais au-dessus de l'homme et de l'ange, et de tout ce qui est créé, il y a un être qui, étant le premier, n'a reçu l'existence de personne, dont l'existence est l'essence même, dont l'opération est la nature, dont l'être et l'exister, l'entendre et le vouloir, sont un seul acte très unique, très simple et très pur ; acte infini, puisque rien ne le borne, acte éternel, puisque rien ne le commence; acte qui exclut toute idée de dépendance quelconque, puisqu'il est seul dans un ordre inaccessible à tout autre. Cet être est Dieu. Mais Dieu, étant le seul, disait le vieux Simonide, qui ne dépende de chose quelconque, Dieu est le seul libre. Il est l'autonomie absolue. Aussi est-il la première et la plus haute vie, disons-nous avec Aristote, le vivant éternel et parfait : Φαμὲν δέ τὸν Θεὸν εἶναι ζῶον ἀίδιον, ἄριστον [1].

L'on a écrit : « Nulle expression ne suffit à caractériser le contraste que présentent les corps inanimés et les êtres vivants ; même dans les plus humbles, la vie apparaît comme une manifestation d'un ordre très supérieur [2]. » Et, « en fait, rien n'est plus tranché que la ligne qui sépare le monde organique du monde inorganique : c'est peut-être le seul cas où toute transition fasse défaut ; de telle sorte qu'ici le principe « *natura non facit saltum* » subit une exception [3] ». Quiconque se mettra bien en face de l'autonomie qui distingue le vivant, jugera que ce langage exprime la pure vérité.

Et maintenant donnons une réponse définitive à la question qu'il s'agissait de résoudre, dans cette première partie de notre chapitre. Faut-il admettre, dans le vivant, un principe supérieur aux forces physiques et chimiques ? Notre réponse ne saurait plus être douteuse, et la voici :

Qu'on signale des points de ressemblance, tant que l'on voudra, entre les corps vivants et les corps bruts ; qu'on fasse la part aussi large que possible à la physique et à la chimie, dans le jeu de

---

1. *Métaphysique*, liv. XII, chap. vii.
2. Paul de Jouvencel, *la Vie*, 2ᵉ édit., p. 9.
3. Schopenhauer, cité par le P. Tilman Pesch, dans *Die grossen Welträthsel*. t. II, p. 148.

l'activité vitale; il reste toujours qu'un phénomène au moins, le grand phénomène de la nutrition, est la propriété spécifique, l'apanage exclusif du vivant; et que la nutrition, impliquant une activité spontanée, immanente, autonome, nous manifeste un genre de propriétés à la fois nouveau et supérieur.

Or, un genre de propriétés nouveau et supérieur suppose dans l'être qui en est doué un principe d'un ordre nouveau et supérieur.

Donc il existe, dans les vivants, un principe d'ordre supérieur, et qui n'est pas réductible aux forces physiques et chimiques.

CHAPITRE QUATRIÈME *(Suite.)*

L'AME RAISONNABLE ET LA VIE ORGANIQUE DANS L'HOMME.

Sommaire. — Le principal vital, dans l'homme, n'est pas autre que l'âme spirituelle.

Des deux questions auxquelles nous avons entrepris de répondre dans cette étude, une seule est résolue : nous savons désormais que la vie suppose un principe spécial d'ordre supérieur : rien de plus. Mais ce principe, dans l'homme, est-il autre que l'âme raisonnable ? Ou bien, est-ce l'âme raisonnable elle-même qui nous fait êtres vivants, comme elle nous faits êtres pensants ? Nous l'ignorons encore, et c'est ce qui nous reste à rechercher et à dire.

Pour décider si l'âme raisonnable est, en nous, oui ou non, le principe de la vie organique, il faut, avant tout, savoir quelles conditions réclament la nature et les fonctions de principe vital. Nous voilà donc obligés d'approfondir encore la nature de ce principe; et, après avoir dit, en ce qui précède, surtout ce qu'il n'est pas, il nous faut maintenant essayer de dire ce qu'il est.

Je remarque d'abord que le principe vital doit être une réalité substantielle, c'est-à-dire entrer comme partie constituante dans la nature du vivant. La chose est évidente. En tout être, en effet, le principe premier des opérations spécifiques, c'est la nature : tout être ne peut agir que suivant sa constitution intime et essentielle. Or, le principe vital, nous l'avons vu, est le principe premier des opérations propres à l'être vivant. Donc, le principe vital fait partie de la nature du vivant, entre dans sa constitution substantielle.

Si c'est là ce qu'a voulu dire M. Robin, quand il écrivait : « La vie est consubstantielle aux éléments; de toutes les séparations proposées, celle de la vie et de la matière est certainement la plus impossible [1] »; M. Robin a vu juste, et nous accepterons sa formule. Xavier Bichat, lui aussi, avait entrevu cette vérité, quand il affirmait que la vie devait s'expliquer, non pas par je ne sais quel principe planant au-dessus de la matière, mais par un principe intime et immanent comme l'est une *propriété;* et qu'il écrivait : « Il y a dans la nature deux classes d'êtres, *deux classes de propriétés*, deux classes de sciences. Les êtres sont organiques ou inorganiques ; *les propriétés*

---

[1]. *Revue scientifique,* 1870, n. 27.

sont vitales ou non vitales ; les sciences sont physiques ou physiologiques [1]. »

M. Cl. Bernard appelle cette vue de Bichat : « une illumination du génie [2]. » Je ne sais s'il faut recourir jusqu'au génie pour expliquer la présence, dans l'esprit de Bichat, d'une idée vieille comme Aristote ; mais ce qui est certain, c'est que l'illumination du génie a manqué à Cl. Bernard, quand il a dû expliquer, lui, pour son propre compte, comment il entendait la nature du principe vital. Nulle part, en effet, ne se manifeste, comme à cet endroit, l'influence déplorable qu'exercèrent jusqu'à la fin sur son esprit, d'ailleurs si puissant et si naturellement philosophe, l'enseignement et les principes matérialistes de son maître, l'illustre Magendie.

En plus de vingt endroits de ses œuvres il affirme que les forces de la matière brute ne sauraient donner la raison de tous les phénomènes observés dans les vivants ; nul n'a vu, ni dit plus nettement que lui, que la physique et la chimie ne peuvent expliquer la vie : « car *il est clair que cette propriété évolutive de l'œuf qui produira un mammifère, un oiseau ou un poisson, n'est ni de la physique, ni de la chimie* [3], » et que, par conséquent, la vie a son *quid proprium* absolument et rigoureusement défini, à savoir : « la propriété évolutive,

---

1. *Anatomie spéciale*, préface.
2. *La Science expérimentale*, p. 158.
3. *Ibid.*, p. 210.

la puissance d'évolution immanente de l'ovule. » Mais quand il s'agit de caractériser un peu la nature de cette force, le grand physiologiste hésite ; il se trouble comme en face d'un fantôme, et s'exprime en termes tels, qu'on ne sait plus si cette force est autre chose qu'un mot, ou une fiction de notre esprit.

« En disant que la vie est l'*idée directrice* ou la *force évolutive de l'être*, nous exprimons simplement l'*idée* d'une unité dans la succession de tous les changements morphologiques accomplis par le germe depuis l'origine jusqu'à la fin de la vie. Notre esprit saisit cette unité comme une *conception* qui s'impose à lui, et il l'explique par une force ; mais l'erreur serait de croire que cette *force métaphysique est active à la façon d'une force physique. Cette conception ne sort pas du domaine intellectuel*, pour venir réagir sur les phénomènes pour l'explication desquels l'esprit l'a créée ; quoique émanée du monde physique, elle n'a pas d'effet rétroactif sur lui. En un mot, la force physique évolutive, par laquelle nous pouvons caractériser la vie, est inutile à la science, parce que, étant en dehors des forces physiques, *elle ne peut exercer aucune influence sur elles* [1]. »

Comment croire que c'est le même homme qui écrivait, juste à la page précédente[2], ces paroles :

1. *La Science expérimentale*, p. 210.
2. *Ibid.*, p. 209.

« Il est bien évident que les actes de la nutrition sont des actions purement chimiques; mais il est non moins clair que ces actions chimiques, en vertu desquelles l'organisme s'accroît et s'édifie, s'enchaînent et se succèdent en vertu de ce résultat qui est l'organisation et l'accroissement de l'individu animal ou végétal. Il y a comme un *dessin vital qui trace* le plan de chaque être et de chaque organe, en sorte que, si, considéré isolément, chaque phénomène de l'organisme est tributaire des forces générales de la nature, pris dans leur succession et dans leur ensemble, ils paraissent révéler un *lien spécial*; ils semblent dirigés par quelque condition invisible dans la route qu'ils suivent, dans l'ordre qui les *enchaîne*. Ainsi les actions chimiques synthétiques de l'organisation et de la nutrition se manifestent comme si elles étaient *dominées* par une *force impulsive gouvernant* la matière, *faisant une chimie* appropriée à un tout, et *mettant en présence* les réactifs aveugles des laboratoires, *à la manière du chimiste lui-même.* »

Ainsi l'on nous dit d'une part : la force vitale *émanée du monde physique trace* le plan de chaque être et de chaque organe, *relie* entre elles, *enchaîne, ordonne, dirige* les synthèses chimiques, *domine, gouverne comme une force impulsive* la *matière, met en présence* les réactifs aveugles, *à la manière du chimiste lui-même;* et l'on nous dit, d'autre part, que la force vitale est l'*idée* que nous

nous formons de l'unité dans la succession de tous les changements morphologiques et chimiques du vivant, qu'elle est *une conception* de notre esprit ; *une force métaphysique, qui n'est pas active à la façon d'une force physique, qui ne sort pas du domaine intellectuel, pour venir réagir sur les phénomènes, qui n'exerce aucune influence.* Cette phraséologie embrouillée et vague est indigne de la science, et cette hésitation à proclamer une vérité que l'évidence impose, mais que le préjugé repousse, est indigne d'un savant.

La force vitale est une idée de notre esprit : oui, sans doute, puisque nous la concevons. Mais hors de nous, est-elle aussi une réalité ? Oui, sans doute, puisqu'elle exerce une action réelle, une influence constatée. La force vitale est une force métaphysique, qui n'est pas active à la façon d'une force physique : je le crois bien ; il est par trop clair que, si elle agissait à la façon d'une force physique, il n'y aurait pas lieu d'en parler comme d'une force supérieure à l'ordre physique.

Mais si elle n'agit pas à la façon d'une force physique, agit-elle réellement quand même, à sa façon à elle, d'une manière qui lui est propre ? Oui encore, puisque vous l'observez et nous la montrez *traçant le plan des êtres, reliant, enchaînant, ordonnant, dirigeant* les synthèses, *dominant, gouvernant comme une force impulsive* la matière. « Elle met, dites-vous, en présence des réactifs aveugles des laboratoires, *à la manière du chimiste lui-même.* » Mais, est-ce donc que le chimiste, pour n'agir pas à la façon des réactifs aveugles qu'il met en présence, n'agit pas tout aussi réellement qu'eux, bien que d'une manière supérieure ? C'est de toute évidence. Pourquoi donc le grand Cl. Bernard ne le dit-il pas nettement ? — Influence de l'éducation première, du milieu, manque d'une formation philosophique sérieuse, que sais-je ? Mais laissons Cl. Bernard, et raisonnons comme il aurait dû le faire.

Toute action suppose un agent réel; et toute propriété réelle spécifique suppose, dans l'être qui en est pourvu, un principe réel et substantiel d'où elle émane. Donc, les phénomènes vitaux, les propriétés vitales, étant des réalités spécifiques manifestes, le principe vital est une réalité substantielle dans les vivants.

Que si nous tenons à garder ce nom « d'idée » appliqué au principe vital, nous le pouvons à la rigueur; mais à la condition de l'expliquer et de l'entendre comme les grands Scolastiques. Eux aussi diront volontiers quelquefois que la vie est une idée. C'est que, pour eux, et ils ont bien raison de le penser ainsi, tout être est une *idée divine réalisée*, et toute existence qui se déroule, l'accomplissement ordonné d'un conseil divin. Mais, comme le remarquent bien ces grands penseurs, l'idée divine, dans les choses, n'est plus une simple conception, elle y devient un être véritable ; elle s'y exprime ou s'y traduit par une nature où elle prend corps, « *incorporantes sibi*, » comme dit si bien Albert le Grand. Si, en Dieu, l'idée divine est un concept, hors de lui, elle est la substance et le fond des êtres, l'ensemble des forces et des énergies qui permettent à chacun de jouer son rôle, et d'accomplir sa part du plan de Dieu. Ainsi, l'idée que Dieu se fait des vivants se trouve à l'état d'être au fond de chacun d'eux ; ainsi, la vie, dans les vivants, est bien une idée, mais une idée devenue être, et qui, de quelque nom qu'on l'y appelle, acte, forme ou force, est une cause vraie, et doit toujours être regardée comme une réalité substantielle [1].

Le principe vital est une réalité substantielle : j'ajoute qu'il est une réalité une, une jusqu'à être simple et indivisible. C'est la conséquence nécessaire de cette harmonie, de ce concert que l'on observe dans les opérations du vivant. Il y a plus de vingt siècles que le grand Hippocrate affirmait cette vérité, et la consacrait dans une de ces formules simples, nobles et fortes, dont l'antiquité avait le secret, et contre laquelle rien n'a jamais pu ni ne pourra jamais prévaloir. « Dans le vivant, le principe de tout est le même ; il n'y a aussi qu'une fin, et la fin et le principe sont uns... Dans l'intérieur est un agent inconnu qui travaille pour le tout et pour les parties, quelquefois pour certaines et non pour d'autres... Il n'y a qu'un

---

[1]. Albert le Grand, *Physic.*, lib. II, tractat, 3, c. iv. — Saint Thomas, *Physic.*, lib. II, lect. xiv.

but, qu'un effort. Tout le corps participe aux mêmes affections ; c'est une sympathie universelle. Tout est subordonné à tout le corps, tout l'est aussi à chaque partie. Chaque partie concourt à l'action de chacune des autres. »

La science du XIXᵉ siècle est obligée de tenir rigoureusement le même langage. Je n'en veux donner pour preuve que le témoignage suivant de Cl. Bernard, qui, tout absorbé qu'il a été par l'analyse, et justement accusé d'avoir beaucoup trop laissé dans l'ombre l'unité synthétique du vivant, n'a pourtant pas su s'empêcher d'écrire ces paroles décisives : « Le physiologiste et le médecin ne doivent jamais oublier que l'être vivant forme un organisme et une individualité... Il faut donc bien savoir que, si l'on décompose l'organisme vivant en isolant ses diverses parties, ce n'est que pour la facilité de l'analyse expérimentale, et non pour les concevoir séparément[1]. En effet, quand on veut donner à une propriété physiologique sa valeur et sa véritable signification, il faut toujours la rapporter à l'ensemble, et ne tirer de conclusion définitive que relativement à ses effets dans cet ensemble. » Ces paroles du physiologiste français ne semblent-elles pas une simple paraphrase de celles du médecin grec, que nous rapportions tout à l'heure : « Il n'y a qu'un but, qu'un effort... C'est une sympathie

1. C'est au contraire pour *les concevoir séparément*, mais non pas pour *les concevoir séparées* : « *Separatim, non separata.* »

universelle. Tout est subordonné à tout le corps, tout l'est aussi à chaque partie. » Mais, ajouterai-je, n'appellent-elles pas aussi, comme une conséquence rigoureuse, le reste de l'aphorisme hippocratique : « Le principe de tout est le même : il n'y a aussi qu'une fin, et la fin et le principe sont uns. »

L'opération vitale est une, l'activité vitale de tous ces organes, de tous ces millions de cellules est une, dans son but et dans son effort. Donc le principe vital est un dans son être ; car l'un ne peut venir du multiple. L'unité seule engendre l'unité.

Le principe vital est un : mais, comme je l'ai dit, il est un jusqu'à être simple et de soi indivisible. En aucun genre, en effet, le principe premier et radical de l'unité ne peut être *de soi* multiple ni divisible : il aurait besoin lui-même d'un principe d'unité, et ne serait plus, par là même, le principe d'unité premier et radical. Or, par principe vital nous entendons toujours, qu'on ne l'oublie pas, le principe radical et premier de l'unité, soit de l'être, soit de l'opération des vivants [1].

S'il fallait, du reste, une autre preuve, plus facile à saisir, que le principe vital est indivisible et simple, nous l'aurions dans ce fait indéniable que la même vie est répandue et circule dans

---

1. Aristote, *de l'Âme*, liv. II, chap. v.

tout le vivant. La synergie vitale ne se conçoit que parce que, sous les manifestations les plus diverses, existe toujours le même fonds de vie, d'où tout procède, et où tout s'unifie. Mais un principe étendu et doué de parties ne peut se trouver ainsi partout présent, ni pénétrer toutes les régions du vivant à la fois. Le principe vital n'est donc pas seulement un, mais indivisible et simple; et non pas seulement indivisible et simple comme le point mathématique, le point de jonction de deux lignes, par exemple, lequel est nécessairement circonscrit à l'endroit de l'étendue qu'il termine, mais indivisible et simple comme les réalités qui non seulement n'ont point d'étendue, mais de plus ne sont pas réductibles à l'étendue et appartiennent à un autre genre d'êtres[1].

D'après cela, toujours la vraie philosophie condamnera ces théories ou ces formules d'après lesquelles le corps vivant, la plante, l'animal, l'homme même, ne serait qu'une *colonie de cellules*, une *résultante* d'éléments anatomiques, un *polypier* ou un *essaim en grappe* de cellules vivantes[2].

Toutes ces théories et ces formules, en effet, ne tiennent pas devant la considération approfondie de l'unité vitale, et surtout, quand il s'agit de l'homme, devant le témoignage de l'unité du *moi*. « La vie, écrivait Flourens, n'est pas seulement

---

1. *Somme contre les Gentils*, liv. II, c. LVI.
2. Farges, *la Vie*, pp. 27 et s.

une collection de propriétés ; et, sans sortir des conditions précises démontrées par l'expérience, il est visible qu'il faut ici un lien positif, un point central... une force générale et une, dont toutes les forces particulières ne sont que des expressions diverses [1]. »

L'unité du principe vital n'est pas davantage infirmée par l'objection tirée de la divisibilité de certains vivants : les polypiers de Trembley, la naïade de Charles Bonnet, le limaçon à coquille et la salamandre d'eau douce de Spallanzani, etc. Divisez un polype, vous obtenez deux polypes. Donc, poursuivent les Antivitalistes, la vie se divise, et le principe vital n'est pas simple. — Mais c'est conclure trop vite. Il faudrait prouver qu'il n'y a pas d'autre explication possible. On ne le prouve pas. Qui m'assure, par exemple, que ce n'est pas une loi de nature « *lex insita* » à ces êtres placés aux derniers degrés de l'échelle animale, de procurer la conservation de leur espèce par un double procédé de génération, l'un ordinaire, l'autre extraordinaire et violent ; et que ces sortes d'êtres, développant toute leur énergie conservatrice sous le coup qui les frappe, ne se reproduisent pas en autant d'individus que l'on fait de morceaux capables d'être les sujets d'une nouvelle existence ? Si la chose se passe ainsi, je l'ignore : mais elle peut se passer ainsi. Et cela suffit pour que l'objection ne porte plus.

1. *De la Vie et de l'Intelligence*, 1re partie, p. 159 et p. 97.

Les fameuses expériences de MM. Bert, Vulpian, Brown-Séquard, fournissent une objection beaucoup plus spécieuse, et qui embarrasse bien davantage, à première vue. P. Bert greffait la patte d'un jeune rat dans le flanc d'un autre rat adulte : au bout de quelque temps, il se trouvait que le squelette de la patte greffée s'était complètement développé, tout comme si la patte était restée à sa place sur le rat amputé. M. Vulpian enlevait la queue à une larve de grenouille, et, vingt-quatre heures après l'avoir dégagée de son enveloppe, la mettait dans l'eau : cette queue continuait à vivre et à se développer régulièrement, en consommant les granulations vitellines contenues dans les éléments cellulaires situées au-dessous de la peau, pendant dix jours. Enfin M. Brown-Séquard, opérant sur un chien décapité, observait que les irritations de la peau produisaient des mouvements réflexes dans chacun des deux tronçons de l'animal : bien plus, qu'il suffisait de quelques injections de sang chaud, oxygéné et défibriné, dans les artères, pour que le tronc et la tête, devenus inertes, répondissent de nouveau aux excitations. Le rat amputé et sa patte vivaient séparément ; la larve de grenouille et sa queue, aussi ; la tête et le corps du chien, aussi. Voilà donc notre principe vital divisé, par conséquent divisible, et non plus, comme nous le prétendions, indivisible et simple.

M. Vulpian a très habilement fait valoir ces

faits, et l'on a pu se demander un instant si le vitalisme saurait que répondre. Mais le vitalisme a répondu, et a montré qu'il n'était pas aussi embarrassé de l'objection qu'on le pouvait croire.

« M. Vulpian, remarque très justement et très finement M. F. Ravaisson, dans ses savantes *Leçons sur la Physiologie du Cerveau,* combat le principe vital... M. Vulpian, d'autre part, n'ignore pas ce qu'on a dit et ce qu'on peut dire de l'unité vitale, du concert évident des fonctions et de ce qu'il nomme lui-même, quand il s'agit de la régénération d'un organe, « *une sorte de conspiration de tous les éléments,* » mais il se borne à en dire que « *c'est là un fait profondément obscur, et que pourtant il faut admettre* ». Il n'examine point *si ce fait ne détruit point sa théorie* [1]. » C'est qu'effectivement il la détruit; car, affirmer l'unité de l'activité vitale, c'est reconnaître l'unité, l'indivisibilité, la simplicité du principe de vie premier et radical, puisqu'il est constant que, si le premier principe de vie était, *de soi,* divisible en parties, il ne serait plus le principe premier et radical de l'unité vitale, et qu'en aucun genre, comme nous l'avons dit, l'un ne peut avoir le multiple comme cause directe et propre.

On ne manque pas de répartir, il est vrai, que, si l'unité de vie suppose l'unité et la simplicité

---

[1]. *La Philosophie en France au XIXe siècle,* p. 190.

du principe vital, la division que l'on opère dans les animaux inférieurs suppose que ce principe est divisible, et non pas simple. D'où il résulterait, à tout le moins, qu'ici nous nous trouvons acculés à une antinomie absolue. Mais si l'on veut y regarder de près, l'on remarquera que l'antinomie n'est pas réelle; qu'elle est seulement apparente, et n'existe que pour ceux qui, comme M. Vulpian, commettent une confusion, et voient une parité où il n'en existe point. D'une part, en effet, qu'avons-nous? Un fait certain, reconnu par tous, aussi bien par M. Vulpian que par nous : l'unité vitale. Et c'est de ce fait incontestable et incontesté que partent les Vitalistes, et qu'ils infèrent la simplicité du principe vital. D'autre part, voici M. Vulpian qui nous dit : Dans les animaux que l'on divise, votre principe vital est divisé : donc il est divisible et non pas simple. Mais cette division du principe vital dans les animaux opérés est-elle un fait certain, incontestable et incontesté, comme est celui de l'unité vitale? Pas le moins du monde. Est-il évident par soi, ou a-t-on du moins démontré, qu'en ces sortes d'expériences, le principe vital est coupé en deux, trois ou quatre morceaux, tout comme le corps de l'animal? Non. Cette division est présumée, non prouvée; c'est une *hypothèse*, acceptée comme l'explication obvie et la plus simple du phénomène en question : rien de plus. Mais, en physiologie, les explications obvies et les plus simples ne sont pas toujours vraies : l'assimilation directe de M. Vulpian et la combustion directe de Lavoisier en sont la preuve. M. Vulpian, quand il argumente contre la simplicité du principe vital, part donc d'une simple hypothèse; les Vitalistes, au contraire, quand ils raisonnent pour établir leur thèse, s'appuient sur un fait certain. On ne saurait plus dès lors parler ici d'antinomie absolue; car une hypothèse opposée à une certitude ne fait pas une antinomie absolue. Et l'on ne saurait davantage mettre sur la même ligne la théorie de M. Vulpian et celle du vitalisme ; puisque la première repose sur un fondement ruineux, et l'autre sur une base inébranlable.

Ce qui se passe, du reste, quand, un animal étant coupé en deux, ses deux tronçons continuent de se comporter comme avant la division, je n'en sais rien, et les philosophes sont partagés d'avis. Les uns disent : on peut faire au sujet des animaux que l'on divise une double hypothèse : ou bien ce sont des individus véritables, jouissant d'une vie réellement une et distincte; ou bien ce sont des individus soudés ensemble, comme les colonies de polypiers, certains vers ou annélides, tels que le myrianide de Milne-Ewards, qui traîne après lui, soudés ensemble, une série parfois très longue de jeunes individus d'âges différents, rangés par ordre de progéniture, l'aîné en arrière, le plus jeune en avant et uni directement au corps de la mère. Si l'être que l'on divise est une simple colonie [1], il est tout naturel que les tronçons vivent, puisque déjà auparavant ils étaient en possession d'une vie distincte. Si, au contraire, l'être est un véritable individu vivant, il faut tenir, ou bien que nulle partie ne vit plus après la séparation faite, ou bien que la vie ne persiste qu'en un seul des tronçons, le plus considérable, celui où se trouveraient encore réalisées les conditions essentielles de l'organisme. Ainsi la tête, ni le tronc d'un chien décapité ne vivent plus : la queue enlevée à la larve de grenouille ne vit plus; mais la larve vit encore, etc. Les apparences de la vie se maintiennent, il est vrai, plus ou moins longtemps, dans ces membres amputés, mais ce ne sont que des apparences. En vertu de l'impulsion vitale donnée précédemment à la matière, les phénomènes physiques, chimiques, mécaniques, se poursuivent encore durant un certain temps, dans une direction donnée, mais en réalité la vie est absente. Si, comme nous le voyons, dans certaines matières organiques, la structure moléculaire produite par la vie persiste un temps parfois considérable, après mort certaine, pourquoi quelque chose de semblable n'aurait-il pas lieu dans l'ordre de l'activité?

D'autres admettent qu'en certains cas, la vie persiste dans plusieurs parties de l'animal, après

---

1. L'arbre, avec ses branches, serait dans ce cas, suivant l'opinion qui paraît la plus commune. Buffon n'hésitait pas à dire que le bourgeon qui se développe est « un petit arbre qui s'ajoute aux autres ».

qu'on l'a divisé. C'est, disent-ils, que, par la division, il se fait une multiplication du principe vital lui-même. Et, poursuivent ces penseurs, cette explication n'est nullement inconciliable avec la thèse de la simplicité du principe vital. Il faut bien se souvenir, en effet, qu'entre le principe vital et le corps vivant, il existe l'union la plus étroite, la plus intime, au point que, des deux, il se fait un seul être, une seule nature, une seule substance, comme le montre l'opération vitale qui n'est ni du corps ni du principe vital seul, mais du composé. Or, dans cette union, dans cette fusion des deux éléments essentiels dont se forme le vivant, comme il y a échange et communication réciproque de nature, il y a aussi échange et communication réciproque de propriétés. Il en serait du principe vital comme d'une force ou forme quelconque : « Les diverses forces des êtres corporels sont inétendues *par elles-mêmes*, autrement elles auraient une figure, et l'on pourrait se demander si la force de gravité est cubique, cylindrique ou pyramidale... Cependant la force, en tant qu'elle informe tel sujet corporel, participe à sa nature étendue... Ainsi la *matière* devient *forte* et la *force* devient *matérielle* accidentellement [1]. » De même pour le principe vital, poursuivent nos philosophes : *De soi*, il est simple et indivisible : mais, à raison du corps qu'il informe, et, *par accident*, il devient étendu et divisible ; de telle sorte que, s'il s'agit d'êtres

---

[1]. M. Farges, *Matière et Force*, p. 103.

inférieurs, à structure très simple, dont les parties sont à peine différenciées, rien n'empêche que la division d'un vivant n'en fasse deux [1].

D'autres enfin présentent une explication beaucoup plus simple, pourtant très respectueuse des faits observés, et relativement claire : Les vivants, disent-ils, sont doués d'un pouvoir générateur qui s'exerce à différents degrés, — j'ajouterais : d'une manière ordinaire ou extraordinaire, normale ou violente. Ce pouvoir se manifeste à son degré suprême, et d'une façon normale, dans la génération proprement dite, dans la production de la cellule-mère, par laquelle le vivant reproduit un autre vivant semblable à lui. Il apparaît, au contraire, à un degré inférieur, mais s'exerçant d'une façon normale et régulière, dans la production des cellules ordinaires auxquelles il ne communique qu'une partie de son énergie vitale, et parfois, en cas de mort naturelle, dans la production de formes vivantes, éphémères et de puissance réduite, qui précèdent et préparent la dissolution complète du vivant, et le retour définitif de ses éléments constitutifs au monde minéral. Enfin, le pouvoir générateur s'accuse avec éclat, mais ne s'exerce que d'une façon tout ensemble restreinte et violente, dans certains cas de division, où l'être est partagé en fractions assez considérables et suffisamment appropriées pour être sujet de vie.

Telles sont les explications que l'on peut pro-

---

[1]. Albert le Grand, *de Animâ*, lib. I, tractat. II, c. XVI.

poser du fait qu'on appelle la multiplication des vivants par division. Je ne ferai à leur propos qu'une seule observation : c'est que le sort ni la vérité du vitalisme ne dépendent de leur sort, ni de leur vérité. Les Antivitalistes peuvent les rejeter toutes les trois, sans que notre thèse de l'unité ou de la simplicité du principe vital en soit le moins du monde atteinte. Notre thèse, en effet, repose tout entière et uniquement sur un fait que les Antivitalistes admettent, et sur un principe qu'ils ne peuvent rejeter. Le fait est l'unité vitale en tout individu vivant. Le principe est que la cause première et radicale de l'unité, en tout genre, ne peut être que l'un et le simple. Tant que le fait et le principe demeureront, la thèse tiendra. L'on aura beau dire que la vie se multiplie par la division : *en admettant que le fait soit prouvé*, il nous obligera simplement à énoncer notre thèse de la sorte : Le principe vital est un et simple *actuellement* et *formellement*, mais il est multiple *potentiellement* et *virtuellement*. Après quoi, les Antivitalistes, tout comme nous, auront à expliquer *comment* il se peut faire qu'un principe *actuellement simple* donne naissance, par voie de division, à des principes qui soient *actuellement plusieurs*. L'explique qui voudra, et qui pourra. En attendant, les deux faits de l'unité et de la multiplication du vivant par division étant supposés réels, la formule aristotélicienne s'impose en toute rigueur : Ἀνάγκη δὲ... τὴν ψυχήν ἐνεργείᾳ μὲν ἐν τοῖς ἔχουσιν εἶναι μίαν, δυνάμει δὲ πλείους [1].

Le principe vital est une réalité substantielle, simple et *de soi* indivisible. J'ajoute qu'il est stable et permanent. « La loi, la grande loi qui fixe les rapports des forces avec la matière, dans les corps vivants, est, d'une part, la permanence des forces, et de l'autre, la mutation continuelle de la matière [2] ». Après ce que nous avons dit dans le chapitre précédent [3], du tourbillon vital et de la muance perpétuelle de toutes les parties dans le corps vivant, je n'ai plus à insister ; et chacun sait que l'unité de la plante, de l'animal et du *moi* pendant toute la durée de leur vie, ne s'explique que par la persistance de l'âme demeurant toujours une et identique, sous le flot mobile des phénomènes et de la matière : « *Est una unitate unius formæ... Nihil enim est simpliciter unum, nisi per formam unam* [4]. »

Nous pouvons maintenant nous former une idée exacte et suffisamment complète du principe vital dans les corps qui ont vie autour de nous : c'est une *réalité substantielle, simple et de soi indivisible, pénétrant et unifiant le corps au point de former avec lui un seul principe d'action, et lui conférant la vertu de se nourrir, de se développer et de se reproduire.*

1. *De Juventute*, c. II, et *de Animá*, lib. II, c. II.
2. Flourens, *de la Vie et de l'Intelligence*, 1re partie, chap. 5.
3. P. 113.
4. *Somme théologique*, I, q. CXIX, art. 1, et q. LXXVI, art. 3.

Cela étant, il apparaît tout de suite que l'âme raisonnable peut être, en nous, le principe de vie organique. Car elle est, ainsi que nous l'avons démontré [1], une réalité substantielle, simple et indivisible, capable de pénétrer et d'unifier le corps : de plus, elle doit pouvoir lui conférer la vertu de se nourrir, de se développer et de se reproduire ; car, étant d'une nature supérieure au principe vital de la plante et de l'animal, elle doit en posséder éminemment les propriétés, et pouvoir faire ce qu'ils font, d'une manière même plus parfaite, « *quodam excellentiori modo.* » Telle est, en effet, comme l'a fort bien observé Aristote [2], la loi qui préside à l'ordre hiérarchique des êtres, dans la nature, que les plus élevés possèdent, en fait de perfection et de pouvoir, tout ce qui appartient aux êtres inférieurs, avec quelque chose de plus. Ainsi la plante possède l'être comme la pierre, et de plus la vie ; ainsi l'animal possède l'être et la vie comme la plante, et de plus la sensibilité. Ainsi l'âme raisonnable doit posséder l'être comme la pierre, la vie comme la plante, la sensibilité comme l'animal, et de plus elle possède l'intelligence. Et c'est pourquoi, avec sa très simple et très unique nature, elle peut, à elle seule, ce que peuvent séparément toutes les autres formes, c'est-à-dire donner l'être et la vie en même temps que la sensibilité et la pensée.

1. Chapitre troisième.
2. *Metaphys.*, lib. VIII, t. X, et *de Anima*, lib. II, t. XXX, XXXI.

Elle peut donner la vie, mais la donne-t-elle en fait?

Je répondrai *a priori* que, si elle peut la donner, elle la donne. La nature, dit Albert le Grand, n'admet point de principes superflus, et il ne faut point placer plusieurs âmes où une seule suffit : « *Natura enim non abundat superfluis* [1]. » Puis donc qu'il est admis que l'âme raisonnable peut donner la vie, n'allons point chercher à la vie une autre cause, et tenons qu'effectivement elle la donne. Ce petit raisonnement suffirait, à lui seul, à trancher la question.

Mais nous n'en sommes point réduits à cette seule preuve, et les faits les plus certains établissent péremptoirement cette vérité. Je n'en citerai que deux.

Le premier est l'unité du *moi* humain. Je suis un être corporel, vivant, sentant, pensant. Je suis toutes ces choses, et *je suis un* quand même. Ma conscience me le dit, aussi clairement qu'elle me dit que j'existe, et chaque homme pense de soi ce que je pense de moi-même sur ce point. Or, ce fait de l'unité du moi est-il conciliable avec l'existence, en nous-mêmes, d'un principe vital distinct de l'âme raisonnable? Non; car, si vous posez ces deux actualités, vous brisez l'unité de notre nature et de notre moi. Et avec quoi la referez-vous ? Direz-vous que c'est le corps qui relie le principe vital et l'âme ? Mais par quoi reliez-

---

1. *De Animâ*, lib. I, tractat. II, c. XVI.

vous les parties du corps lui-même et les réduisez-vous à l'unité ? L'unité du corps, l'organisation du corps, mais nous l'avons vu, c'est le produit, c'est l'œuvre de la vie. La vie et le corps sont « consubstantiels ». De ce côté, nous avons l'unité ; mais comment la faire naître entre le corps vivant et l'âme ? Vous direz que le corps organique est subordonné à l'âme, qu'elle le meut, lui commande et le dirige. Mais, répondrai-je avec Bossuet : « Le corps n'est pas un simple instrument appliqué par le dehors... L'âme et le corps ne font qu'un tout naturel [1]. » Or, avec votre explication vous faites du corps un simple instrument, et du corps et de l'âme, un tout accidentel et artificiel. Cela ne peut suffire à fonder l'unité de la nature et du moi. Pour en trouver la raison, vous serez donc obligés de recourir à quelque principe supérieur, où viennent se fondre et s'unir les principes de la vie, de la sensation et de la pensée. Mais nous vous dirons alors, avec Aristote : Pourquoi aller chercher si loin ? Pourquoi ne pas dire, du premier coup, que tout se fond et s'unit dans l'âme raisonnable [2] ? On le voit, l'unité du moi, l'unité naturelle du composé humain s'oppose à ce qu'on admette en l'homme l'existence d'un principe vital distinct de l'âme raisonnable, et nous force d'admettre,

---

1. *Connaissance de Dieu et de soi-même*, chap. III, 20.
2. *De l'Ame*, lib. I, fin.

au contraire, que la vie et la pensée, en nous, procèdent d'une même source.

Un autre fait de conscience, non moins certain, non moins facile à constater, nous entraîne à la même conclusion. Qui n'a remarqué la dépendance réciproque où se trouvent toutes nos facultés, dans l'exercice de leurs opérations? Soyez vivement préoccupé par une pensée, pénétré d'un sentiment profond, qu'arrive-t-il? Toute votre activité psychologique, tant que vous demeurez sous le coup de cette pensée ou de ce sentiment, est en quelque sorte concentrée sur un seul point : votre imagination, votre mémoire s'arrêtent ; vous ne voyez plus, vous n'entendez plus ce qui se passe autour de vous. Votre sensibilité reste comme suspendue et interdite. Mais ce n'est pas seulement la sensibilité qui peut ainsi être arrêtée, et comme paralysée, par suite de l'action qu'exerce sur vous la pensée ou le sentiment ; la vie organique elle-même est atteinte, et c'est une observation devenue banale, que les grandes idées et les grands sentiments en remuent et bouleversent parfois de fond en comble toute l'économie ; qu'une bonne nouvelle peut ranimer la vie presque éteinte, une mauvaise nouvelle foudroyer ; qu'une joie douce, la paix et la sécurité de l'âme aident, que l'agitation de l'esprit et la tristesse prolongée font languir et endommagent l'organisme.

Ces faits, et tant d'autres qui concernent *les*

rapports du physique et du moral, s'expliquent tout naturellement, une fois admise la doctrine qu'une seule et même âme, dans l'homme, est le principe commun des trois vies dont il est le sujet, et que son activité tout entière a ses racines dans un même acte substantiel. Mais si vous supposez, au contraire, qu'il possède en lui-même deux ou plusieurs âmes distinctes par leur nature, leurs puissances et leurs opérations, vous aurez beau chercher, les faits vous demeureront inexplicables [1].

Je n'apporterai pas ici d'autre preuve de cette thèse : que l'âme raisonnable est le principe de notre vie organique, parce que, dans un prochain chapitre, en expliquant *ex professo* le mode suivant lequel l'âme est unie au corps, je serai mis dans la nécessité d'approfondir cette doctrine, et de la confirmer par des arguments nouveaux.

Mais je veux répondre aux principales difficultés que nous oppose le vitalisme exagéré. Et pour être bien sûr de les reproduire avec toute leur force, je vais les emprunter à un auteur dont personne ne contestera la compétence ni le talent ; et les transcrire mot à mot d'un livre connu de tout le monde savant, et qui, au sentiment des meilleurs

---

1. Ainsi se trouve justifiée la supposition que nous avions faite, dans notre troisième chapitre, que la même âme est, en nous, le principe de la connaissance sensible et de la pensée. *Somme théologique*, I, q. LXXVI, a. 3.

juges, est une gloire, non pas seulement pour le professeur [1] qui l'a écrit, mais pour toute l'illustre Faculté dont il est membre [2].

Après avoir magistralement établi qu'il existe « un ensemble de caractères... qui séparent entièrement les phénomènes vitaux des phénomènes physiques... et ne permettent pas d'expliquer la vie par les seules transformations du mouvement extérieur », l'éminent auteur continue en ces termes [3] : « Ce qui me fait, avec l'École de Montpellier, repousser cette doctrine (que l'âme raisonnable est le principe vital), c'est que je ne trouve pas dans les manifestations vitales les grands caractères essentiels que nous avons assignés aux phénomènes intellectuels et moraux, et particulièrement l'intelligence et la liberté.

« On tombe dans un ontologisme regrettable et contraire aux faits, quand on admet dans tous les actes vitaux une appropriation libre et intelligente vers un but toujours heureux. On arrive ainsi à voir dans toutes les maladies une réaction, un effort salutaire, qui condamne alors le praticien à l'inaction la plus complète, et le fait assister en simple spectateur à la lutte engagée sous ses yeux.

« De plus, le principe de la pensée a une existence indépendante de la matière, et il survit au

---

1. M. le Dr J. Grasset, professeur à la Faculté de médecine de Montpellier.
2. *Traité pratique des maladies du système nerveux.*
3. P. 10.

corps qu'il anime. Le principe de la vie, au contraire, meurt à son heure, et ne peut pas être conçu en dehors de l'agrégat matériel auquel il préside.

« En outre, cette divisibilité de la vie, cette vie particulière des éléments séparés de l'ensemble, dont nous avons parlé, sont bien difficilement conciliables avec la notion de l'âme.

« Ce qui, à mon sens, a jeté beaucoup de médecins contemporains dans le matérialisme, c'est précisément cette erreur qui fait attribuer à l'âme toutes les propriétés vitales, et qui, par suite, trouve dans les découvertes de la physiologie des objections à la spiritualité de l'âme, alors qu'en réalité le principe de la vie est seul mis en cause par les observations des médecins.

« Je crois donc qu'il faut séparer dans l'homme le principe de la vie et le principe de la pensée : la vie étant commune à tout le règne animal et à tout le règne végétal, étant par conséquent susceptible de degrés en nombre presque infini ; l'âme étant au contraire propre à l'homme, et à l'homme seul, dont elle fait par là même un être complètement à part, qui sera toujours séparé par un abîme infranchissable de tout le reste de la création, quels que soient les rapports que présentent son corps et sa vie avec les autres corps et les autres vies. Je crois inutile d'insister davantage sur ce point, parce que, si l'animisme est très répandu parmi les philosophes spiritualistes, il est très rare chez les médecins d'aujourd'hui. »

Je suis forcé, je l'avoue, de commencer ma réponse en faisant une double concession. Je dois accorder d'abord que le savant professeur, mettant de côté les arguments vieillis et reconnus faibles du vitalisme, a su parfaitement ne choisir que ceux qui résistent le mieux à la critique : j'accorde en second lieu qu'il a exposé ses raisons avec une vigueur et une précision qui ne laissent rien à désirer. Mais, si bien choisies et si habilement présentées que soient ses preuves, je suis obligé de dire qu'elles ne sont point rigoureuses. Examinons-les.

« Ce qui me fait, avec l'École de Montpellier, repousser cette doctrine (l'animisme), c'est que je ne trouve pas dans les manifestations vitales les grands caractères essentiels que nous avons assignés aux phénomènes intellectuels et moraux, et particulièrement l'intelligence et la liberté. »

Cela veut dire, en langage vitaliste ordinaire : Les actes vitaux ne sont ni conscients ni libres : donc ils ne procèdent pas de l'âme raisonnable.

Mais cet argument a deux défauts essentiels : 1° il implique comme vrai un principe faux, ou du moins indémontrable ; 2° il énonce et suppose comme faux un fait vrai.

Et d'abord, pour que de l'antécédent posé : les actes vitaux ne sont ni conscients ni libres, il s'ensuive logiquement qu'ils ne viennent pas de l'âme, il faut nécessairement supposer que d'une forme, ou force, douée d'intelligence et de liberté, il ne peut sortir que des actions conscientes et libres. Or, ce principe est faux, ou à tout le moins indémontrable ; car, pour le démontrer, il faudrait faire voir qu'entre l'idée de la vie et celle de raison et de liberté, il existe une telle opposition que l'une exclut l'autre, de telle sorte qu'il répugne intrinsèquement que ces deux choses, vie et raison, soient en même temps propriétés d'un même acte substantiel. Or, une telle opposition, l'esprit n'en voit pas trace. Bien plus, il est fondé à croire qu'elle n'existe pas, puisqu'il trouve la vie et la raison unies dans le même sujet, le moi humain, qui dit à tout propos, et en pleine évidence : Je pense et je mange ; je raisonne et je digère. Si le moi un et indivisible peut être en même temps le sujet de la vie et de la pensée, pourquoi l'âme une et indivisible ne serait-elle pas, en même temps, le principe de l'une et de l'autre ?

Que si l'âme possède à la fois la vertu d'animer l'organisme et celle de penser, l'on ne voit pas la moindre nécessité à ce qu'elle les exerce toujours toutes les deux ensemble. Est-ce que toute force agit toujours suivant toute son intensité et toute son énergie ? Et pourquoi l'âme, possédant deux pouvoirs distincts, ne pourrait-elle pas exercer l'un sans l'autre, et faire vivre le corps, par exemple, sans mettre en activité son intelligence et son libre arbitre ? Ce principe que : d'un agent doué d'intelligence et de liberté il ne peut sortir que des actions conscientes et libres, non seulement n'est donc pas démontré, mais il n'est pas démontrable. On peut même ajouter qu'il est faux, car il contredit l'expérience.

L'expérience, en effet, nous enseigne que l'âme produit souvent des actes de connaissance, qu'elle ne sait pas et qu'elle ne veut pas produire, ou, ce qui est encore plus frappant, qu'elle veut ne pas produire. Le somnambule imagine, raisonne, tient des discours, sans qu'il le sache ni le veuille. De même, l'homme endormi qui fait des rêves; de même, l'homme éveillé qui se laisse emporter par la rêverie. Bien plus, quand une habitude est comme passée en nature, l'homme en fait souvent les actes, en dépit des résolutions les plus sincères et les plus fermes. Ainsi l'homme emporté s'emporte longtemps après qu'il s'est promis de ne plus le faire; ainsi le troupier converti blasphème juste au moment où il confesse et déplore ses blasphèmes. Il est donc faux de poser en principe que, d'une cause consciente et libre, il ne peut provenir que des actes conscients et libres. A vrai dire, et si l'on veut aller au fond, l'assertion des Vitalistes n'a pas d'autre base que la définition de l'âme par Descartes, acceptée de confiance et entendue en ce sens, que toute l'essence de l'âme est la pensée, et encore la pensée consciente et libre. Malheureusement, comme nous avons eu déjà occasion de le dire, cette idée de Descartes est condamnée par l'expérience, la conscience et la raison, tout aussi bien que par le sens commun. Il reste donc bien établi que le premier argument du vitalisme implique la vérité d'un principe d'abord indémontrable, et de plus faux.

Mais, je crois pouvoir montrer qu'en outre, il énonce et suppose comme faux un fait vrai. Le vitalisme affirme que les actes vitaux ne sont ni conscients ni libres. Ainsi formulée, d'une manière absolue et générale, l'assertion est fausse. Il est faux que le cours de la vie, suivant les fameuses, et encore plus amusantes, comparaisons d'Arnaud, Jouffroy, Maine de Biran, etc., soit « tout aussi étranger à l'âme et à la conscience, que ce qui se passe dans la planète ou dans les satellites de Saturne, que le cours du Rhône ou de la Seine [1] ». Et voici ce qui le démontre : c'est que les Vitalistes, tout comme les autres hommes, affirment et sont très convaincus qu'ils vivent, et font continuellement et à chaque instant acte de vivants ; et qu'ils l'affirment et qu'ils en sont convaincus, non pour l'avoir entendu dire, non pour l'inférer de telles ou telles observations, comme je concluerais qu'un chien vit, du fait que je le vois poursuivre un lièvre, mais parce qu'*ils se sentent vivre,* et qu'ils ont conscience de toutes ces émotions confuses qui résultent des actions et vicissitudes organiques. Il est très vrai que, dans le cours ordinaire des choses, l'homme ne perçoit

1. Francisque Bouillier, *le Principe vital et l'Ame pensante,* p. 391.

pas distinctement ses opérations vitales, telles que la digestion de l'estomac, la sécrétion de la bile ou de la pepsine, la circulation du sang, etc.; mais il n'est pas moins vrai qu'il perçoit très distinctement la résultante de ces mouvements, son bien-être ou son mal-être organique. Pour rappeler un mot très heureux de Leibnitz, en matière de vie comme en beaucoup d'autres choses, nous saisissons « les impressions dominantes » et nous ne saisissons pas les impressions moindres dont elles sont formées; de même qu'on perçoit le bruit de la mer sans percevoir le bruit de chaque vague en particulier. Ainsi, bien que je ne me sente pas vivre en détail, personne ne me fera croire que je ne me sens pas, suivant les heures, malade ou bien portant.

Et la santé et la maladie appartiennent bien, je pense, à la vie organique. Il est donc faux que les faits vitaux soient totalement inconscients : nous en avons au moins la conscience générale et confuse. Bien plus, en certains états pathologiques et sous le coup de très vives émotions, l'on pourra même avoir la conscience distincte de telle ou telle fonction, sentir nettement que le sang afflue à la tête, que les poumons se congestionnent, que le cœur ou les tempes battent plus vite, etc.; ou bien, au contraire, avoir « le sentiment d'une lacune manifeste, si l'effort vital vient à cesser d'agir sur quelque partie paralysée de notre organisme [1] ». Ce qui suppose « que l'état de ce membre était

[1]. F. Bouillier, *le Principe vital et l'Ame pensante*, p. 437.

très réellement, quoique très obscurément senti, et constituait un élément partiel du sentiment général de la vie ¹ ».

Il arrive même que certains sujets possèdent à l'état ordinaire, non seulement la perception de quelques fonctions de leur organisme, mais le pouvoir de les diriger et de les régler en une certaine mesure : ainsi la respiration, habituellement involontaire, peut être volontairement accélérée ou retardée : ainsi, divers auteurs signalent des individus doués du pouvoir de suspendre à volonté, pendant un certain temps, le mouvement du cœur, etc.

Il est donc vrai que, dans une certaine mesure, les actes vitaux sont conscients et libres. Et quand le vitalisme de Montpellier, dans le premier argument qu'il élève contre nous, suppose le contraire, il énonce et suppose comme faux un fait vrai ; de même qu'en supposant, comme nous le lui avons vu faire, qu'un agent conscient et libre ne peut produire que des opérations conscientes et libres, il suppose comme vrai un principe faux. La première objection n'est donc pas concluante.

La seconde l'est encore moins.

« On tombe dans un ontologisme regrettable et contraire aux faits, quand on admet dans tous les actes vitaux une appropriation libre et intelligente vers un but toujours heureux ², » etc.

1. M. Peisse, cité par M. F. Bouillier, p. 437.
2. Francisque Bouillier, p. 379.

A qui s'adressent ces paroles? Qui peuvent-elles atteindre? Sthal et Claude Perrault, qui croient et soutiennent que l'action de l'âme sur le corps ne peut être qu'intelligente et volontaire. Leur animisme exagéré tombe, je l'avoue, sous cette objection. Mais l'animisme de Claude Perrault et de Sthal n'est pas celui de saint Augustin, d'Albert le Grand et de saint Thomas [1], l'animisme que nous défendons. Quand nous disons, en effet, que l'âme est le principe vital, on a pu le comprendre d'après ce qui précède, nous n'entendons pas l'âme, l'esprit, en tant que faisant acte d'intelligence ou de volonté libre; nous entendons l'âme en tant qu'elle est une force active, capable de dominer, de gouverner la matière et ses forces, et qu'elle est douée d'énergies multiples autres que celles de l'entendement et du vouloir libre. Suivant nous, l'âme, en sa qualité de forme supérieure, possède éminemment les puissances des forces inférieures, et, le cas donné, produit des effets tels que les produisent, et comme les produisent, ces formes isolées. Ainsi l'âme, comme force vitale, agit, construit et conserve le corps, *instinctivement*, « comme l'abeille fait sa cellule et son miel. Où en serions-nous, si la formation et le jeu de l'organisme, si la vie dépendaient de notre science et de notre vigilance [2]? » La seconde objection du vitalisme de Montpellier ne

---

1. *Le Principe vital et l'Âme pensante*, chapitres VII, VIII et IX.
2. *Ibidem*, p. 389.

fait donc rien à notre doctrine. Elle ne nous regarde pas.

La troisième nous regarde, il est vrai, mais elle ne nous atteint pas d'avantage.

« Le principe de la pensée a une existence indépendante de la matière, et il survit au corps qu'il anime. Le principe de la vie, au contraire, meurt à son heure et ne peut pas être conçu en dehors de l'agrégat matériel auquel il préside. »

L'on va voir cette difficulté s'évanouir, avec deux petites distinctions : Le principe de la vie, dites-vous, meurt à son heure. — Je distingue : le principe vital, qui n'est que principe de vie organique, qui ne peut agir que dans la matière et avec la matière, celui-là meurt à son heure, je l'accorde : le principe vital, qui n'est pas que principe de vie organique, mais qui est en même temps principe de vie intellectuelle, qui n'agit pas seulement dans la matière et avec la matière, mais agit sans la matière et hors de la matière, ce principe meurt à son heure, je le nie. Or, l'âme raisonnable est justement ce principe qui, outre la vie, produit encore la pensée, et par conséquent agit, et par conséquent peut exister sans le corps, et hors du corps.

L'objection ajoute, il est vrai, que « le principe de vie ne peut pas être conçu en dehors de l'agrégat matériel auquel il préside ». A quoi je réponds encore par le *distinguo*, aussi simplement et aussi facilement que tout à l'heure : Le principe vital ne peut pas être conçu en dehors de l'agrégat matériel auquel il préside : il ne peut pas être conçu comme exerçant *en acte* ses fonctions de principe vital en dehors de l'agrégat matériel auquel il préside : rien n'est plus vrai. Il ne peut pas être conçu comme exerçant *en puissance*, ou gardant le pouvoir d'exercer ses fonctions en dehors de l'agrégat matériel auquel il préside : c'est faux. Ainsi un président de chambre ne peut être conçu, comme président *en acte*, mais se conçoit très bien, comme gardant *le pouvoir* de présider, quand la Chambre est en vacances. Par où l'on voit que cette troisième objection n'est pas plus embarrassante que les deux précédentes.

La quatrième et dernière nous embarrasserait un peu plus.

Par bonheur, les Vitalistes, qui nous l'opposent, ont à la résoudre tout comme nous :

« En outre, cette divisibilité de la vie, cette vie particulière des éléments de l'ensemble, dont nous avons parlé, sont bien difficilement conciliables avec la notion de l'âme. »

Je dis que les Vitalistes ont à résoudre cette difficulté tout comme nous ; car, avec autant de force que nous, ils proclament et soutiennent l'unité de la vie et du principe vital dans les vivants. Mais je m'empresse d'ajouter qu'ils se débarrassent fort bien de l'objection, et que l'éminent professeur qui tout à l'heure la formulait contre nous en a fourni lui-même une solution très satisfaisante :

« *Chaque individu vivant est un ;* mais la vie peut se multiplier, et les êtres nouveaux auxquels *elle donne naissance* constituent toujours des individus. Dans un organisme vivant très compliqué, dans l'homme même, toutes ces parties sont vivantes ; les granulations moléculaires sont vivantes, et peuvent vivre indépendamment. Mais la *possibilité* de l'existence indépendante de ces parties *n'empêche nullement l'unité du tout.*

« *Dans l'être vivant, ces existences isolées ne sont plus indépendantes, elles sont absorbées dans la grande unité de l'ensemble.*

« Vous le voyez, la formule de Wirchow : L'homme est une somme d'unités vitales, *est fausse, si on la prend dans son sens absolu. La vie est une ; dès qu'elle n'est plus une, elle n'existe plus.* Mais cela n'empêche pas qu'elle *puisse* se diviser. Seulement, dès qu'elle se divise, elle se multiplie par là même. *Il y a toujours autant de vies qu'il y a d'unités.*

Après la division du tout, ce sont les parties qui ont pris naissance qui vivent, *puisqu'elles sont unes* [1]. »

La vie, bien que multiple en puissance, est une en acte. Donc le principe vital, cause radicale et première de l'unité de la vie, doit être un et simple. Cette condition n'est-elle pas admirablement remplie par l'âme raisonnable ?

Les objections du vitalisme de Montpellier,

---

1. *Traité pratique des maladies du système nerveux*, p. 8.

alors même que quelqu'une serait décisive contre l'animisme de Sthal et surtout de Claude Perrault, ne peuvent donc rien contre l'animisme des Pères de l'Église et des docteurs scolastiques, qui est le nôtre. Que le vitalisme de Montpellier ne s'obstine donc point à combattre notre doctrine. Il ne pourrait qu'y compromettre la vérité, et sa gloire. Sa gloire, et elle est grande, à coup sûr, est d'avoir compris et d'avoir soutenu, avec une science et une constance également admirables, que ni la chimie ni la physique ne peuvent expliquer la vie : qu'il y mette le comble en proclamant et en soutenant, avec le même succès, que l'âme raisonnable est, en nous, le principe de la vie, tout comme de la perception sensible et de la pensée. [1]

1. Note qui ne s'adresse qu'aux lecteurs catholiques :
L'on a quelquefois opposé aux Vitalistes la sentence où le VIII° concile œcuménique condamne l'erreur d'Apollinaire et de Photius, qui admettaient deux âmes dans l'homme. Mais les Vitalistes échappent facilement à cet anathème en disant, ce qui est vrai, qu'ils n'affirment nullement que le principe vital soit une âme. « Le principe vital de l'homme, dit Barthez, doit être conçu par des idées distinctes de celles qu'on a des attributs du corps et de l'âme. Voilà tout. » (Dr Grasset, p. 11.) Mais que les Vitalistes, la plupart catholiques convaincus autant que savants distingués, me permettent d'attirer leur attention sur ces graves paroles de Pie IX, dans le Bref contre Baltzer, qu'il adressait le 30 avril 1860 à l'évêque de Breslau : « *Notatum praeterea est Baltzerum, in illo suo libello, cùm omnem controversiam ad hoc revocasset, sit ne corporis vitæ principium proprium, ab animâ rationali re ipsa discretum, eô temeritatis progressum esse, ut oppositam sententiam et appellaret hæreticam et pro tali habendam esse, multis verbis argueret. Quod quidem non possumus non vehementer improbare considerantes* HANC SENTENTIAM, QUÆ UNUM IN HOMINE PONIT VITÆ PRINCIPIUM ANIMAM SCILICET RATIONALEM,

Mais il est grand temps de conclure ce long et laborieux chapitre. Nous devions y répondre à deux questions : 1° La vie organique, dans l'homme, suppose-t-elle l'existence d'un principe d'ordre supérieur aux forces physiques et chimiques ? 2° Ce principe, supposé qu'il doive être admis, est-il autre que l'âme raisonnable ?

Nous avons répondu affirmativement à la première question, et négativement à la seconde.

Appuyés sur l'expérience vulgaire, Aristote et les Scolastiques disaient : ce qui se nourrit, s'accroît et engendre, porte dans sa nature un principe supérieur à toutes les forces et propriétés de la matière brute. Au fond, nous n'avons pas dit autre chose ; mais l'observation scientifique et la théorie cellulaire des savants modernes nous ont permis de présenter cette preuve sous un nouveau jour et avec une nouvelle force. La science moderne, qui a mis davantage en évidence, par une observation plus rigoureuse et plus pénétrante, l'unité de la vie, nous a aussi fourni le moyen d'établir sur une base plus large l'argument qui démontre qu'en l'homme, l'âme raisonnable et le principe vital ne font qu'un.

L'on a, du reste, bien compris en quel sens nous soutenons le vitalisme et l'animisme. De

A QUA CORPUS QUOQUE ET MOTUM ET VITAM OMNEM ET SENSUM ACCIPIAT, in *Dei Ecclesia esse communissimam, atque Doctoribus plerisque, et probatissimis quidem maxime,* CUM ECCLESIÆ DOGMATE ITA VIDERI CONJUNCTAM, UT HUJUS SIT LEGITIMA SOLAQUE VERA INTERPRETATIO, NEC PROINDE SINE ERRORE IN FIDE POSSIT NEGARI. »

tout ce que nous en avons dit, il ressort assez clairement qu'il faut être Vitaliste et Animiste, mais pas sans restriction.

Il faut être Vitaliste, en ce sens que l'on ne doit pas vouloir expliquer la vie par le jeu ou la simple combinaison des forces physico-chimiques, mais non pas en ce sens que l'on reconnaisse un antagonisme entre le principe vital et ces forces, qui lui servent au contraire d'instruments : pas en ce sens non plus que le principe vital, dans l'homme, soit réellement distinct de l'âme raisonnable.

Il faut être Animiste : c'est-à-dire reconnaître que l'âme intelligente nous est réellement principe de vie organique; mais il ne faut pas être Animiste jusqu'au point de soutenir que l'âme forme et organise le corps, en faisant acte d'intelligence et de vouloir délibéré.

Le vitalisme et l'animisme sans restriction sont deux erreurs.

Ramenés aux termes où ils sont réduits par la philosophie des écoles du moyen-âge et par la science moderne la plus autorisée, ils expriment une vérité de tous points conforme à l'observation scientifique, au témoignage de la conscience et aux principes rationnels.

CHAPITRE CINQUIÈME

L'UNION DE L'AME ET DU CORPS.

SOMMAIRE. — L'âme raisonnable est la forme substantielle, l'unique forme substantielle, du corps humain. — Conséquences de cette doctrine.

Comment notre âme est-elle unie à notre corps? Comment l'esprit et la matière se mêlent-ils dans l'homme? Ce problème, que vous vous êtes sans doute souvent posé, est celui que nous devons résoudre à cette heure. Cicéron, dans ses *Tusculanes*, écrivait, à propos de cette question : « Quand je médite sur la nature de l'esprit, ce que je conçois le plus difficilement et ce qui me laisse le plus d'obscurité, ce n'est pas l'état de l'âme échappée de son corps et pénétrant dans le ciel immense comme dans sa vraie demeure, c'est son existence dans la prison du corps, *multo difficilior cogitatio multoque obscurior*[1]. » C'est assez dire que nous abordons un sujet tant soit peu ardu. Toutefois, avant de rencontrer le point où nous attend

1. Livre Ier.

la difficulté la plus subtile, nous avons à parcourir un terrain pas mal étendu qui ne nous offre point d'obstacles sérieux ; et si je ne puis prétendre à faire un jour complet sur un tel sujet, je puis du moins promettre de l'entourer d'assez de lumière, pour que l'application d'esprit et l'effort d'attention qu'il exige par endroits ne soient pas sans dédommagement.

Je rechercherai d'abord le mode d'union de l'âme et du corps, et j'exposerai ensuite les principales conséquences qui en découlent.

Vous connaissez la pensée de Platon sur la manière dont l'âme et le corps sont unis. D'après lui, l'âme est, dans le corps, comme le pilote dans sa barque, le cavalier sur son cheval, le cocher sur son char ; elle est au corps ce qu'est l'homme à son habit, et le musicien à sa lyre ; ou encore, pour rappeler la comparaison originale que nous trouvons dans le *Premier Alcibiade*, ce qu'est le cordonnier à son tranchet ; car, « comme le cordonnier se sert de son tranchet, ainsi l'âme se sert de son corps. » C'est cette idée de Platon qui semble avoir inspiré à M. de Bonald sa définition de l'homme : « Une intelligence servie par des organes [1]. »

---

[1]. Le B. Albert le Grand avait déjà dit : « Difficultas hujus quæstionis compulit Platonem dicere, quod homo non est compositus ex corpore et anima, *sed est anima utens corpore.* »
Summa theologica, pars II, quæstio LXXVII, membrum I.

Il faut avouer que cette conception est simple et fort claire ; mais, malheureusement, elle ne s'accorde point assez avec la réalité. Dire, en effet, que l'âme est unie au corps comme le pilote à sa barque ou le musicien à sa lyre, ou, d'une façon générale, comme le moteur au mobile, l'instrument à celui qui le manie, c'est parler en poète disant ce qu'il imagine, et non pas en philosophe exprimant ce qui est.

Où s'est-il jamais vu, en effet, que le mobile dépende de son moteur, et l'instrument de celui qui s'en sert, au point d'être engendré par l'action soit du moteur, soit de l'ouvrier, et de cesser d'être quand finit cette action? Ma plume est l'instrument dont je me sers pour écrire ; mais en prenant ma plume et en écrivant, je ne fais pas que ma plume existe ; et ma plume ne cesse pas non plus d'exister quand je cesse d'écrire. C'est que l'instrument a une existence indépendante de celui qui l'emploie : « *Cum non dependeat mobile a motore secundum esse, sed secundum moveri tantum*[1]. » Or, le corps humain n'a pas une existence indépendante de l'âme. L'âme, en effet, est son principe vital, nous l'avons vu ; et, quand elle le quitte, il tombe en décomposition et rentre dans le monde inorganique. Le corps humain n'est donc pas seulement à l'âme un instrument ; il existe entre eux deux une union plus intime qu'entre le musicien et la lyre, le cordonnier et son tranchet.

1. *Somme contre les Gentils*, livre II, chapitre LVII.

Quelle sera donc cette union plus intime? Je dis que ce doit être d'abord une union *personnelle*. Je m'explique. Il existe une union personnelle entre deux substances, quand ces deux substances sont unies de telle sorte que tout ce qu'elles font l'une et l'autre, et tout ce qui arrive à l'une et à l'autre, se rapporte à un même sujet ou s'affirme d'un même sujet. Or, rien de plus manifeste que tout ce que font le corps et l'âme dans l'homme, aussi bien que tout ce qui leur arrive à l'un et à l'autre, est rapporté à un même sujet et affirmé d'un même sujet, je veux dire le *moi humain*. La chose va vous paraître évidente tout de suite, pour peu que vous interrogiez votre expérience personnelle. Vous pensez, et à chaque instant vous posez des actes de volonté délibérée. La pensée et le vouloir libre sont des actes de l'âme, sans doute. Ne dites-vous pas, à propos de ces actes : *je* pense, *je* veux? Oui, bien sûr. Ce disant, vous affirmez de votre moi deux opérations qui n'appartiennent qu'à l'âme. Mais vous ne faites pas que penser et vouloir; vous prenez des aliments, vous êtes bien portant, vous devenez malade, vous vous tenez debout, vous êtes assis, vous faites une chute — *quod absit :* voilà des actions, ou des états, ou des événements qui sont bien du corps. Or, comment en parlez-vous? Ne dites-vous pas : *Je* me nourris, *je* suis bien portant, *je* suis malade, *je* me tiens debout, *je* suis assis, *je* tombe? C'est-à-dire que vous affirmez de *votre* moi les actes ou événements de *votre* corps, tout comme vous affirmez de votre moi les actes ou événements de votre âme. Les actes et événements du corps et de l'âme, dans l'homme, se rapportent donc bien à un même sujet, sont donc bien affirmés d'un même sujet, *le moi*. En conséquence, il faut dire que le corps et l'âme, dans l'homme, sont unis dans une unité de personne.

Cela nous suffira-t-il, et ne peut-on supposer qu'il existe entre les deux parties du composé humain une union plus étroite encore que l'union personnelle ? — Il est d'abord certain qu'à parler en général, on peut concevoir un mode d'union autre que l'union de personnalité, à savoir l'union substantielle. Deux choses sont dites unies substantiellement, quand elles se joignent et se mêlent si intimement que, de leur union, résulte, non pas seulement l'unité de personne, telle que nous l'expliquions tout à l'heure, mais encore l'unité de nature. Mais en prononçant ce mot de nature j'emploie un terme obscur, et qu'il me faut expliquer. Par nature donc, l'on entend ce fond de réalité par lequel chaque être est constitué, et d'où naît dans chaque être l'ensemble de propriétés et d'opérations qui le caractérisent et le rangent dans son espèce propre. Par où vous voyez que nature dit la même chose qu'essence, avec cette simple différence que nature signifie l'essence, non pas seulement en tant qu'elle fait ou qu'elle constitue l'être ce qu'il est, mais en tant qu'elle est en lui source de propriétés et d'opérations. D'après cela, pour que deux choses soient unies substantiellement, il faut qu'elles se pénètrent et se mêlent de telle sorte, qu'elles ne forment qu'une seule essence, et constituent un seul et unique principe intrinsèque d'opérations et de propriétés.

Or, c'est précisément de cette manière que l'âme et le corps sont unis dans l'homme. Je le prouve d'abord par ce fait, que l'homme a la vie organique.

Nous avons établi, dans notre précédent chapitre, que l'homme vit de la vie organique, et que l'âme intellectuelle est en lui le principe de cette vie. Mais vous souvenez-vous que, avec Bichat et Claude Bernard, nous avons dû admettre de plus que le principe de vie est non pas extérieur mais immanent à la matière organisée? Le propre des vivants est de porter en eux-mêmes le principe d'une évolution immanente. C'est la formule de Cl. Bernard; et, en l'entendant, je crois entendre saint Thomas. L'immanence de l'action, en effet, ou la propriété qu'ont les êtres vivants de se perfectionner eux-mêmes, de faire concourir leur activité propre, aussi bien que les êtres qui les entourent, à leur développement et à l'éploiement parfait des possibilités qu'ils renferment, tel est bien le caractère spécial que le saint Docteur assigne partout aux vivants, et ce qui constitue à ses yeux leur prééminence sur les êtres inorganiques. Car c'est l'emporter en dignité sur les corps bruts, que d'être à soi-même et à ce qui entoure, centre et terme d'activité ; c'est reproduire une forme spéciale de la perfection absolue, c'est posséder avec Dieu un trait particulier de ressemblance.

Mais, si vivre consiste à se perfectionner *soi-même*, à être le terme de sa propre activité, et si, par ailleurs, le corps humain ne vit que par l'âme raisonnable, il est clair que le corps humain ne vit que parce qu'il est uni avec l'âme, de manière à ne constituer qu'une seule nature, qu'un seul principe d'opération, qu'une seule substance.

Saint Thomas démontre la même thèse par un argument plus facile encore, à saisir, et qu'il tire de la nature de nos sensations.

« Il est impossible, dit le Docteur angélique, que, les agents différant quant à l'être, leur opération soit une : impossible qu'elle soit une, non pas quant au terme où aboutit l'action, mais quant à la manière dont elle sort de l'agent qui la pose. Que plusieurs personnes, en effet, tirent ensemble une barque, l'action est une par rapport au résultat obtenu, qui est un : mais du côté de ceux qui tirent la barque, les actions sont *multiples*, parce que divers sont les efforts de ceux qui tirent. Car, comme l'action suit la forme et la puissance, il faut que les êtres qui ont des formes et des puissances diverses aient aussi des actions diverses. Or,

17

quoique l'âme ait, propre à elle, quelque opération où le corps n'a pas de part, comme de penser, il y a cependant des opérations qui sont communes à elle et au corps, comme de craindre, de s'irriter, de sentir le froid ou la chaleur, etc.; car ces choses arrivent selon un certain ébranlement de quelque partie déterminée du corps. Il est donc nécessaire que du corps et de l'âme résulte quelque chose d'un (de substantiellement un), et qu'ils ne soient pas divers quant à l'être [1]. »

Ce raisonnement s'appuie sur un fait et sur un principe également évidents. Le fait, c'est que le corps et l'âme, et non pas l'âme seulement, sont le sujet de la perception sensible. Si j'étends la main sur une table, en effet, la sensation tactile affecte bien manifestement une partie déterminée de mon corps, et a cette partie de mon corps pour sujet et pour organe. Le fait est évident à la conscience. Mais ce principe n'est pas moins évident à la raison : qu'une action ne peut être une à son origine, si elle ne procède d'un principe unique, c'est-à-dire d'une nature ou d'une substance une, et au moins indivise si elle n'est pas indivisible. Où il y a deux sources, en effet, il faut, par nécessité, qu'il y ait deux ruisseaux, ne serait-ce que pendant un instant, l'instant originaire, si je puis m'exprimer ainsi.

Mais l'unité substantielle de l'homme ne se prouve pas seulement par la vie organique et par

---

1. *Somme contre les Gentils*, livre II, chapitre LVII.

la sensation, elle apparaît manifeste, jusque dans les conditions qui accompagnent la pensée.

Comme nous l'avons démontré dans un autre chapitre [1], et comme le répétait tout à l'heure saint Thomas, la pensée proprement dite, c'est-à-dire la perception de l'immatériel, ne peut être le fait d'aucune activité ou puissance organique. L'âme humaine, en tant que puissance intelligente, ne peut donc être immanente au corps, mais le dépasse. Si l'homme n'est qu'un agrégat de deux substances, au lieu d'être une substance, sa dualité doit paraître surtout à cet endroit où l'âme, émergée pour ainsi dire du corps, produit un acte où le corps ne peut rien directement. Eh bien ! à ce moment-là même, ce n'est point la dualité, mais l'unité de substance qui éclate de la façon la plus inattendue.

Saint Thomas avait déjà remarqué que les sentiments les plus spirituels que l'homme puisse éprouver ont un retentissement jusque dans son existence organique ; et, de ce phénomène, il inférait, avec raison, l'unité de substance dans l'homme [2]. Mais saint Thomas, malgré tout son génie, ne pouvait pas développer cette preuve, ni la mettre en lumière comme nous le pouvons aujourd'hui, grâce aux découvertes de la physiologie ; et, je le dis avec bonheur, — car ce nous est une nouvelle preuve que Dieu ne permet l'erreur

1. Chapitre troisième.
2. *Q. De Verit.*, XXVI. *De Passionib. Anim.*, art. 10.

que pour la faire servir au triomphe de la vérité, — grâce particulièrement aux observations et aux démonstrations fort habiles et fort concluantes, en ce point, des Matérialistes.

Moleschott, dans son *Kreislauf des Lebens*, a, sur ce sujet, des détails fort curieux, dont j'ai déjà parlé ailleurs en faisant l'histoire du matérialisme, et sur lesquels je dois revenir un instant pour établir la base de mon argumentation.

La pensée, dit Moleschott, « fait sentir profondément son influence dans les états matériels du corps... Comme chacun sait, c'est dans les nerfs que se passent les phénomènes qui produisent le plus souvent le raccourcissement des fibres musculaires, et, par conséquent, le mouvement ; en outre, les nerfs sont les organes de la sensation dans le corps. Les impressions que le monde extérieur fait sur nos sens sont conduites par les nerfs à la moelle et au cerveau sous forme de sensations, dans l'acception la plus large du mot. Ces impressions arrivent à la conscience, dans le cerveau. Les excitations qui frappent les nerfs à la périphérie du corps ne sont perçues que lorsque les nerfs les ont conduites au cerveau.

« Or, une découverte, que nous devons à Du Bois-Reymond, montre qu'il existe dans tous les nerfs un courant électrique. Cette découverte, incontestablement une des plus grandes que notre siècle ait faites dans le domaine de la physiologie, nous permet de constater, entre la pensée et les phénomènes matériels qui se passent en nous, d'étonnants rapports. Du Bois-Reymond, en effet, a poussé sa célèbre découverte jusqu'à montrer que toute activité des nerfs qui se manifeste, soit dans le muscle à titre de mouvement, soit dans le cerveau à titre de sensations (ou de pensée), est accompagnée d'une modification du courant électrique du nerf. D'après des recherches aussi ingénieusement conçues que solidement et heureusement conduites, au moment même où le mouvement, ou la sensation, ou la pensée se produisent, le courant du nerf subit une diminution d'intensité [1]. »

Voilà déjà un premier fait très curieux : vous pensez, et par le seul fait que vous pensez, il y a tel ou tel point de la couche corticale de votre cerveau, qui est sollicité, et une partie quelconque de votre système nerveux, dont le courant électrique diminue d'intensité. Mais ce fait curieux va être suivi d'un autre qui ne le sera pas moins.

« Le courant électrique, reprend Moleschott, opère partout une transformation chimique du conducteur humide qu'il traverse ; le courant électrique est même en état de décomposer l'eau, c'est-à-dire une combinaison où les corps simples, l'hydrogène et l'oxygène, les contrastes les plus tranchés, sont combinés intimement. Il en résulte qu'une modification chimique doit marcher de front, dans les nerfs, avec le courant électrique. A

[1] P. 153.

toute altération dans le courant électrique, doit correspondre une modification matérielle dans les nerfs... Tous les phénomènes de sensation et de mouvement s'accompagnent d'une augmentation ou d'une diminution du courant nerveux, et, par suite aussi, d'une transformation chimique de la matière nerveuse [1]. »

Voilà le second fait : vous pensez, et, à l'instant, il s'opère toute une série d'opérations et de transformations chimiques dans votre cerveau, dans vos nerfs.

Ajoutons une troisième observation : « A la suite d'un travail intellectuel soutenu, dit encore Moleschott, nous sentons la faim et, pendant ce travail, ainsi que Davy et Von Barensprung le rapportent, la chaleur propre éprouve une élévation. On ne peut expliquer ces faits que par l'accélération de l'échange des matières. La faim est un signe certain d'un appauvrissement du sang et des tissus, d'une altération de la composition matérielle qui se propage dans les nerfs jusqu'au cerveau, à titre de sensation. Cet appauvrissement ne vient que de l'élimination augmentée, et, en particulier, d'un accroissement de la quantité d'acide carbonique expiré. En conséquence, il faut que la combustion soit augmentée dans le corps. L'élévation de la chaleur propre pendant le travail de la pensée est l'épreuve qui confirme la justesse de notre opinion, quand nous rapportons l'ac-

[1]. P. 154.

croissement des pertes du corps à l'activité cérébrale[1]. »

Donc, troisième fait : la pensée détermine des transformations chimiques non pas seulement dans le cerveau, ou, en général, dans les nerfs; mais dans tout le corps.

Je pourrais rapporter un grand nombre d'observations semblables, je pourrais même, entrant dans un ordre de considérations plus hardies et qui ne seraient pas moins fondées, montrer que, si la pensée influe sur les compositions ou décompositions chimiques dans nos organes, les vicissitudes ou transformations chimiques qui surviennent et sont produites en nous, par des causes autres que l'activité intellectuelle ne sont pas, à leur tour, sans une certaine influence sur la pensée. Mais, comme en ce moment je ne fais pas œuvre de physiologiste mais de philosophe, et que les trois faits que je viens de citer fournissent une base assez solide à l'argumentation que je veux faire, je m'en contente et je raisonne de la sorte :

C'est donc une vérité démontrée scientifiquement, que des phénomènes de l'ordre spirituel le mieux caractérisé, les plus hautes spéculations sur la nature et les attributs de Dieu, par exemple, ne se produisent point sans déterminer, non pas seulement dans la partie sensitive, non pas même seulement dans la partie organique, autrement

1. P. 156.

dit végétative de notre être, *mais jusque dans les profondeurs de notre structure chimique*, les transformations et les vicissitudes les plus étranges [1]. Quand la pensée brille au plus haut sommet de notre telligence, la matière, en nous, s'émeut et se modifie jusque dans sa constitution intime, jusque dans ses derniers éléments, puisque le phénomène intellectuel les détermine à entrer dans des combinaisons nouvelles. Ne voyez-vous pas là une confirmation éclatante de cette thèse, que l'âme intelligente n'assiste pas et ne dirige pas seulement le corps, mais entre en composition avec lui, de telle sorte que des deux il résulte un composé substantiel, qui soit une seule nature et un principe *radical* unique d'opérations? Si l'âme intelligente est une substance, et le corps une autre substance, si notre âme et notre corps, cela fait deux natures, comment expliquer que, l'âme pensant, le corps s'en émeuve, et qu'un acte s'accomplissant dans une intelligence qui de soi serait *principe radical complet* d'opération retentisse, à travers la sensibilité et toute la vie organique, jusque dans les réalités les plus humbles de notre existence matérielle? Non seulement donc la vie et la sensa-

---

[1]. La question de savoir si, dès cette vie, nous pensons quelquefois sans images, n'est point en cause ici; car la pensée pourrait exercer une influence sur notre sensibilité, alors même que l'imagination ne fournirait pas d'images distinctes à l'âme, au moment où elle pense. (V. le B. Albert le Grand, *de Anima*, liv. III, tractat. II, cap. VIII.)

tion, mais la pensée elle-même nous fournit une preuve que l'âme et le corps, dans l'homme, sont unis substantiellement, forment une nature, une substance unique[1].

Nous sommes de la sorte arrivés à nous convaincre que l'homme est tout ensemble une seule personne et une seule nature, nature ou substance composée, il est vrai, mais qui n'en est pas moins une. L'homme n'est pas deux êtres, mais un seul être ; il n'est ni un corps seulement, ni une âme seulement, mais le résultat des deux : *l'homme est un corps animé, ou une âme incorporée*. Soit, mais nous ne sommes pas parvenus au bout de notre tâche, pour avoir montré que l'âme et le corps s'unissent en nous de manière à constituer une seule personne et une seule nature ; car il reste encore à dire comment deux réalités, si différentes que le sont l'esprit et la matière, peuvent s'unir si intimement, « *anima non tantum dynamice sed entitative unitur corpori* », et dans quelles relations précises elles se trouvent, l'une par rapport à l'autre.

Vous sentez bien que nous approchons du point difficile dont je vous parlais en commençant. Le moyen, direz-vous après beaucoup d'autres, d'unir une âme et un corps, de la matière et de l'esprit ? — Il est bien vrai qu'une telle union est merveilleuse, et que nous ne saurions entièrement en

[1]. Cfr. *Quæst. de Verit.*, XXVI. *De Passionibus Animæ*, art. 10. — Alexandre Bain, *L'Esprit et le Corps*, chap. II et III.

pénétrer le secret. Toutefois, ce n'est pas, si je ne me trompe, à concevoir comment l'inétendu, le simple peut se joindre avec l'étendu et le multiple, que se trouve la plus grande difficulté en cette partie de la psychologie ; et je ne désespère pas encore, en vous faisant part de certaines observations, de placer ce problème dans ce demi-jour, dans cette demi-lumière, dont la science humaine est obligée de se contenter, hélas ! trop souvent.

Remarquez d'abord que votre difficulté n'existe en aucune façon, pour un assez grand nombre de philosophes, et pour un nombre bien plus considérable de savants. Leibnitz, Boscowich, Kant, parmi les philosophes, et, parmi les savants, Faraday, Dumas, Berthelot, Tyndal, Joule, Clausius, Growe et beaucoup d'autres, n'en sont nullement embarrassés. Tous ces auteurs, en effet, sous une forme ou sous une autre, admettent le dynamisme, et enseignent, par conséquent, que toutes les propriétés sensibles de la matière se ramènent rationnellement à des propriétés mathématiques, et que, en dernière et rigoureuse analyse, la matière tout entière se résout, sans résidu, en un assemblage de centres dynamiques ; de telle sorte que les corps ne sont plus autre chose que des composés de forces simples, de forces inétendues.

S'il en est ainsi, s'il est vrai, comme ces auteurs l'affirment, que la matière a pour élément constitutif la force pure, la force simple, indivisible ;

l'union de l'âme et du corps n'est plus que l'union d'une force à d'autres forces, comme l'âme inétendues, simples, indivisibles, et ne différant d'elle que par le degré de perfection. La difficulté de l'union, que l'on tirait de la dissemblance ou de l'opposition des deux natures à unir, ne subsiste plus.

Les Dynamistes se tirent donc fort aisément d'affaire, à cet endroit difficile de la psychologie. Mais la vérité m'oblige à dire que je n'ai pas le droit de me prévaloir ni de me servir de cette solution si commode des Dynamistes, par ce motif que le dynamisme supprimant l'étendue réelle et la réduisant à un simple phénomène, je regarde ce système sur la constitution des corps comme essentiellement faux.

Je tiens que les corps sont réellement étendus et divisibles, que l'âme, au contraire, est inétendue et simple, quitte à être obligé de résoudre un problème de plus que les philosophes qui pensent autrement.

Du reste, je le répète, le problème n'est pas si complètement insoluble qu'on se l'imagine parfois. Vous allez en juger :

Parmi les principes que saint Thomas invoque pour résoudre les diverses questions qu'il aborde, soit en théologie, soit en philosophie, il en est un auquel il se réfère souvent et dont nous avons déjà parlé ; c'est celui-ci : ce qui de soi est divisible et multiple, ne peut être ramené à l'unité et n'y peut être maintenu que par une réalité de soi simple et indivisible. Ce principe, pour peu qu'on en pèse les termes, apparaît de la plus évidente vérité. Si quelque chose d'un, de substantiellement un, se fait avec des éléments *multiples*, c'est qu'au milieu de ces éléments multiples il s'est introduit un principe d'unité ; car l'*un* ne se fait pas avec du *plusieurs*, et si l'un se faisait rien qu'avec du multiple, nous aurions manifestement un effet sans cause proportionnée. Là donc où de plusieurs êtres il se fait un seul être, il faut admettre un principe d'unité. Mais si de plusieurs êtres il se fait un seul être, il faut un principe d'unité intrinsèque à l'être constitué. Il n'y a, en effet, qu'une manière de faire de plusieurs êtres un seul être : c'est qu'une seule et même réalité, les pénétrant tous dans leur fonds le plus intime, se communique à tous et à chacun, de telle sorte que tous participent de sa nature et existent de son existence. Si, en effet, nous supposons que le principe d'unité ne prend les êtres constituants ou intégrants que par le dehors, ne fait que les disposer et les ordonner d'une certaine façon, tous ces êtres ne deviendront pas substantiellement un, mais ne seront un que d'une unité de groupement ou d'ordre, un comme un tas de sable ou de pavés. Si donc, comme c'est notre hypothèse, de plusieurs réalités il se fait un seul être substantiellement un, cela ne peut avoir lieu sans un principe intrinsèque d'unité. J'ajoute que ce principe intrinsèque d'unité ne peut être qu'une réalité simple et inétendue, par conséquent indivisible. Cela suit nécessairement de ce que je viens de dire ; car si ce principe intrinsèque d'unité n'était pas inétendu et simple, comment pourrait-il pénétrer les êtres qu'il doit unir? s'il était multiple, comment pourrait-il les unifier ?

Vous comprenez maintenant, je le pense, le sens et la portée de ce principe : ce qui de soi est multiple et divisible n'est ramené à l'unité et n'y est maintenu que par un principe d'unité.

Mais vous devez voir par là même que l'un et le multiple, le simple et le divisible, tout en offrant des concepts divers et même contraires, ne se repoussent pas tellement qu'on pourrait le croire d'abord ; puisque, d'après ce que nous venons de dire, nulle substance composée ne peut se concevoir sans un principe intrinsèque, inétendu et simple. Aussi, quand, à la clarté de ce principe, je considère notre nature humaine, l'union de l'âme immatérielle et du corps, loin de me surprendre, me paraît une chose naturelle et absolument nécessaire, pour assurer à notre corps son unité et son individualité substantielle.

Qu'est-ce que le corps humain? C'est un corps vivant. Comme corps, il est multiple, il est divisible. A le former concourent quatorze corps simples, des principes immédiats fort nombreux, enfin tous ces matériaux que nous lui voyons emprunter au dehors, et s'assimiler sous une forme ou sous une autre, et ces parties infinies dans lesquelles nous le voyons se résoudre après la mort. Mais si notre corps est multiple au point de vue des éléments dont il se forme, comme vivant il est un. L'unité, en effet, ou, comme parlent les physiologistes, l'individualité, est un des caractères propres de la vie et des vivants, et en particulier du corps humain. N'existe-t-il pas entre toutes les parties de notre organisme une correspondance parfaite? Ne travaillent-elles pas, ne s'intéressent-elles pas au bien l'une de l'autre? Et toutes ensemble ne concourent-elles pas au développement complet de l'organisme et à la réalisation la plus parfaite de toutes les formes de la vie auxquelles il peut prétendre?

Il y a donc unité et concert admirable, dans toute l'économie et le jeu de la vie organique. Mais cette unité dans l'opération n'est évidemment que le signe d'une unité plus intime, celle de l'être, celle de la substance ou de la nature d'où l'opération procède : tous ces éléments qui composent le corps humain y sont donc ramenés à l'unité d'être. Ramenés par quoi? Par un agent ou principe extérieur? Non. L'action d'un principe extérieur ne fait pas que des êtres soient unis substantiellement. Donc, par un principe intrinsèque. Mais, de quelle nature? Divisible où simple? Comment un principe étendu va-t-il pénétrer tous ces éléments du corps humain, leur communiquant à tous, une et identique, sa nature, et les

ramener tous, si nombreux et si divers, à l'unité
d'être et d'existence? S'il est multiple de soi, comment va-t-il être principe d'unité à toute cette
poussière d'éléments que l'air qui l'environne ou
le courant alimentaire lui fournit[1]?

Vous le voyez, pour expliquer l'unité substantielle de l'organisme humain, nous avons absolument besoin d'un principe inétendu, simple, indivisible. Loin donc d'être superflue ou embarrassante, quand nous nous plaçons en face du corps,
l'âme humaine nous apparaît comme un de ses
facteurs indispensables, puisqu'elle est le principe
de son unité substantielle.

Il n'est donc pas encore si difficile d'entendre
que l'âme humaine, simple et indivisible, s'unisse
dans l'homme à une réalité étendue. Ce qui se
passe en nous a lieu, en définitive, dans toute
substance corporelle. Dès que l'on admet la réalité de l'étendue, l'on ne saurait expliquer un
atome de matière sans un double principe : un
principe de multiplicité d'où l'atome tient son
étendue, un principe d'unité qui fait que l'atome,
encore qu'il soit formé de diverses parties distinctes et séparables, au moins par la pensée, est un
et non plusieurs. Saint Bonaventure ne craint
pas même d'affirmer que l'union de l'âme au corps
se conçoit mieux que l'union d'une âme à une
autre âme : *Magis est anima unibilis corpori,*

---

1. Leibnitz, *Système nouveau de la nature*, etc., 3.

quam sit una anima unibilis alteri [1]. Ce que saint Thomas explique et justifie fort bien par cette raison : que deux âmes étant l'une et l'autre un acte, une réalité complète, le corps, au contraire, une réalité potentielle et incomplète par rapport à l'âme, le corps appelle naturellement l'âme, comme le commencement appelle l'achèvement, ce qui ne se peut dire d'une âme par rapport à une autre [2]. Aussi, encore une fois, la vraie difficulté n'est pas à concevoir qu'il existe en général une union substantielle entre l'âme humaine et le corps.

Où est la vraie difficulté, je vais vous le dire : c'est à déterminer le rôle et les relations du corps et de l'âme dans cette union, ou, si vous aimez mieux, à déterminer nettement quel est l'apport fourni par l'un et par l'autre, dans la constitution substantielle de l'homme.

Dans l'homme, on peut distinguer quatre choses : l'intelligence, la sensibilité, la vie organique, enfin cette condition, cette actualité physique qui lui est commune avec tous les corps, et que l'on appelle pour cela *la corporéité*. Que l'intelligence, ou la raison, vienne de l'âme toute seule et réside en l'âme seule, sur ce sommet, si je puis ainsi m'exprimer, par où l'âme émerge au-dessus du corps, comme nous l'avons vu dans un précédent chapitre, cela se démontre

---

1. In lib. III *Sentent*. Dist. I, a. 1, q. 1, ad 5.
2. *Quæst. Disput.* q. un. *De Spirit. creat.*, a. 2, ad 10.

sans peine. Que la sensibilité et la vie viennent originairement de l'âme, tout en exigeant comme sujet complémentaire les organes, de telle sorte que les phénomènes tant de la sensibilité que de la vie ne soient ni du corps seul ni de l'âme seule, mais de l'un et de l'autre, cela encore ressort clairement de notre étude sur le principe vital. Mais la corporéité, ce fonds de nature et cet ensemble de propriétés que le corps humain, tout vivant qu'il est, a de commun avec les corps bruts et inorganiques, l'âme contribue-t-elle à le constituer en quelque chose ? En un mot, l'âme raisonnable concourt-elle à constituer le corps humain en tant que corps, tout comme elle contribue à le constituer en tant qu'il est corps vivant et corps sensible ?

C'est ici le point difficile ; et j'avoue que nous touchons là une question, je ne dirai pas insoluble, car je ne la crois pas absolument insoluble, mais où il est besoin d'une certaine vigueur de pensée ; où il faut surtout endormir son imagination, et que la raison seule, qui devra encore être de bonne trempe métaphysique, ait la parole. Voilà pourquoi en abordant ce problème je ne promets que deux choses, et ne puis promettre davantage : d'être précis, et d'être bref.

La question présente, ceux qui sont versés dans l'histoire des controverses philosophiques le savent, n'est pas autre que celle de la pluralité des formes dans un même sujet, qui a tant agité et passionné les écoles du moyen-âge.

Les Scolastiques, s'appuyant sur ce fait obvie, que les corps ont tous une propriété commune, l'étendue, et qu'ils possèdent, en outre, des propriétés particulières suivant lesquelles ils sont rangés en différentes espèces, comme l'or, le fer, l'argent, etc. ; se rappelant, d'autre part, l'axiome que la nature intime des êtres répond à leurs propriétés, enseignaient que les corps sont composés de deux principes essentiels : l'un général, indéterminé, potentiel, source première de l'étendue et de la multiplicité des parties, qu'ils appelaient la matière première ; l'autre, particulier, déterminant, actuel, source première d'unité et d'activité, qu'ils appelaient la forme. De la matière première et de la forme unies, résulte ce composé, qui est la substance corporelle ou le corps, lequel, en vertu de sa matière, est étendu, et en vertu de sa forme est un et actif [1].

Étant donc supposé que par forme substantielle l'on entend ce qui donne la détermination pre-

---

1. Leibnitz, obligé de revenir, comme il l'avoue lui-même, « après bien des méditations » à la vieille théorie aristotélicienne et scolastique, écrivait : « Il fallut donc rappeler et comme réhabiliter les *formes substantielles*, si décriées aujourd'hui, mais d'une manière qui les rendit intelligibles, et qui séparât l'usage qu'on en doit faire de l'abus qu'on en a fait. Je trouvai donc que leur nature consiste dans la force... Aristote les appelle *entéléchies premières*. Je les appelle peut-être plus intelligiblement *forces primitives*, qui ne contiennent pas seulement l'*acte* ou le complément de la possibilité, mais encore une *activité* originale. » *Système nouveau de la nature*, 3.

mière et essentielle, l'acte premier, ainsi que l'activité spécifique, à un être subsistant, tel que l'or, l'eau, le chêne, le lion, on se demandait et on se demande si, dans le même être, il peut se trouver plusieurs formes substantielles ; on se demande, en particulier, si, dans l'homme, il en existe une seule, l'âme raisonnable, ou deux, l'âme raisonnable et la forme substantielle de corporéité.

Les Scolastiques sont tous d'accord, pour affirmer que l'âme est la forme substantielle du corps humain, et tous en donnent cette raison, qui est évidente après tout ce que nous avons dit : L'âme humaine fait le corps humain, lui est principe d'unité et d'activité spécifique ; donc elle est sa forme [1]. Mais est-elle son unique forme ? C'est sur quoi l'on ne s'entendait plus, et ce que nous avons à rechercher à cette heure.

Le B. Albert le Grand, abordant la question qui nous occupe, dans un de ses principaux traités philosophiques, se déclare pour l'unité de forme et s'exprime en ces termes : Il faut bien savoir, *oportet scire*, qu'il existe un ordre, une hiérarchie telle entre les formes, que celle qui occupe le degré inférieur est comme le sujet de celle qui occupe le degré immédiatement plus élevé, la dernière étant constituée en quelque sorte comme la détermination et la différence propre de la première, ainsi que cela paraît

---

1. Saint Thomas, *Somme théolog.*, I, q. LXXVI, a. 1, et *Somme contre les Gent.*, liv. II, ch. LXVIII. — Scot, *de Rerum principio*, quest. IX, art 2., sect. II.

évidemment à qui considère ces formes qui s'appellent l'être, le vivre, le sentir et l'entendre : *Sicut patet, si consideremus has formas quæ dicuntur esse, vivere, sentire et intelligere* ; car, si l'on y prend garde, l'on verra que la simple forme substantielle est comme le sujet de la forme végétative dans le vivant, et la forme végétative le sujet de la forme sensitive, et celle-ci enfin sujet de la forme intellectuelle. Mais il est capital d'observer que la forme inférieure, quand elle se trouve unie à la forme supérieure dans un être, s'y comporte comme une pure puissance, *sicut potentia essentialis*, par rapport à son acte; d'où il suit que les deux formes pour ainsi dire additionnées ne font pas deux, mais ne font qu'un ; *proper quod hujus additio facit unum et non multa*. Aussi la forme végétative, telle qu'elle est comprise dans la forme sensitive de l'animal, étant à l'état de puissance, ne saurait-elle être l'acte et la forme substantielle d'aucun être... La forme inférieure et la forme supérieure ne font qu'un seul acte substantiel, de même que l'angle d'un carré ne fait avec le carré lui-même qu'une seule figure : *Et hæc est causa quod Aristoteles dixit, quod vegetativum est in sensitivo sicut trigonum in tetragono*. Lors même que dans la génération, la forme la plus élevée serait précédée par les formes inférieures, à la fin, ce n'est pas la pluralité mais l'unité de forme qui existe ; de même que si un objet arrive à la blancheur en passant par le brun et le gris, il n'a *pas à la fin trois formes*, je veux dire *les trois couleurs, brune, grise et blanche*, mais une forme, c'est-à-dire la seule couleur blanche : « *Sicut non sequitur... quod sint tres formæ in fine alterationis, scilicet fuscum, pallidum et album* [1]. » La conclusion qui va suivre de ces prémisses se devine d'elle-même : « Il doit en être de l'homme comme des autres êtres, *sicut in aliis, ita etiam in homine* [2]. L'âme raisonnable, suivant et résumant toutes les autres formes, doit donc plonger jusque dans la matière et dans l'être premier de la substance de son corps, *in materia et in esse primo substantiæ animandæ*, afin de porter et de communiquer directement à la matière son premier acte, l'acte substantiel, *esse primum substantiæ*, l'acte de corporéité, base et fondement de notre triple vie humaine, organique, sensitive, intellectuelle. Car si l'homme était autrement constitué, l'homme serait plusieurs et non pas un, *quia aliter homo constitutus...esset multa et non unum* [3].

---

1. *De Natura et Origine Animæ*, tractat. I, ch. IV.
2. *Ibid.*
3. J'ai tenu à citer ce passage d'Albert le Grand, pour montrer qu'il ne faut pas dire si couramment que le disent quelques-uns, que ce grand philosophe admettait la pluralité des formes dans l'homme. Comparez ce passage avec liv. I, *De anima*, tract. II, ch. XV, et liv. II, tractat. I, ch. XI, et liv. XVI, *De animalib.* — Le Bienheureux fait une belle application de sa théorie sur l'unité de forme dans l'homme, pour réfuter l'erreur d'Averroës soutenant, comme on sait, qu'il n'existait qu'un seul intellect pour tous les hommes : *Patet quod non potest esse unus intellectus, in omnibus hominibus, cum secundum esse dis-*

Comme on le voit, le B. Albert le Grand prouve l'unité de forme substantielle dans l'homme, par le même principe dont il s'est servi pour prouver que, en nous, la vie végétative, la vie sensitive et la vie intellectuelle ne procèdent pas de trois âmes, mais d'une seule : l'âme raisonnable. Il avait dit, à propos de la thèse sur l'unité de l'âme : « Une forme supérieure contient en elle-même et réalise à elle seule tout ce que renferment et tout ce que réalisent séparément les formes inférieures. Donc, à elle seule, l'âme raisonnable donne la raison suffisante de notre vie organique et de notre vie sensitive, tout comme de notre vie intellectuelle. » A propos de la thèse actuelle, il invoque absolument le même principe et conclut semblablement : Donc, l'âme raisonnable, à elle seule, donne la raison suffisante de notre corporéité, tout comme des trois vies qui sont en nous. C'est bien elle seule qui nous donne « ESSE, *vivere, sentire, intelligere.* » Ayant eu l'occasion, dans notre étude sur le *Principe vital*, d'expliquer et de justifier l'argument, et devant y revenir encore bientôt, nous n'y insisterons pas davantage pour le moment.

---

tinguatur per vegetativum et sensitivum, cum quibus est una et eadem substantia (cap. v). Le principe de la vie raisonnable, le principe de la vie végétative et le principe de la vie sensitive ne sont *qu'un seul et même acte substantiel,* une seule forme dans l'homme. Or, de l'aveu d'Averroès, il existe autant de principes de vie sensitive et de vie végétative que d'individus humains. Donc il existe aussi autant d'intellects ou d'âmes raisonnables que d'individus. L'argument est sans réplique.

Mais Albert le Grand insinue une nouvelle preuve, quand il dit, à la fin du passage que nous avons rapporté : « Si l'homme n'était pas constitué par une seule forme substantielle, il serait plusieurs, et non pas un, *esset multa et non unum*. » Cette preuve demande à être éclaircie.

Saint Thomas va le faire. L'unité de forme substantielle dans les êtres est une des thèses favorites du grand Docteur, sur laquelle il revient souvent et insiste avec une force qui mérite attention. En plus de cent endroits de ses ouvrages, il en rapporte la formule et les preuves; mais nulle part il ne s'exprime avec plus de clarté et de développement que dans son traité *de Spiritualibus creaturis*, à l'article 3. Il nous faut rapporter un passage de cette remarquable démonstration. Cette citation ne nous permettra pas, malheureusement, de juger combien grande et belle est l'exposition, dans ces *Quæstiones disputatæ*, vrai livre des maîtres, où le génie de saint Thomas, se trouvant plus au large que dans la *Somme théologique*, qui ne devait être qu'un simple manuel d'écoliers, donne libre essor à son vol, et faisant appel tour à tour à l'histoire, aux sciences, à la philosophie et à la théologie, découvre, comme en se jouant, les plus vastes horizons, monte sans effort jusqu'aux plus hauts sommets de la vérité, et plane majestueusement sur toutes les régions du savoir. Mais alors même qu'on le surprend à ses moments les plus ordinaires, il y a toujours satisfaction et profit à entendre raisonner le Docteur angélique. Écoutons-le :

« La question est de savoir quel est proprement le sujet de l'âme humaine, ce qu'elle informe directement, ce à quoi elle est immédiatement unie. Là-dessus deux opinions sont en présence. Quelques-uns disent, en effet, que dans le même individu il y a plusieurs formes subordonnées les unes aux autres. D'après cela, la matière première ne serait pas le sujet immédiat de la forme substantielle la plus élevée ; elle ne lui serait soumise que par l'intermédiaire des formes subalternes, la matière actuée par la première forme étant le sujet prochain de la seconde, actuée par la seconde étant le sujet de la troisième, et ainsi de suite jusqu'à la forme supérieure. Suivant cette manière de voir, l sujet prochain de l'âme raisonnable, dans l'homme, serait donc le corps informé par l'âme sensitive, *corpus perfectum animâ sensitivâ*. Mais il existe une autre opinion qui veut que, dans le même individu, il n'y ait qu'une seule forme ubstantielle ; d'après quoi il faudrait dire que l'i dividu humain, par la forme substantielle qui est la forme humaine, ou âme raisonnable, est constitué non pas seulement homme, mais animal, mais vivant, mais corps, mais substance, mais être ; si bien que forme substantielle d'aucune sorte, en cet individu, ne précèderait l'âme humaine. »

Saint Thomas, avant de prendre parti pour l'une

ou pour l'autre des deux opinions qu'il vient de rapporter, recherche quelle a été l'origine de chacune; et citant le mot de Simplicius qu'il approuve, il montre comment les Platoniciens, partant des idées, *quod processerunt ex rationibus intelligibilibus*, et s'imaginant que les choses ont dans la réalité le même mode d'être qu'elles ont dans l'esprit, Aristote au contraire et ses disciples, partant des choses et de l'expérience sensible, *ex rebus sensibilibus*, les premiers ont été naturellement amenés à soutenir la pluralité des formes, et les seconds à la nier.

Après cet aperçu historique du plus grand intérêt, tant pour l'histoire de la philosophie en général que pour celle de la scolastique en particulier [1], saint Thomas poursuit :

« Cette opinion de la pluralité des formes est inconciliable avec les vrais principes de la philosophie. D'abord, parce que, une fois admise, l'individu humain cesserait d'être proprement et véritablement un, *nullum individuum substantiæ esset simpliciter unum*. Ce n'est pas avec deux actes substantiels, en effet, qu'on peut faire un être véritablement un, mais seulement avec une puissance et un acte, en tant que cela même qui est d'abord en puissance devient ensuite en acte:

---

1. Comparer ce que dit ici saint Thomas de la doctrine d'Avicebron sur la matière première, dans son fameux livre de la *Source de vie*, avec la doctrine de saint Bonaventure sur le même sujet, *Sentent.*, lib. II, distinct. III, part. I, art. I, quæst. II.

c'est pourquoi un *homme blanc* ne sera jamais un être rigoureusement et absolument un... Il est donc manifeste que, multiplier les formes substantielles dans le même individu, c'est rompre l'unité de son être, c'est le réduire à n'être pas plus un que ce composé d'homme et de blancheur qui est l'homme blanc, *non esset unum simpliciter, sed secundum quid, sicut homo albus.*

« En second lieu, ce qui est reçu dans un sujet qui est déjà en acte et non plus simplement en puissance, est un pur accident. Il s'ensuit que toute forme venant s'unir à un être possédant un acte quelconque, est une simple forme accidentelle. Or, il est clair qu'une forme substantielle, quelle qu'on la suppose, fait et constitue l'être en acte. Seule donc, la forme qui s'unit la première à la matière est substantielle, et toutes celles qui arrivent après sont accidentelles. Et qu'on ne croie pas échapper à cette conséquence, en disant que la première forme substantielle est en puissance par rapport à la seconde ; car, si être en puissance à une forme suffisait à empêcher que l'union fût accidentelle, il n'y aurait plus d'union accidentelle, toutes les unions seraient substantielles, puisque tout sujet, à quelque accident qu'il soit ordonné, est avec lui dans le rapport de puissance à acte. Il faut même remarquer que cette conséquence atteint plus directement la forme de corporéité. Celle-ci, en effet, d'après ses partisans, ne constitue pas seulement un corps quelconque ;

elle va jusqu'à déterminer la matière à être un corps organique apte à recevoir l'âme qui doit le faire vivre. Mais si la forme inorganique qui constitue le corps brut fait du corps brut un être complet au point que toute nouvelle forme survenante ne puisse être qu'un accident, à plus forte raison la forme de corporéité qui constituerait le corps organique le constituerait-elle si bien en acte que l'âme, venant à se présenter, ne pourrait être reçue qu'à titre d'accident pur et simple.

« En troisième lieu, la doctrine de la pluralité des formes nous amènerait à cette autre conséquence, qui s'impose évidemment après ce qui a été dit, à savoir que toute production de vivant ne serait plus un engendrement d'être, mais la simple modification d'un être prééxistant... »

Comme on le voit, jusqu'ici notre Docteur n'a prouvé l'unité de forme dans l'homme que d'une manière indirecte, en faisant ressortir les inconvénients qu'entraine la doctrine de la pluralité ; il réservait pour la dernière la preuve directe que le B. Albert le Grand nous avait déjà indiquée, et qu'il reprend pour la présenter sous un nouveau jour, en la formulant comme il suit :

« Il doit en être des formes comme des causes efficientes ; car toute forme étant le produit d'une cause qui agit dans la matière doit lui ressembler, comme l'effet ressemble à la cause. Or, voici ce que l'on observe dans les causes ou agents : c'est que plus une cause est élevée et plus elle renferme d'énergies diverses et de pouvoirs différents, non pas additionnés et distincts, mais fondus dans l'unité de sa vertu, *non composite, sed unite*. Ainsi voyons nous que le sens général, *sensus communis*, atteint par une même et unique puissance les objets que nos sens particuliers perçoivent par des puissances diverses et multiples comme leurs organes. Donc, une forme plus parfaite, qui aura été produite par un agent plus parfait, fera à elle seule tout ce que pourront faire les formes inférieures existant et agissant séparément, et encore davantage. Par exemple, si une simple forme de corps brut donne à la matière d'être, et d'être tel corps brut, une forme de plante lui donnera cela également, et, en outre, la vie ; une âme d'animal donnera ce qui précède, et, en plus, la sensibilité ; enfin, une âme raisonnable ajoutera au tout l'être raisonnable. Une seule forme suffit donc à tout. Et c'est pourquoi nous disons qu'il n'y a pas d'autre forme substantielle dans l'homme que l'âme raisonnable, et que, par elle, l'homme n'est pas seulement homme, mais animal, mais vivant, mais corps, mais substance, mais être. *Sic ergo dicimus quod in hoc homine non est alia forma substantialis quam anima rationalis: et quod per eam homo non solum est homo, sed anima, et vivum, et corpus, et substantia, et ens.* »

Ces raisons avaient paru à saint Thomas tout à fait décisives, car le saint Docteur parle toujours sur cette thèse avec une entière assurance. Pourtant, comme nous l'avons fait entendre, elles ne réussirent pas à convaincre tout le monde, et rencontrèrent même d'illustres contradicteurs, parmi lesquels brille au premier rang Duns Scot, le fameux Docteur subtil.

Duns Scot, en effet, en plusieurs endroits de ses ouvrages, mais particulièrement dans son *Commentaire* sur le quatrième livre des *Sentences*[1], enseigne que l'âme raisonnable ne constitue pas notre corps comme corps. La corporéité, suivant lui, vient d'une forme ou force particulière qui, en se communiquant à la matière, principe potentiel si indéterminé qu'il n'est par lui-même ni du genre corporel ni du genre spirituel, constitue notre corps en tant que corps, et l'établit comme un sujet apte à recevoir l'âme raisonnable[2], qui fera rayonner dans l'organisme la vie et la sensibilité. Trois choses forment donc le corps humain, d'après Scot : la matière de soi indéterminée et toute en puissance, la forme de corporéité, l'âme raisonnable.

Malgré cette pluralité de principes constituants, Scot, non moins que tous les autres Scolastiques, affirmait l'unité de substance en l'homme, et voulait à tout prix accommoder son système à cette

---

1. Distinct. XI, q. 3.
2. V. Claud. Frassen, Ordinis Minorum, *Philosophia academica*, t. III, p. 175. Romæ, 1726.

vérité, qu'il regardait avec raison comme capitale. C'est pourquoi il disait que le corps humain, avec sa seule forme de corporéité, n'est qu'un acte incomplet ou réalité inachevée, qui n'est ni un individu, ni une substance dans le genre de corps, mais le simple réceptacle de l'âme raisonnable : *Per istam formam est in actu partiali, et ei est proximum receptivum animæ intellectivæ*[1].

Scot, en parlant de la sorte, ne faisait que reproduire la doctrine et presque les termes de Richard de Middletown, lui aussi une des lumières de l'École Franciscaine, qui avait déjà écrit, quelque trente ans auparavant : *Nec compositum ex materia et illa forma incompleta* (la forme de corporéité), HABET PLENE RATIONEM SUBSTANTIÆ, *in quantum substantia est*, NEC CORPORIS IN QUANTUM CORPUS EST, *sed tantummodo incomplete et per quamdam reductionem* [2].

Scot essaye de justifier son opinion, surtout par des raisons tirées de la théologie. Il lui semble que l'opinion contraire de saint Thomas compromet plusieurs vérités se rapportant à divers dogmes, particulièrement à ceux de l'Incarnation et de l'Eucharistie. En fait de preuves philosophiques, la grande raison qu'il fait valoir est celle qu'il tire de la persistance du cadavre après la mort, ou séparation de l'âme d'avec le corps.

1. *Loc. cit.*
2. In lib. II *Sentent.*, dist. XVII, art. I, q. 5.

« Le corps, dit-il, quand l'âme en est séparée, demeure et agit comme corps : il est donc constitué comme corps, par une force ou forme spéciale de corporéité. *Corpus (quod est altera pars) manens quidem in esse suo proprio sine anima, habet per consequens formam qua est corpus isto modo* [1]. »

Malgré cette raison, et malgré toute la subtilité de son exposition, le système de Scot n'a point prévalu dans les Écoles. Un savant disciple de Scot en faisait naguère l'aveu : « Dans la suite des temps, l'opinion thomiste devint prépondérante [2]. » Au commencement, la thèse scotiste paraît avoir compté autant et plus de partisans que l'opinion adverse; mais « la grande autorité de saint Thomas et la puissance de son École se chargèrent de modifier la situation première des opinions [3] ». — Non, ce n'est point à « la grande autorité de saint Thomas ni à la puissance de son École » qu'il faut attribuer la mauvaise fortune de la doctrine de Scot, et la défaveur où elle tomba dans les Écoles, mais bien à la faiblesse et à l'inconséquence radicale du système.

C'est qu'on ne saurait le défendre quand on admet comme Scot et les vrais Scotistes tous les grands principes admis par les Scolastiques. Scot a beau subtiliser, un Scolastique finira toujours par l'accu-

---

1. *Loc. cit.*
2. Le P. Prosper de Martigné, *La Scolastique et les Traditions Franciscaines*, p. 238.
3. *Ibid.*

ler à une double contradiction. — Pour sauver dans l'homme l'unité substantielle, que vous proclamez aussi bien que nous, vous êtes obligés de dire que le corps humain, réduit à la matière et à la seule forme de corporéité, n'est pas un acte complet, n'est ni un individu ni une substance dans le genre corps. Et, d'autre part, vous admettez que le corps humain, réduit à la matière et à la corporéité, subsiste seul, puisque vous prétendez que le corps humain est absolument le même, rigoureusement identique après comme avant la mort, et agit seul. Mais quel est donc le propre de la substance d'après vous comme d'après nous [1] ? N'est-ce pas de subsister par soi et d'agir par soi, indépendamment d'un sujet ? N'est-ce pas un acte complet, ce qui a tout ce qu'il faut pour agir, et ce qui agit en fait ? N'est-ce pas un être individuel ce qui, étant un en soi, est distinct de toute autre chose : *Indivisum in se, divisum a quolibet alio*[2]. Et n'est-ce pas la condition de notre corps humain, avec sa seule forme de corporéité ? Vous devez donc dire tour à tour, pour soutenir votre opinion, que le corps humain, réduit à la matière et à la forme de corporéité, est une substance et n'est pas une substance, est un acte complet et n'est pas un acte complet, est un être individuel et n'en est pas un[3].

1. *V.* Frassen, Ordinis Minorum, *Philosophia academica* I, p. 208.
2. *Ibid.*, I, p. 160.
3. Suarez, *Disputationes metaphysicæ*, XIII, § xix.

De plus, avec tous les Scolastiques, vous admettez, d'une part, *quod non sunt multiplicanda entia sine necessitate* ; d'autre part, que les formes ou forces supérieures contiennent et peuvent ce que contiennent et peuvent les formes ou forces substantielles inférieures. Pourquoi ne voulez-vous pas que l'âme raisonnable, qui, de votre aveu, donne à notre corps la sensibilité, comme si elle était une forme sensitive, et la vie organique, comme le pourrait faire une forme végétative, ne constitue pas notre corps comme corps, et ne lui tienne pas lieu de force de corporéité, comme elle lui tient lieu de force vitale et de force sensitive?

Le Docteur subtil lui-même était, paraît-il, quelque peu ému par la force de cette raison ; car, après avoir rapporté les trois premières preuves de l'opinion de saint Thomas, que nous avons rapportées nous-mêmes plus haut, il écrit : *Quarta ratio potest fieri,* ET PLUS VALET OMNIBUS PRÆCEDENTIBUS. *Pluralitas non est ponenda sine necessitate,* etc.[1].

L'on comprend, en effet, l'embarras de Scot ayant à résoudre cette objection dans son *Commentaire* sur le quatrième livre des *Sentences*, quand on lui a vu combattre comme il l'a fait, dans son *Commentaire* sur le second livre, la pluralité des formes dans les corps composés, ou dans les

---

1. *Loc. cit.*

mixtes, ainsi qu'on disait de son temps. « Il ne faut pas admettre plusieurs formes dans les corps composés, écrivait-il alors contre Averroès et Avicenne, parce qu'on ne doit point supposer la pluralité des formes sans nécessité : *Non est ponenda pluralitas sine necessitate*. Or, il n'y a aucune nécessité d'admettre que les formes des éléments demeurent actuellement dans le composé qu'ils ont servi à former, puisque, suivant Aristote, la forme du composé étant plus parfaite que les formes des éléments, celles-ci peuvent être virtuellement dans celle-là, d'après la loi que l'imparfait et l'inférieur demeurent virtuellement dans le supérieur et le parfait, *sicut imperfecta et inferiora manent in superioribus;* comme nous dirions que l'âme végétative et l'âme sensitive demeurent dans l'âme raisonnable, *sicut diceretur, quod sensitiva et vegetativa manent in intellectiva*[1]. » Quand on a reconnu que les formes supérieures contiennent virtuellement les formes inférieures, et que l'âme raisonnable contient virtuellement les deux autres âmes, végétative et sensitive, je comprends qu'on reconnaisse une valeur particulière à la quatrième preuve de saint Thomas; et je crois même qu'on est dispensé de la combattre, par l'excellente raison que c'est impossible.

Mais alors que vont devenir les dogmes, l'Eucharistie, l'Incarnation? Et que penser de ce fait,

---

[1]. *In lib.* II, *Sentent.*, distinct. XV, quaestio unica, primum scholium. (Édition de Lyon, 1639.)

que le corps demeure et persiste quelque temps sans l'âme, le même après la mort que durant la vie? Nous venons de voir combien la doctrine de Scot est inconséquente; l'examen des raisons par lesquelles il l'appuie va nous montrer combien elle est faible.

Nous n'avons plus d'abord à nous occuper des raisons tirées de la théologie. L'orthodoxie de l'opinion opposée à celle de Scot a été pleinement vengée et mise à couvert, de l'aveu même de nos adversaires les plus déterminés, et j'ajoute les mieux instruits. « L'opinion thomiste a su élucider les objections théologiques que lui présentait la Foi [1]. Aux suspicions du premier moment, a succédé une confiance pleine et entière en sa parfaite orthodoxie [2]. »

Il ne reste donc plus que l'argument tiré de la persistance du corps. Mais ce n'est certainement pas cet argument qui sauvera la thèse : il repose tout entier sur cette supposition, que le corps devenu cadavre est resté rigoureusement *identique et absolument le même après la mort que durant la vie*. Mais cette supposition, sur quoi repose-t-elle elle-même? Scot, d'abord, affirme que le cadavre est quelque chose de substantiellement un, puisqu'il n'a, suivant lui, qu'une forme substantielle. Cela il l'affirme, mais le prouve-t-il? Quel prin-

---

1. P. Prosper de Martigné, *La Scolastique et les Traditions Franciscaines*, p. 238.
2. *Ibid.*, p. 247.

cipe, quelle notion de physique ou de métaphysique pourrait-il invoquer? Par quoi démontrera-t-il que le cadavre n'est pas un simple agrégat de substances innombrables et diverses, comme les débris d'un édifice qui s'écroule? Mais, je le veux, le cadavre n'a qu'une seule forme, est véritablement une seule substance. Scot n'en sera pas plus avancé ; car, pourquoi cette forme n'aurait-elle pas succédé à l'âme, dans la matière de ce corps qui vivait tout à l'heure? Scot n'admet-il pas le principe : *corruptio unius est generatio alterius?* Pourquoi vouloir que ce principe ne reçoive pas partout son application? Pourquoi compliquer la nature, et briser l'unité de ses lois?

Dira-t-il que, les accidents demeurant les mêmes dans le cadavre qu'ils étaient dans le corps vivant, la forme du corps doit être la même? Mais il lui faudrait prouver que *tous* les accidents, que *toutes* les qualités, chaleur, couleur, odeur, etc., restent les mêmes. Comment pourrait-il le prouver? D'ailleurs est-ce que le *mixte* ne garde pas quelques-unes des propriétés de ses éléments? N'est-il pas naturel que deux formes qui se succèdent, suivant cet ordre hiérarchique des formes que Scot reconnaît fort bien, aient quelques propriétés communes?

Que si nous nous mettons au point de vue de la science moderne, la pensée de Scot ne paraîtra pas plus solide : car, si la science marque des préférences pour quelque opinion, au sujet de cette mystérieuse histoire de notre corps après le départ de l'âme, c'est bien plutôt pour celle qui tient que le corps vivant, abandonné par l'âme, se dissout d'abord en *agrégats* de cellules animées d'une vie inférieure particulière ; et qu'ensuite les cellules se décomposent en molécules chimiques substantiellement diverses, et partant multiples[1]. De quelque point de vue que l'on examine l'argument philosophique de Scot, il paraît donc tout aussi peu concluant et solide que ses arguments théologiques ; et l'on reste avec cette conviction que son système de la pluralité des formes, dans les vivants et spécialement dans l'homme, est aussi faiblement établi qu'il est inconséquent[2].

1. Moleschott, *Circulation de la vie*, quinzième lettre. — M. Farges, *La Vie et l'Évolution des espèces*, VIII.
2. Quelques Thomistes, en ces derniers temps, avaient affirmé ou laissé entendre que cette doctrine de Scot avait été condamnée par le Concile général de Vienne. Le cardinal Zigliara a démontré, dans son étude magistrale *De mente concilii Viennensis*, etc., que cette assertion est matériellement fausse et calomnieuse. Le système de Scot pèche contre la Logique, mais non contre la Foi. Que l'on soutienne qu'il ait été défini par le Concile que l'âme est la forme substantielle du corps, à la bonne heure ; mais que l'âme soit l'unique forme substantielle du corps, le Concile ne l'a point dit, et ne l'a point voulu dire. C'est ce que prouvait fort bien encore tout récemment le P. Prosper de Martigné, dans son livre *La Scolastique et les Traditions Franciscaines*. Le savant capucin prouve aussi fort bien une vérité plus importante, et surtout plus nécessaire à persuader, c'est qu'il est souverainement désirable qu'on se remette à l'étude des grands Docteurs franciscains, Alexandre de Halès, saint Bonaventure, Richard de Middletown, Scot. Oui, Scot, car si Duns Scot a ses mauvaises pages comme tout auteur a les siennes et tout homme ses mauvais jours, il n'en est pas moins un des maîtres de la science. Pour ma part, j'avoue lui devoir plusieurs idées et plusieurs solutions excellentes, dont j'espère bientôt faire mon profit.

Mais je crois vous entendre dire tout bas : que Scot s'arrange avec les Scolastiques et leurs principes comme il pourra; nous, nous aurions au moins une réflexion à faire, en faveur de l'opinion qui n'accorde pas que l'âme entre dans le corps comme partie constitutive du corps : c'est que si l'âme concourt de la sorte à constituer le corps, sa spiritualité paraît compromise.

C'est l'objection même que faisait valoir, il y a quelques années, un penseur français, d'une science et d'une portée philosophique remarquables, M. le Dr Frédault.

« Comment l'âme peut-elle actuer le corps en tant que corps, disait-il, si le corps est matériel et l'âme spirituelle, si le corps est étendu et l'âme indivisible [1] ? »

C'est justement la difficulté qui avait empêché Henri de Gand, un des plus illustres représentants de la Scolastique, de suivre saint Thomas dans l'application qu'il fait de sa théorie de la matière et de la forme au composé humain. Henri, plus hardi que Scot, veut bien reconnaître, avec le Docteur angélique, que non seulement dans les corps composés du règne minéral, mais encore dans les plantes et même dans les animaux, il n'existe qu'une seule forme ; quant à dire qu'il en va de même pour l'homme, il ne l'ose ; il crain-

---

1. V *Traité d'anthropologie physiologique et philosophique*, p. 169.

drait de compromettre la simplicité et la spiritualité de l'âme humaine [1].

A vrai dire, je suis étonné que des hommes d'une telle portée d'esprit formulent une pareille objection, quand je les entends enseigner et proclamer, avec une si parfaite assurance qu'ils le font partout, que l'âme raisonnable et spirituelle communique à notre corps la vie végétative et la vie sensitive.

Est-ce donc, par hasard, que la vie sensitive, et encore mieux la vie végétative, ne relève point de la matière, ne dépend pas des organes et ne comporte pas les fonctions les plus humbles [2] ? Si l'on admet que l'âme spirituelle peut être, et est, en fait, le principe d'une vie qui est essentiellement matérielle, essentiellement corporelle, n'est-il pas étrange qu'on se fasse scrupule, après cela, d'admettre que l'âme spirituelle soit par elle-même la forme du corps ? Si la spiritualité de l'âme n'a pas été compromise quand vous l'avez faite principe de vie végétative, vous pouvez être tranquilles, elle ne le sera pas davantage si vous dites qu'elle est encore le premier principe de la substance corporelle.

Mais je tiens à faire observer qu'il est encore plus étrange que les Scotistes eux-mêmes fassent valoir cette objection. Qu'on veuille bien s'en souvenir, en effet, leur prétendue forme de cor-

1. *Quodlib.*, I, q. 2 et 3.
2. V. *Traité d'anthropologie physiologique et philosophique*, p. 186.

poréité n'achève pas le corps *même comme corps;* la matière, avec la seule forme de corporéité, est une substance corporelle incomplète, *même en tant que substance corporelle,* « *nec species in genere corporis nec in genere substantiæ* [1]. » Ils sont donc bien obligés d'admettre que l'âme, en s'unissant au corps, l'achève et le complète *comme corps;* que l'âme raisonnable, suivant la propre expression d'un des maîtres de l'École Franciscaine, est le complément spécifique du corps humain, *specificum humani corporis complementum* [2], quelque chose du corps enfin, τι σώματος. Mais s'il en est ainsi, de quel droit viennent-ils opposer à saint Thomas une difficulté qu'ils ont eux-mêmes à résoudre?

Du reste, la solution est facile; car si cette objection frappe à première vue, je ne crains pas d'affirmer qu'elle n'est que spécieuse.

Que la simplicité de l'âme, d'abord, ne s'oppose en rien à son union avec le corps, je crois l'avoir clairement montré, il y a quelques instants, en faisant ressortir que l'étendue matérielle, loin d'être incompatible avec tout ce qui est simple et indivisible, suppose au contraire nécessairement un tel principe; puisque la multiplicité des parties

---

1. Scot, *Super quartum librum Sentent.*, dist. XI, q. 3, et Frassen, *Philosophia academica,* t. III, p. 180.
2. *Cum etiam anima rationalis, sit ipsius hominis specifica forma et* SPECIFICUM HUMANI CORPORIS COMPLEMENTUM, *ut ostensum est lib. II, disp. 17.* — Richard de Middletown, *in IV Sentent.* dist. 43, 8ᵉ colonne.

appelées à la constituer ne peut être ramenée à l'unité sans un principe intrinsèque immédiat, ou au moins médiat, qui soit un et indivisible de soi. Pour ce qui est de la spiritualité, je dis qu'elle n'est pas plus compromise que la simplicité, par cette assertion que l'âme actue le corps, comme parle M. Frédault, ou concourt à le constituer, même en tant que corps. Par spiritualité, il vous en souvient, je pense, l'on entend le pouvoir d'exister indépendamment et même hors de la matière ou du corps. Or, quelle impossibilité y a-t-il à ce qu'un principe substantiel simple comme l'âme humaine actue le corps, comme forme ou force substantielle, et possède, en même temps, le pouvoir d'exister indépendamment du corps et même hors du corps? De soi, le fait d'actuer ainsi un corps n'implique ni dépendance ni indépendance du corps, quant à l'existence. La force substantielle peut être indifféremment dépendante ou indépendante. Elle sera dépendante si elle ne peut exercer aucune opération à elle seule, et sans que le corps conjoint n'y prenne une part prochaine, immédiate et directe; indépendante, s'il est quelque opération dont elle soit seule principe immédiat et prochain; parce que, comme nous avons toujours raisonné, l'opération révèle la nature et le mode d'existence des êtres, et, partant, là où l'opération est indépendante, l'être est indépendant. L'âme humaine donc, ayant une opération où le corps ne peut atteindre, à savoir la pensée, l'âme humaine, même actuant le corps, garde son indépendance par rapport à lui, et, le cas échéant, peut exister sans lui.

Cette argumentation est rigoureuse, et je ne crois pas qu'il soit nécessaire de nous arrêter davantage à l'objection formulée par Henri de Gand, et reprise par M. le docteur Frédault. D'autant plus que, repoussés sur ce point, les partisans de la pluralité des formes recommencent l'attaque sur un autre. Écoutons encore M. le docteur Frédault. Il n'est plus question de la vieille forme de corporéité des vieux Scotistes : M. le docteur va parler au nom de la chimie moderne qui démontre que le corps vivant « réclame pour sa constitutiont elle ou telle substance plutôt que d'autres...; qu'il faut surtout de l'oxygène, de l'hydrogène, du carbone et de l'azote, plus quelques autres éléments accessoires comme le soufre, le phosphore ; que le plus grand nombre des substances élémentaires qu'on connaît est inutile, souvent même nuisible, toujours inefficace à la composition du corps organisé ». Sur quoi, M. Frédault raisonne ainsi : « Si l'on voulait admettre que les *formes* matérielles, ou autrement les activités des substances élémentaires, disparaissent dans l'union avec l'âme, ou demeurent simplement en puissance, non en acte, on se trouverait conduit à deux erreurs. D'une part, ce serait récuser que les divers éléments qui entrent dans la composition du corps sont pour quelque chose en lui, ce qui serait aller contre un fait expérimental avéré ; d'un autre côté, ce serait admettre que l'une des deux natures du composé est anéantie. En effet, la matière nue ou sans forme, qu'est-ce, si ce n'est une pure privation, un rien, dont on ne peut même comprendre l'existence, car rien n'existe en dehors de l'activité? L'âme s'associerait ainsi non une activité possible, mais une pure possibilité [1]. »

Il paraît que cette objection remonte à Averroès. Duns Scot nous apprend, en effet [2], que le Commentateur, au Xe livre des métaphysiques, voulant établir que la forme des éléments demeure dans le *mixte*, prouve que cela est, par cette raison que, si la forme des mixtes atteignait directement la matière première, sans l'intermédiaire de la forme des éléments, il y aurait confusion absolue parmi les formes ; tout pourrait se faire de tout ; et l'expérience, au contraire, nous montre que chaque corps mixte exige, pour se former, des éléments spéciaux.

Mais cet inconvénient ne résulte aucunement, répart Duns Scot, de la doctrine que la forme des éléments disparaît dans le corps mixte. Si nous disons, en effet, que toute forme de mixte peut actuer la matière immédiatement et par elle-même, nous tenons aussi, conformément à l'expérience,

---

1. P. 169.
2. *In Sentent. lib. II*, distinct. XV, quæst. un., « *Ad aliud cum dicit*, etc. »

que telle forme de mixte ne peut succéder à telles formes élémentaires ; et qu'il existe parmi les formes un ordre de succession constant fixé par la nature : « *ita quod observatur ordo formarum in transmutando, sed non in essendo et perficiendo* [1]. » Cette solution de Scot est excellente, et agréera, sans doute, à M. Frédault et à ceux qui, comme lui, s'honorent d'être les disciples du Docteur subtil. Mais j'ajoute, afin de répondre plus complètement à l'éminent Docteur, qu'il est très vrai que c'est pour nous comme pour lui « un fait expérimental avéré, que les divers éléments qui entrent dans la composition du corps *sont pour quelque chose en lui* ». Ils y sont pour quelque chose, sans doute, puisqu'ils lui communiquent leur matière, et concourent ainsi, pour leur part, à lui donner son volume et son poids et même ses autres propriétés ; car le volume, le poids et toutes les autres propriétés du corps émanent simultanément de sa matière et de sa forme, en tant qu'elles constituent une seule substance et une seule nature, « *simul et indivisim ab essentia physica constante materia et forma.* » Notre doctrine de l'unité de forme substantielle, dans l'homme, ne conduit donc pas le moins du monde à la première erreur signalée par M. Frédault.

Elle ne conduit pas davantage à la seconde,

---

[1]. *Loc. cit.*

qui serait que l'âme s'unissant directement à la matière première des éléments, les éléments devraient être dits anéantis, puisque d'eux-mêmes il ne resterait que la matière, et que la matière et rien, c'est la même chose.

L'on doit comprendre, en effet, après ce qui a été dit, que, pour nous, la matière et rien, ce n'est pas du tout la même chose. La matière, disions-nous tout à l'heure, est principe premier, radical et partiel de l'étendue, du volume, du poids et des autres qualités du corps. Un tel principe est bien quelque chose, je pense. Nous enseignons, il est vrai, que la matière, pouvant être, tour à tour, oxygène, eau, plante, homme, est de soi un principe indéterminé et potentiel, qui, pour ce motif, ne peut exister ni même se concevoir sans la forme; mais, pour être indéterminé et potentiel, ce principe n'en est pas moins réel; et s'il n'est rien et ne peut exister ni se concevoir *sans* la forme, il est quelque chose, existe, et se conçoit fort bien *sous* la forme : absolument comme, dans l'ordre des accidents ou des modes, l'étendue d'un corps est une propriété réelle, encore qu'elle ne soit, ni ne puisse exister, ni même puisse se concevoir, sans une forme extérieure ou configuration quelconque, qui la détermine et l'actue comme modalité. En résumé, nous voulons bien dire, avec saint Augustin, que la matière, touchant au néant, est presque rien, « *prope nihil* »; mais qu'elle soit un pur néant, ou le simple concept abstrait de possibilité, nous le nions[1].

Je laisserais là M. le docteur Frédault et les partisans de la pluralité des formes, s'il n'y avait un autre argument en faveur de leur thèse, auquel la plupart de ces philosophes attachent un grand prix, et dont ils paraissent espérer beaucoup : c'est l'argument qu'ils empruntent à l'analyse chimique.

Décomposez le corps humain, et vous obtiendrez en dernière analyse de l'hydrogène, de l'oxygène, de l'azote, etc. Si l'hydrogène, l'oxygène, etc., sortent du corps humain en décomposition, c'est donc qu'ils y étaient contenus durant la vie.

Averroès raisonnait encore absolument de la même façon, pour démontrer que les éléments persistent dans le mixte : Les éléments sortent du mixte, disait-il, donc ils y sont contenus.

A quoi Scot, aussi, répondait fort bien : Qu'ils y soient contenus, c'est nécessaire ; mais il n'est pas nécessaire qu'ils y soient contenus *actuellement*; il suffit qu'ils y soient contenus *virtuellement* [2]. C'est aussi notre réponse à cette dernière difficulté.

Que dirait M. Frédault à quelqu'un qui lui tiendrait ce raisonnement :

De l'ovule fécondé sort l'organisme complet ; donc, l'organisme complet est contenu dans

---

1. *Confessions*, liv. II, ch. XVII.
2. *In lib. II Sentent.*, dist. XII, q. un.

l'ovule fécondé ? Il répondrait sans doute : L'organisme complet est contenu dans l'ovule *virtuellement*, mais non pas *actuellement*. Tous les physiologistes répondraient ainsi : tous les physiologistes admettent donc, en principe, notre distinction de contenance actuelle et de contenance virtuelle.

D'autre part, M. Frédault, en parlant des principes immédiats, albumine, fibrine, caséine, etc., que nous présente l'analyse chimique du corps humain, dit : « Rien ne prouve que ce ne sont pas de simples produits de décomposition ; rien ne démontre qu'ils préexistent à l'analyse [1]. » — Par quoi prouve-t-on que les principes élémentaires ne sont pas, eux aussi, de simples produits de décomposition ?

Enfin, M. Frédault dit encore : « Il est bien vrai que les éléments matériels entrant dans la composition du corps vivant cessent d'être ce qu'ils étaient, pour devenir quelque chose de nouveau : ils cessent d'être oxygène, hydrogène, azote et carbone, pour devenir chair [2]. » — Mais si les éléments matériels cessent d'être ce qu'ils étaient, pourquoi et comment soutenir qu'ils persistent *actuellement* dans le corps vivant ?

Restons-en là ; et voyons maintenant à quelles conséquences nous amène la doctrine que nous avons exposée et soutenue.

1. P. 169.
2. *Traité d'anthropologie physiologique et philosophique*, p 199.

Le résumé de ce que nous avons dit dans la première partie de notre chapitre se réduit à ceci : L'homme est un corps animé par un esprit, ou un esprit incorporé. De l'âme et de la matière il se fait, dans l'homme, une seule substance, une seule nature. L'homme a donc deux facteurs : l'âme raisonnable et la matière. — L'apport de l'âme, en cette union, consiste en quatre choses : l'intelligence, la sensibilité, la vie, la corporéité; entendant par corporéité, non pas l'étendue ou la matérialité, mais l'actualité physique, l'unité et la subsistance, sans lesquelles un corps ne se conçoit pas plus qu'une substance spirituelle. De ces quatre choses, elle en communique trois à la matière, à savoir : la sensibilité, la vie, la corporéité. C'est-à-dire qu'elle communique d'elle-même à la matière tout ce que la matière est susceptible de recevoir. Or, comme la matière n'est pas susceptible d'intelligence, puisque, ainsi que nous l'avons démontré, nulle faculté organique ne peut penser ou concevoir l'immatériel, il suit de là que l'âme humaine, à cause de cette incapacité de la matière, ne lui communique point l'intelligence. L'âme humaine, encore qu'elle se donne elle-même et directement, je veux dire sans intermédiaire, à la matière dont est formé le corps humain, n'est donc pas totalement incorporée, n'est pas entièrement immergée dans le corps ; elle reste libre et dégagée par la plus haute de ses puissances, que la raison seule conçoit telle qu'elle est, et dont l'imagination fait je ne sais quelle lumière d'une pureté incomparable, brillant au-dessus du corps comme la flamme sur son flambeau.

Si l'âme humaine apporte tout ce que nous venons de dire, si elle est principe non seulement d'intelligence, de sensibilité et de vie, mais encore d'actualité physique, d'unité et de substantialité corporelles, la contribution de la matière se trouve bien réduite. Elle n'a plus qu'à offrir cette réalité de soi incomplète, puisqu'elle est indéterminée ; indéterminée, puisque de soi elle est commune à tous les corps ; commune à tous les corps, puisqu'elle est la source première en tous les corps d'une propriété qui leur est commune à tous, je veux dire l'étendue ; réalité de soi incomplète, indéterminée, commune, qui, par l'accession de l'âme, s'achève, se détermine, et devient substance corporelle, vivante, sensible, en un mot, corps humain.

Bref, l'âme spirituelle est, dans l'homme, l'unique forme ou force substantielle qui, avec la matière, constitue entièrement l'être humain.

Voici maintenant quelques-unes des conséquences plus remarquables qui suivent de cette doctrine, et qui me paraissent de nature à mieux en faire pénétrer la profondeur et l'importance.

La première, c'est de nous faire éviter deux écueils, auxquels n'ont pas su échapper beau-

20

coup de philosophes depuis deux siècles: le matérialisme, et le spiritualisme exagéré.

Nous échappons d'abord au matérialisme, par notre théorie de la simplicité et de la spiritualité de l'âme. Alors même, en effet, que nous proclamons l'âme forme substantielle du corps, ou plutôt parce que nous la proclamons forme substantielle, nous affirmons et nous démontrons qu'elle n'est pas un être à trois dimensions, mais qu'elle est, au contraire, inétendue, indivisible, simple. Mais nous n'en restons pas là. Nous appuyant sur le fait et sur la nature de la pensée, nous faisons voir qu'il est tout un ordre d'opérations où nulle forme emprisonnée dans des organes et agissant par leur moyen ne peut atteindre; que, partant, l'âme ne penserait pas, si elle ne dépassait son corps, et si elle n'émergeait au-dessus de la matière, selon la belle parole de Dante Alighieri, comme le nageur au-dessus de l'eau. D'où il suit rigoureusement que l'âme humaine, comme elle peut agir par elle-même, peut exister par elle-même, agir seule, exister seule, qu'elle est spirituelle enfin.

Vous voyez, par ce peu de paroles, que nous échappons bien au matérialisme, avec notre doctrine de l'âme spirituelle forme substantielle du corps. Mais elle nous préserve aussi d'un autre extrême, je veux dire le spiritualisme exagéré.

S'il fallait en croire certains philosophes, s'inspirant, je le sais, d'intentions très louables et de vues fort élevées, nous ne serions rien moins que de petits anges, administrant et gouvernant, comme petits royaumes, ces portions de matière organisée qui s'appellent nos corps.

Vous vous rappelez les fameuses paroles : « Je suis une chose vraiment existante, mais quelle chose ? Je l'ai dit, une chose qui pense. Et quoi davantage ? J'exciterai mon imagination pour voir si je ne suis point encore quelque chose de plus. Je ne suis point cet assemblage de membres que l'on appelle le corps humain, je ne suis point un air délié et pénétrant répandu dans tous ces membres ; je ne suis point un vent, un souffle, ni rien de tout ce que je puis feindre et m'imaginer... Je ne suis donc, précisément parlant, — ne trouvez-vous pas ce « précisément parlant » toujours plus admirable ? — qu'une chose qui pense, c'est-à-dire un *esprit*, un *entendement* ou une raison [1]. »

Affirmer en ces termes le spiritualisme, c'est en compromettre la cause. Vous scindez l'homme en deux, et vous considérez exclusivement le côté élevé et transcendant de sa nature : vous donnez à vos adversaires l'exemple, sinon le droit, de scinder l'homme à leur tour, et de considérer exclusivement en lui ce qui ne dépasse pas la matière. Vous méconnaissez le témoignage le plus irréfragable du sens intime ; on vous opposera ce témoignage, et vous ne saurez qu'y répondre ; et votre silence, vos réponses plus encore, créeront

---

[1]. Descartes, *Méditation deuxième*.

contre la vraie doctrine les plus funestes préventions. Telles devaient être les conséquences de ce spiritualisme exagéré. Et pour se convaincre qu'elles se sont produites, il suffit d'observer la défaveur, l'on pourrait presque dire la déconsidération, qui, depuis quelques années, malgré le talent et le zèle dont ils ont fait preuve, s'attache à l'enseignement de nos maîtres spiritualistes modernes [1]. C'est qu'il est par trop évident que nous ne sommes point de purs esprits. L'homme n'est ni un esprit seulement, ni un corps seulement, mais le composé personnellement et substantiellement un, qui résulte de l'union de l'âme avec la matière. Telle est la formule justifiée par le sens intime et par l'observation, non pas arbitrairement partielle et restreinte, mais complète et adéquate des phénomènes. Cette formule est justement notre thèse.

La doctrine de l'âme forme substantielle a donc pour résultat de nous faire éviter le matérialisme et le spiritualisme exagéré. Mais ce n'est pas la seule conséquence heureuse qu'elle amène.

Comme elle explique bien, par exemple, l'unité de l'homme, et comme elle est la justification scientifique éclatante de ce sentiment si vif, si profond, si persistant que nous portons tous au dedans de nous-mêmes, que nous sommes des êtres parfaite-

1. *V.* l'aveu de M. Paul Janet: *La Crise philosophique*, p. 6. — A propos de M. Janet, j'ai été heureux de constater que le savant professeur adopte la thèse Aristotélicienne de l'âme forme substantielle du corps dans son *Manuel de philosophie*, p. 359.

ment uns, bien que composés. Comment ne nous sentirions-nous pas quelque chose de parfaitement un, alors que notre âme entre dans la composition intime, dans la constitution essentielle de notre corps ? si bien que notre corps ne peut ni être ni se concevoir, sans notre âme, sa forme substantielle première et unique; alors d'autre part que notre âme ne peut se comprendre ni se définir sans le corps « *in definitione animæ cadit corpus*[1] », puisque, par essence, elle en est la forme spécifique, et que même, suivant une admirable expression de S. Thomas, lorsqu'elle en est séparée, après la mort, elle demeure toujours apte à lui être unie, encore qu'elle ne lui soit pas unie actuellement : « *Sunt enim (animæ)* UNIBILES *corporibus diversis licet* NON ACTU UNITÆ [2]. » Comment ne nous sentirions-nous pas quelque chose de parfaitement un, alors que l'âme vient prendre le corps quand il est simplement à cet état potentiel et plus que rudimentaire de matière première ; quand il ne possède encore aucun acte, quand il n'est encore complètement ni être ni substance, « *neque ens simpliciter, neque substantia simpliciter ?* »

Si l'âme, dans l'homme, donne à la matière tout ce qu'elle a d'actualité, il faut bien que l'homme soit, et qu'il se sente, non pas deux substances juxtaposées, deux natures accolées l'une à l'autre, mais une seule nature, une seule substance; il faut

1. S. Thomas, *Compendium theologiæ*, cap. 85.
2. *Ibid.*

bien qu'il n'y ait en lui qu'une seule subsistance, communiquée par l'âme, et reçue par le principe conjoint, une seule personnalité, un seul MOI, auquel se rapportent et s'attribuent tous les états et les événements soit du corps, soit de l'âme; qui se compose et se décompose par le jeu des fonctions organiques, perçoit par les sens, pense par l'intelligence, poursuit et embrasse le bien par la volonté.

Une telle satisfaction donnée au sentiment intime que nous avons de l'unité de notre nature, n'est-ce pas une confirmation magnifique de la thèse que nous soutenons ?

Cette thèse d'ailleurs éclaire bien d'autres points mystérieux de notre nature et de notre vie humaines. Quel jour ne jette-t-elle pas, en particulier, sur ce qu'on appelle les rapports de l'âme et du corps, et les rapports du physique et du moral!

Puisque l'âme prend la matière à un état si rudimentaire, si initial, qu'en se communiquant à elle, elle la fait être actuel et substance corporelle non moins qu'être vivant et sentant, l'âme, à ce point de vue, est vraiment, selon la forte parole d'Aristote que j'ai citée déjà, quelque chose du corps, τι σώματος. Quand donc ma volonté, puissance d'ordre intellectuel, meut mon bras, mon âme ne meut pas mon bras, comme un être en meut un autre qui lui est totalement étranger : puisqu'elle entre pour une part dans la constitution du corps.

De même, suivant la profonde remarque du

cardinal Zigliara[1], quand le corps agit sur l'âme, en réalité, c'est l'âme qui, au moyen du corps qu'elle informe, agit sur elle-même. Et lorsque, par suite d'un état du corps, les facultés supérieures s'émeuvent, il ne paraît encore là rien de si surprenant, une fois admise notre thèse; car, dans ce cas, nous avons simplement une impression qui, partant de tel ou tel point de l'organisme, remonte, pour ainsi parler, tout le long de l'être humain, se communiquant de proche en proche jusqu'aux facultés les plus élevées, et revêtant un aspect nouveau à proportion qu'elle traverse des milieux nouveaux.

Quant aux rapports du physique et du moral, notre théorie de l'âme forme substantielle nous les ferait deviner, si la conscience ne nous en instruisait elle-même. Dès lors, en effet, que l'âme est le principe radical de toute notre activité, de toutes nos puissances; dès lors que l'âme s'unit à la matière première, en nous, pour constituer avec elle un seul être, une seule nature, il est infaillible que ces diverses puissances exerceront les unes sur les autres une influence réciproque; que toutes ensemble seront dans le meilleur état si chacune d'elles est parfaitement réglée; que si l'une, au contraire, subit une perturbation, les autres en ressentiront le contre-coup, que le branle donné à une éveillera l'activité des autres, que l'action de l'une prenant un développement

---

[1]. *Summa philosophica*, t. II, p. 191, 6ᵉ édit.

excessif, la vie des autres s'alanguira, au moins momentanément, enfin que toutes les parties dont est formé l'être humain, énergies physiques, énergies organiques, énergies sensitives, énergies intellectuelles, seront entre elles dans une réaction et une dépendance mutuelle, constante et générale. Qu'on prenne les faits incontestables signalés par les trois auteurs qui ont traité avec le plus de développement le sujet des *Rapports du physique et du moral*, Cabanis, Maine de Biran, Bérard, et l'on verra si, à la lumière de cette grande théorie thomiste, tous ne s'expliquent pas de la façon la plus naturelle et la plus satisfaisante.

Mais qu'on essaye, après avoir mis de la sorte notre thèse en regard et à l'épreuve des faits, de demander une pareille explication aux théories que l'on a tenté d'y opposer ; et l'on verra la différence.

Voici Malebranche, par exemple, qui nous dit :

« Il me paraît très certain que la volonté des esprits n'est pas capable de mouvoir le plus petit corps qu'il y ait au monde ; car il est évident qu'il n'y a point de liaison nécessaire entre la volonté que nous avons, par exemple, de remuer notre bras, et le mouvement de notre bras... Comment pourrions-nous remuer notre bras ?... Il n'y a point d'homme qui sache seulement ce qu'il faut faire pour remuer un de ses doigts.....

« Il est vrai qu'il remue lorsque nous le voulons ;

et qu'ainsi nous sommes la cause naturelle du mouvement de notre bras... Mais une cause naturelle n'est point une cause réelle et véritable, mais seulement une cause *occasionnelle*, et qui détermine l'auteur de la nature à agir de telle et telle manière, en telle et telle rencontre[1]. » Le corps et l'âme n'ont action d'aucune sorte l'un sur l'autre. Suivant l'ingénieuse comparaison de Leibnitz, ce sont deux horloges, dont l'horloger règle les mouvements avec une attention si soutenue et si minutieuse, que toujours toutes les deux marquent la même heure.

Mais, outre que « pour résoudre des problèmes, ce n'est pas assez d'employer la cause générale et de faire venir ce qu'on appelle *Deum ex machina*[2] », il n'est pas tolérable de voir ainsi méconnaître tout ensemble le sentiment que nous avons de notre unité, et le sentiment que nous avons de notre causalité qui nous est si bien attestée par l'effort que nous produisons et par la résistance que nous rencontrons, quand nous voulons mouvoir quelque partie de notre corps. Quoi donc? Notre corps serait aussi étranger à notre âme qu'une horloge à une autre horloge; et non seulement il n'y aurait aucune union entre eux deux dans l'être, mais il n'y en aurait aucune même pour l'agir, si bien que le corps pourrait être dans un monde, l'âme dans un autre, sans que l'homme qui est formé des

---

1. *Recherche de la vérité*, liv. VI, 2ᵉ part., ch. III.
2. Leibnitz, *Système nouveau de la nature*, etc. 13.

deux eût à en souffrir, pût même peut-être s'en apercevoir? Ce n'est pas admissible.

Mais l'hypothèse célèbre que Leibnitz caressa pendant plusieurs années, l'est-elle davantage? Suivant l'illustre philosophe, « il faut dire que Dieu a créé d'abord l'âme, en sorte que tout lui naisse de son propre fonds, par une parfaite *spontanéité* à l'égard d'elle-même, et pourtant avec une parfaite *conformité* aux choses du dehors... De plus, la masse organisée, dans laquelle est le point de vue de l'âme, étant exprimée plus prochainement, et se trouvant réciproquement prête à agir d'elle-même, suivant les lois de la machine corporelle, dans le moment que l'âme le veut, sans que l'une trouble les lois de l'autre, les esprits et le sang ayant justement alors les mouvements qu'il leur faut pour répondre aux passions et aux perceptions de l'âme, c'est ce rapport mutuel, réglé par avance dans chaque substance, qui produit ce que nous appelons leur communication, et qui fait uniquement l'union de l'âme et du corps [1] ».

Belle union, en vérité, par laquelle rien n'est uni! Car il est trop clair que dans cette « théorie des accords », « du consentement ou de l'*harmonie préétablie*, » non moins que dans la « théorie de l'assistance » de Malebranche, le corps et l'âme demeurent toujours étrangers l'un à l'autre, pour l'être et pour l'agir, autant que le seraient deux horloges parfaitement concordantes, et même

---

1. *Système nouveau*, 14.

réglées, si l'on veut, « par un artifice divin. »

Je ne parle pas de la théorie du *médiateur plastique*, puisqu'il est notoire qu'elle complique tout sans rien expliquer.

Mais je rappellerai que la doctrine des Scotistes, tant anciens que modernes, compromet, ou mieux détruit, elle aussi, l'unité de l'homme. Il ne sert de rien de répéter: « L'homme est *un*, et ne peut dès lors avoir qu'*un* seul principe [1].

« Si plusieurs principes coexistaient ensemble, dans l'homme, il faudrait nécessairement que l'un dominât les autres, pour faire l'*unité;* qu'il réglât les autres dans leur forme, dans leur degré et dans leur rang; que tous ne pussent agir sans lui. Or, dans une semblable domination, qui ne voit que le principe supérieur doit être alors partout à la fois, dans l'ensemble et dans les plus petits détails? Sans cela la moindre fraction est en dehors de lui. Et si un principe est ainsi partout, pour tout mouvoir, ou tout diriger, ou tout unifier, qu'est-il besoin d'admettre d'autres principes [2] » ? — Tout cela est fort bien; mais de tout cela que reste-t-il, quand on vient nous dire ensuite, qu'à former le corps de l'homme quatorze principes, ou corps simples, doivent concourir, et que ces quatorze corps simples demeurent *en acte* dans le composé humain ? ou, à tout le moins, que, au-dessous de l'âme raisonnable, il existe une forme qui consti-

1. M. Frédault, *Traité d'anthropologie*, p. 186.
2. P. 186.

tue le corps comme corps, et le met si *complètement* en acte, le fait si *complètement* substance, qu'il peut exister et agir, qu'il existe et agit en fait, indépendamment de l'âme, et même après que l'âme s'en est séparée?

Il est donc constant que notre thèse, non seulement s'accorde le mieux, mais est la seule qui s'accorde avec l'expérience, quand il s'agit d'expliquer, dans son ensemble, l'unité de l'homme; et tout adversaire qui voudra y réfléchir se verra sans doute, comme le grand Leibnitz, à propos de la doctrine des formes substantielles qu'il avait d'abord répudiée, « enfin obligé de la reprendre *malgré lui*, et comme par force [1]. »

La thèse de l'âme forme substantielle du corps qui éclaire si bien l'unité de l'homme ne répand pas moins de lumière sur son activité. Et il fallait s'y attendre, puisque l'opération suivant l'être et y étant proportionnée, qui connaît la nature connaît l'opération à son principe et à sa source.

L'homme tient de son âme, qui possède à elle seule et éminemment les perfections des formes inférieures, les énergies physiques; il doit donc agir sur les autres corps et réagir à leur contact, tout comme cela se passe entre corps bruts. De son âme, il tient des puissances végétatives; il doit donc s'assimiler la matière du monde environnant, faire et entretenir son organisme; de

---

[1]. *Discours de métaphysique* adressé à Arnault.

son âme encore, il tient des facultés sensitives; il doit donc connaître les réalités matérielles avec lesquelles il se trouve en rapport. Et en tout cela l'âme est tour à tour active et passive au regard des corps avoisinants; elle porte et reçoit tour à tour le coup de l'action. Et cela doit être, puisque l'âme et le corps ne faisant qu'une substance, le corps ne peut agir qu'elle ne soit associée à son action, de même qu'il ne peut arriver que le corps soit atteint, sans que l'âme le soit en même temps.

Mais c'est particulièrement sur la question capitale de l'origine de nos idées que la théorie thomiste projette de précieuses clartés. L'objet et le procédé de notre connaissance intellectuelle dans ses grandes lignes sont définis et marqués d'avance par ce qu'elle enseigne.

N'est-il pas évident, en effet, que l'âme pensante étant par nature destinée à subsister dans un corps, et l'objet propre de l'agent devant répondre à son mode d'être, notre âme aura pour objet proportionné de sa pensée les natures ou essences qui subsistent dans la matière? et que ce sera seulement après avoir pris connaissance des êtres matériels, qu'elle pourra parvenir, à l'aide du raisonnement et de l'analogie, à se former quelque notion des réalités immatérielles?

D'autre part, nous pouvons déjà prévoir suivant quel procédé ses idées se formeront. L'homme, ne cessons de le redire, est un être complexe, qui possède, dans l'unité de sa nature, des puissances, des énergies d'ordres fort divers, physiques, végétatives, sensitives, intellectuelles, si bien reliées et jointes entre elles, qu'il en résulte ce bel être, plein d'harmonie et de force, qui est le couronnement et comme l'orgueil de la nature.

Mais l'ordre qui paraît dans l'être de l'homme devra, sans aucun doute, reparaître dans son opération : « *Operatio enim sequitur esse et ei proportionatur* » ; ce qui ne saurait avoir lieu qu'à la condition que ses facultés inférieures exercent leur activité sous la dépendance et au profit des facultés supérieures. L'intelligence étant donc la faculté maîtresse de l'homme, et la pensée son acte le plus noble, il s'ensuit que tout dans l'homme, de près ou de loin, doit servir à l'intelligence et à la pensée, si bien qu'à produire la pensée tout l'être humain devra travailler; et qu'elle sera comme le terme suprême d'une élaboration à laquelle toutes les puissances, chacune suivant son ordre et à sa manière, auront dû prendre part. Les puissances sensitives, en particulier, qui se trouvent placées immédiatement au-dessous de l'intelligence, et dans un rapport plus immédiat avec elle, devront surtout lui apporter leur concours.

N'est-ce pas aussi ce qui a lieu? Si nous avons l'idée des corps étendus et résistants, c'est que nous les avons touchés; des couleurs, c'est que nous les avons vues ; du son, c'est que nous l'avons entendu; des saveurs, c'est que nous les avons goûtées; des corps avec l'ensemble de leurs propriétés, c'est qu'après avoir perçu chacune d'elles par chacun de nos sens, nous les avons embrassées dans une seule perception par notre sens interne général, *sensus communis* ; et que notre imagination en retrace sans cesse les images devant notre esprit, toutes les fois qu'il pense. Voilà ce que notre expérience personnelle nous dit : mais voilà aussi ce qu'avec notre théorie de l'âme forme substantielle du corps nous avions prédit [1].

Il serait facile de montrer que notre doctrine éclaire bien d'autres parties de la science que l'idéologie ; qu'elle fournit, par exemple, à la pédagogie, à la médecine, spécialement à la thérapeutique, une base sûre et des principes féconds en applications ; mais je dois me borner, et je n'ai plus que le temps de signaler, en finissant, deux conséquences.

La première regarde la place que l'âme occupe dans le corps. Puisqu'elle en est la forme substantielle, qu'elle lui donne son actualité, sa subsistance physiques, qu'elle l'unifie, le vivifie, l'*humanise* dans son tout et dans ses parties, et que d'ailleurs elle est simple, spirituelle, et absolument indivisible, elle ne saurait manquer d'être partout présente par son essence, tout entière dans la totalité et tout entière en chaque point, *tota in toto*,

---

[1]. P. Liberatore, *Dell' Uomo*, vol. I, p. 509, 2e édit.

et tota in qualibet parte [1]. Cependant, il est une remarque importante que nous devons faire avec saint Thomas : c'est que, si l'âme est tout entière dans le corps et en chacune de ses parties, par son indivisible essence, par ses facultés ou ses puissances, elle n'est pas tout entière en chaque partie, ni même tout entière dans tout le corps, « *sic non est tota in qualibet parte corporis, nec etiam tota in toto*. Il a été montré précédemment [2], en effet, dirons-nous avec le S. Docteur, que l'âme humaine, excédant la capacité de la matière, possède la vertu de produire certains actes où le corps ne prend point une part directe, comme de penser et de vouloir librement, *sicut intelligere et velle*. L'intelligence et la volonté ne sauraient donc résider en aucun organe. Pour ce qui regarde les autres opérations qu'elle exerce par les sens, la vertu de l'âme tout entière réside dans le corps tout entier, mais non en chaque partie : car les diverses parties du corps étant façonnées pour des opérations diverses, l'âme est en chacune de ses parties, seulement par celle de ses puissances qui concourt à en produire les actes [3]. » Ainsi l'âme est dans l'œil par sa puissance visuelle, dans l'ouïe par sa puissance auditive, etc. Par où l'on voit que, si l'âme ne divise pas son essence, elle divise ses puissances.

1. S. Augustin, *de Trinitate*, lib. VI, n. 8.
2. V. notre troisième chapitre.
3. *Quæst. unica de Animâ*, art. X.

Mais arrivons à notre dernière conséquence : c'est qu'il nous est facile maintenant de concevoir quelle est la place de l'homme dans l'univers visible, et même dans la création. L'homme d'abord, nous l'avons vu, rassemble en lui-même toutes les perfections des natures inférieures : l'être physique du minéral, la vie de la plante, la sensibilité de l'animal; il possède tout cela à un degré éminent, et, en sus de tout cela, il pense et raisonne. L'homme est donc tout ensemble le résumé et le roi du monde visible. Mais n'est-il point autre chose ? Ne se pourrait-il que, par son âme raisonnable qui plonge dans les entrailles de la matière, mais dont les facultés maîtresses, l'intelligence et la volonté libre, échappent aux étreintes du corps et brillent au-dessus comme deux clartés sublimes, il eût à remplir un autre rôle plus noble? Les grands philosophes de l'antiquité, Platon, Aristote, et beaucoup de leurs disciples, ont pensé que le monde visible n'existe pas seul, mais qu'il existe au-dessus de notre monde un monde invisible, le monde des purs esprits, ou *intelligences séparées*. Ne serait-il pas convenable, en effet, et d'un beau dessein, qu'il y eût de toutes sortes d'êtres dans la création? « Des êtres qui n'eussent que l'étendue avec tout ce qui lui appartient, figure, mouvement, repos, tout ce qui dépend de la proportion ou disproportion de ces choses : des êtres qui n'eussent que l'intelligence, et tout ce qui convient à une si noble opération, sagesse, raison, prévoyance, volonté, liberté, vertu : enfin des êtres où tout fût uni, et où une âme intelligente se trouvât jointe à un corps [1] ? »

Si cela est, et la Raison, je ne parle pas de la Foi, est bien loin d'y contredire, la place et le rôle de l'homme acquièrent une nouvelle importance. Il n'est plus seulement le résumé de notre monde visible : il est le commencement superbe d'un monde invisible, le lien qui rattache l'un à l'autre, et réunit dans un tout grandiose l'œuvre de la création. De la matière première, pure puissance, jusqu'à Dieu, acte pur, je vois désormais tous les êtres qui montent par une progression insensible mais constante et sans lacune; l'unité et la splendeur de la création éclatent à mes regards; et, en admirant la matière et l'esprit s'unissant, se continuant d'une façon si merveilleuse, tant d'oppositions vaincues, tant de contrastes réduits à une si parfaite harmonie, je reconnais et j'adore la sagesse suprême qui a tout conçu et ordonné, et la puissance souveraine qui a réalisé un tel ouvrage.

1. Bossuet, *de la Connaissance de Dieu*, etc., chapitre ix.

CHAPITRE SIXIÈME.

L'AME DE L'HOMME EST IMMORTELLE.

Sommaire. — L'âme humaine est immortelle, non seulement par grâce, mais encore par nature. — La vie des âmes séparées.

Le savant Anglais Robert Hall, en se convertissant au spiritualisme, disait : « J'ai enterré mon matérialisme dans la tombe de mon père. » Ces belles paroles n'ont pas été du goût des Matérialistes, qui ont reproché à Robert Hall d'avoir écouté son cœur plutôt que sa raison, et d'avoir fait passer le sentiment avant la conviction. C'est, du reste, ce qu'ils reprochent toujours à la thèse spiritualiste de l'immortalité de l'âme, d'être un produit du sentimentalisme et du mysticisme, et de ne reposer sur aucun fondement solide. L'heure est venue d'examiner ce que vaut cette affirmation audacieuse du matérialisme, et de voir ce que la mort fait en nous; si elle y détruit tout, ou si elle y respecte quelque chose: ce qu'elle détruit, ce qu'elle respecte en ceux que nous perdons.

Cette étude montrera, je l'espère, que notre

croyance à l'immortalité a des fondements plus solides que ne le prétendent nos adversaires; que le cœur ici n'est point en désaccord avec la raison, et que la philosophie, non moins que le sentiment, commande de laisser planer l'espérance sur les tombes.

J'exposerai d'abord les preuves de l'immortalité de l'âme humaine : j'essayerai ensuite de dire ce que peut être la vie de l'âme séparée de son corps.

Avant de décider que l'âme est immortelle, les vieux Scolastiques ont grand soin de nous dire que une chose peut être immortelle, ou par nature, ou par grâce, par faveur, si l'on veut.

Ce que c'est que d'être immortel par grâce, cela se comprend tout seul. C'est ne jamais mourir, c'est vivre toujours, non en vertu des ressources ou de l'énergie de sa propre nature, mais par une faveur gratuite de Dieu, supposé qu'il plaise à Dieu de maintenir dans l'existence un être qui, abandonné à ses seules forces, devrait succomber. Dieu, en effet, pourrait faire vivre un arbre éternellement : or, l'arbre qui vivrait ainsi sans fin serait immortel par faveur, par privilège et non par nature[1].

L'immortalité par nature, ou de nature, n'est guère plus difficile à entendre que l'immortalité

---

[1]. Saint Thomas, *Quæst. Disput. De Potentia*, q. V, a. 3, ad 7.

par grâce, ou immortalité de faveur; cependant il faut y employer une distinction, car il y a deux manières d'être immortel par nature. La première, la plus noble, consiste à être si parfaitement en possession de l'existence, qu'il répugne absolument, qu'il soit métaphysiquement impossible qu'on en ait jamais été dépourvu, et qu'on en soit jamais dépouillé. Comme vous le comprenez tout de suite, cette immortalité appartient en propre et exclusivement à l'Être Nécessaire, dont l'essence est d'exister; c'est l'immortalité de Dieu, qui, en ce sens, est le seul immortel, comme dit saint Paul, « *qui solus habet immortalitatem*[1]. »

Mais il existe une autre immortalité de nature : c'est celle qui convient à un être dont la nature est telle qu'une fois amené à l'existence, il doit exister toujours. Cet être, comme vous voyez, n'a pas la nécessité, ni l'immortalité absolue de Dieu; il n'est immortel et nécessaire que d'une nécessité et d'une immortalité d'hypothèse. Cependant, l'on dit avec raison qu'il est immortel de nature, parce que, en effet, supposé qu'il reçoive l'existence, sa nature réclame qu'il la garde toujours.

Eh bien! quand nous demandons si l'âme de l'homme est immortelle, nous demandons si elle l'est dans ce dernier sens; c'est-à-dire si elle est immortelle, non pas seulement par grâce, mais

---

[1]. 1ʳᵉ Épitre à Timothée, c. VI, v. 16. On peut voir un beau commentaire de cette parole, dans saint Bernard, *Sermon* LXXXI, *spe Cantic.*

par nature, et doit exister toujours par le seul fait qu'elle existe.

Il est d'abord certain que l'âme n'a rien à redouter de la destruction du corps.

N'avons-nous pas prouvé que l'âme est spirituelle, c'est-à-dire tient d'elle-même, et non du corps, sa subsistance?

Vous vous souvenez, je pense, de cet argument, simple, mais démonstratif :

La nature et la manière d'exister d'un agent quelconque sont proportionnées à son opération et à sa manière d'agir.

Or, l'âme humaine a une opération où le corps ne peut aucunement atteindre, une opération transcendante : la pensée.

Donc, l'âme humaine a une nature qui dépasse le corps, une existence transcendante qui lui appartient en propre, et qu'elle ne tient que d'elle-même. Donc, aussi, son corps venant à lui faire défaut, elle demeure quand même, en vertu de cette subsistance que le corps ne pouvait lui donner ; à peu près comme un associé de commerce reste aux affaires et continue la spéculation, même après que les fonds communs de la société ont été détruits, pour peu qu'il possède des fonds particuliers et n'appartenant qu'à lui [1].

En quoi, pour le dire en passant, l'excellence de

---

1. Albert le Grand, *de Natura et Origine Animæ*, tractat. II, c. VIII.

l'âme de l'homme sur celle des bêtes éclate d'une façon remarquable. Car l'âme des bêtes meurt avec le corps; et elle meurt de la sorte, précisément parce que, à la différence de l'âme humaine, elle n'est pas spirituelle.

C'est là ce qu'expliquait si bien au père Lacordaire un jeune novice de Sainte-Sabine, à Rome.

Il paraît que le bon père avait toujours été embarrassé par cette question de l'âme des bêtes. — Comment en parler correctement? Faut-il dire qu'elles sont immortelles, ou dire le contraire? Dire qu'elles sont immortelles, paraît exorbitant : c'est les égaler à l'âme humaine. Mais aussi, de quel droit les faire mourir?

Le grand orateur exposait un jour ses difficultés, familièrement, pendant une promenade où il avait suivi ses chers étudiants, et finissait par conclure que, peut-être, il faudrait accorder l'immortalité aux bêtes; quand un jeune Italien, déjà fort instruit de la philosophie de saint Thomas : « Mais, Père, c'est impossible, s'écria-t-il, *Animæ brutorum actum non habent*. L'âme des bêtes n'a pas une seule action qui lui soit propre, qu'elle n'accomplisse de moitié avec le corps; elle n'a que des sensations, elle ne perçoit et ne poursuit que le concret et le matériel; elle n'émerge donc pas au-dessus du corps; elle n'est donc pas transcendante; elle n'a donc pas d'existence propre : le corps détruit, il faut bien qu'elle tombe, qu'elle s'éteigne et s'évanouisse. » Ainsi parla le jeune novice, et le père Lacordaire avouait plus tard que cette parole lui avait été un trait de lumière, et lui rendit un service véritable.

L'âme humaine subsiste, son corps même étant détruit. Elle bénéficie alors de son existence indépendante. Mais l'âme humaine peut survivre au corps, sans être, pour cela, proprement immortelle, immortelle par nature; car peut-être porte-t-elle en elle-même un germe de destruction. Voyons donc si sa constitution, si son essence est telle, que, d'elle-même, elle ne puisse mourir.

Mais comment saisir cette essence de l'âme, et comment notre regard pourra-t-il atteindre jusqu'à sa constitution intime? — Ne savons-nous pas que la nature intime des êtres se révèle, se reflète, pour ainsi dire, dans leurs propriétés et dans leurs opérations? Nous n'avons donc qu'à interroger l'action et la tendance de l'âme humaine, pour reconnaître quelques-unes, au moins, de ses propriétés caractéristiques et essentielles.

Regardez donc, je vous prie, quel est l'objet préféré de sa connaissance, et à quoi la porte le plus impérieusement son désir.

Sans doute, comme le remarque Albert le Grand, ce qu'elle perçoit avant tout, c'est le monde sensible et ses phénomènes ; il faut que les sens lui fournissent d'abord la matière brute indispensable à l'élaboration de ses idées. Mais les notions sensibles, les faits, ne lui servent qu'à prendre son élan : des faits, vite elle remonte aux lois, aux causes, aux principes. « *Licet omnis nostra cognitio a sensibilibus incipiat, tamen... non semper stat et terminatur circa sensibilia, sed extollitur vehementer in immensum ad ardua et remota a sensibilibus*[1]. » Ce qui l'attire, c'est l'universel, ce sont les vérités nécessaires, immuables, éternelles. A coup sûr, le spectacle de la création est merveilleux et transporte ; mais il n'exerce point le même charme prestigieux sur l'âme que la contemplation des vérités rationnelles. Rappelez-vous l'enthousiasme de Pythagore, quand il sacrifiait sa génisse aux Muses, pour lui avoir découvert quelqu'une des éternelles propriétés d'une figure de géométrie. Rappelez-vous Archimède, méditant sur les rapports immuables des nombres, et ne pouvant plus voir ni les ennemis, ni la mort qui s'approchent. Entendez Platon célébrer la félicité de ceux qui contemplent le beau et le bon, premièrement dans les arts, secondement dans la nature, et enfin dans leur source et dans leur principe, qui est Dieu. Vous savez comment Aristote loue ces heureux moments « où l'âme n'est possédée que de l'intelligence de la vérité », et comme il juge une telle vie seule digne d'être éternelle, seule digne d'être la vie de Dieu ; avec quelle assurance, aussi, il affirme que la plus petite lueur qui nous vient du monde des vérités éternelles et divines est incomparablement plus

---

[1]. *De Anima*, lib. I, tractat. I, c. 1.

douce et plus précieuse que toutes les splendeurs d'un soleil comme le nôtre [1]. Enfin, vous savez comment les saints sont tellement ravis de ce divin exercice qui consiste à connaître, aimer et louer Dieu, qu'ils ne le quittent jamais, et que, comme dit Bossuet, « ils éteignent, pour le continuer durant tout le cours de leur vie, tous les désirs sensuels [2]. »

Voilà le fait. Notre âme se complaît, se délecte dans le nécessaire, dans l'éternel, dans l'immuable. C'est là qu'elle respire, c'est là qu'elle se dilate, c'est là qu'elle jouit. Ainsi est faite sa nature.

Mais que suppose la jouissance? Ne suppose-t-elle pas une correspondance entre celui qui jouit et l'objet qui le fait jouir? une proportion, un point par où les deux natures se touchent et se conviennent? Si l'œil jouit de la lumière, l'oreille de l'harmonie, le palais d'une nourriture savoureuse, n'est-ce pas qu'entre l'œil et la lumière, l'oreille et l'harmonie, le palais et la nourriture, il existe un rapport, une similitude et une convenance de nature?

Donc, puisque l'âme humaine jouit par-dessus tout de ce qui est au-dessus du temps, et n'est point limité ni borné dans sa nature, c'est qu'elle même, par sa nature, domine le temps, et possède, en droit, une existence sans fin [3].

1. *De Animalibus* lib., I, c. 5. *Ethicor.*, lib. X, c. 7.
2. *De la connaissance de Dieu et de soi-même*, chap. v, 14.
3. « *Hæc ratio efficacissima est, si quis eam bene intelligat.* » Albert le Grand, *de Natura et Origine Animæ*, tractat. II, c. vi.

Vous arriverez à la même conclusion, si vous voulez considérer quel est le désir naturel de l'âme humaine.

C'est un principe, qu'un désir de nature ne peut être vain et sans objet, parce que la nature ne se ment point à elle-même.

Et c'est un fait que tout, dans le monde, est en travail et en lutte, pour conserver l'existence : « L'être est doux à toute chose, dit S. Augustin, *vi quâdam naturali ipsum esse jucundum est.* Le minéral résiste aux agents de dissolution ; la plante se détourne de ce qui peut lui nuire ; et les animaux *nonne se esse velle, atque ob hoc interitum fugere, omnibus quibus possunt motibus indicant ?* Enfin, les hommes les plus infortunés, si on pouvait leur garantir qu'ils vivront toujours, *profecto exultarent lætitia, et sic semper eligerent esse quam omnino non esse* [1]. » L'on peut ne pas souhaiter les richesses, le pouvoir, les honneurs, mais l'on désire toujours de vivre. C'est donc bien une loi de nature, que tout aspire à être, l'homme comme le reste : « *Vi quâdam naturali ipsum esse jucundum est.* » Toutefois, il y a une différence immense entre nous et ce qui nous entoure. C'est que, seuls, parmi les êtres de ce monde, étant doués de la pensée, nous concevons l'existence, non pas concrète et emprisonnée dans un coin de l'espace, ou dans une partie du temps,

---

[1]. *De Civitate Dei*, lib. XI, c. XXVII.

mais l'existence en général, l'existence sans limites.

Il en résulte que notre désir naturel de l'existence s'étend jusqu'à une existence sans fin, et manifeste par là-même que nous portons en nous un principe, de soi, immortel ; que nous possédons, outre notre corps qui périt, une âme dont la nature est de ne point périr [1].

S. Bonaventure raisonnait à peu près de même, en s'appuyant sur cet autre fait, que tous, nous aspirons au bonheur : « C'est un fait indéniable, *certissimum*, dit-il, que tous nous voulons être parfaitement heureux ; tel est le cri de toute nature humaine, *clamor omnis appetitus naturalis*. En conséquence, il faut tenir que notre nature est telle qu'elle peut jouir de la félicité. Mais, à celui qui peut perdre le bien qu'il possède, la félicité est impossible. Car, s'il peut perdre son bonheur, il craint ; s'il craint, il est dans la peine ; et sa peine, en le rendant malheureux, le prive de la félicité. Puis donc que notre âme, par nature, tend au parfait bonheur, il est nécessaire que, par nature, elle soit immortelle, *necesse est igitur quod si anima facta est capax beatitudinis, quod sit ipsa per naturam immortalis*[2]. »

A ces trois preuves, faciles à saisir, saint Thomas en ajoute une quatrième, qui se recommande

---

1. V. Cajétan, *Oratio de Immortalitate Animorum coram Julio II, P. M. Dominicâ prima Adventus, anno Salutis* 1503 *habita*.

2. *Sententiar.* lib. II, distinct. XIV, art. I, quæst. I.

aux esprits plus versés dans la métaphysique : L'âme humaine est naturellement immortelle, dit le saint Docteur, parce que, d'une part, elle ne possède aucun principe de destruction, et que, d'autre part, l'existence lui appartient comme un apanage de nature et lui convient immédiatement par elle-même. L'âme humaine, en effet, est absolument simple ; on ne saurait lui assigner ni parties quantitatives, comme aux réalités étendues, ni parties essentielles, comme aux substances composées de plusieurs principes physiquement distincts. Par nature donc, elle échappe à toute division et à toute décomposition. Il est métaphysiquement impossible que l'âme soit divisée : cela ne peut pas plus lui arriver qu'au cercle d'être carré. Mais comme, par ailleurs, l'âme est spirituelle, ainsi que nous l'avons montré, c'est-à-dire ne reçoit l'existence, ni du corps, ni du composé qu'elle forme avec lui, mais la tient immédiatement d'elle-même et d'elle seule, il s'ensuit d'abord que l'existence est l'apanage naturel de l'âme et découle de sa nature ; qu'elle lui convient «comme au nombre d'être pair ou impair», et au soleil d'être lumineux. Il s'ensuit en second lieu que, l'âme étant une fois donnée, l'existence ne peut pas se séparer d'elle ; pas plus que, l'astre étant donné, ses rayons ne peuvent cesser de luire, ou que, le nombre étant donné, il ne peut manquer d'être pair ou impair [1].

---

1. Quæst. un. *de Animâ*, art. xiv.

Telle est cette quatrième preuve de saint Thomas. Il l'avait empruntée à saint Augustin, qui la rappelle souvent, et la résume parfois en cette formule concise et profonde comme une parole de génie : « L'âme est à elle-même sa vie, et parce que l'âme ne peut se dépouiller d'elle-même, l'âme ne peut mourir. *Quia ipsa vita est animus et seipsum non deserit, non moritur animus.* » Pour cesser de vivre, l'âme devrait cesser d'être elle-même[1]. Il n'y aurait pour elle qu'une manière de finir : l'anéantissement.

Mais l'anéantissement, tel est précisément l'écueil contre lequel, peut-être, va venir se briser notre immortalité.

L'on conçoit, en effet, qu'un être peut se détruire de deux manières : par division, décomposition, ou par anéantissement. — Voici un obus, l'obus éclate, et les éclats en sont projetés au loin, dans toutes les directions ; l'obus est détruit par la division et la dispersion de ses parties ; et le corps du pauvre soldat qu'il vient de mettre en pièces est détruit de la même façon. Mais cette destruction n'est pas la plus radicale qu'on puisse supposer. Des objets ainsi divisés et brisés, il reste quelque chose, des fragments. Or, l'on peut concevoir une destruction, où rien ne soit épargné, où absolument rien ne demeure : c'est

---

1. V. Jean de St-Thomas, raisonnant contre Scot et Suarez, *Cursus philosophicus, de Anima rationali*, q. IX, art. II.

l'anéantissement proprement dit. Qu'une force simple et spirituelle comme notre âme ne puisse être ni divisée, ni décomposée, cela est constant ; mais nous ne serons pas beaucoup plus avancés, si elle peut être anéantie.

Voici d'abord, à ce sujet, une observation rassurante : c'est que nulle force créée ne peut anéantir quoi que ce soit.

Sur ce point, nous pouvons invoquer le témoignage des Matérialistes : car, c'est un de leurs dogmes que, dans ce grand conflit des êtres qui se voit dans le monde, les agrégats seuls sont détruits, et que les éléments et les forces demeurent. Les atomes de la matière, nous disent-ils hautement, demeurent immuables, sous le flot toujours mobile des combinaisons et des transformations où ils se trouvent engagés.

Nous n'avions que faire, du reste, de cette affirmation des Matérialistes. L'expérience nous montre assez clairement, à chaque heure, que les forces agissant avec le plus d'énergie respectent toujours le dernier fond des êtres qu'elles atteignent.

Et même la philosophie nous en dit la raison, non moins clairement : c'est que la distance de l'existence au néant étant la même que celle du néant à l'existence, pour ramener une créature de l'existence au néant, il faut la même puissance que pour l'amener du néant à l'existence : de même, par conséquent, qu'une puissance infinie seule peut mettre une réalité là où n'était que le néant [1], ainsi une puissance infinie seule peut faire que le néant succède à la réalité. Nul être fini, nul être créé, ne peut donc anéantir l'âme ; de même qu'elle non plus ne peut anéantir le dernier atome.

Si elle peut être anéantie, c'est Dieu seul qui peut le faire.

— Mais Dieu, encore une fois, ne peut-il pas la détruire, en l'anéantissant ? S'il le peut, que devient alors notre immortalité ?

A ce propos, un des plus illustres apologistes du siècle dernier, Valsecchi [2], fait une remarque fort juste et qu'il est bon de mentionner : c'est que cette difficulté, les Spiritualistes peuvent bien se la poser, mais les Matérialistes ne sauraient l'invoquer contre nous, sans se donner un démenti à eux-mêmes, puisqu'ils ne reconnaissent pas l'existence de Dieu.

La difficulté du reste n'en demeure pas moins pour nous. Heureusement elle n'est pas insoluble.

Il est bien vrai que Dieu a la puissance d'anéantir nos âmes. Car Dieu les a créées ; et sa puissance d'anéantir s'étend aussi loin que sa puissance de créer. Mais, rassurez-vous : cette redoutable puissance de Dieu n'anéantira pas nos âmes, parce qu'elle n'est plus libre pour cet effet, étant comme retenue et liée par les autres attributs divins. Expliquons-nous.

1. *V.* plus loin, p. 365.
2. *Dei Fondamenti della Religione.*

Dieu étant un être infiniment parfait, toutes les perfections se trouvent en lui, et chacune à un degré infini. De même, par conséquent, qu'aucune perfection ne lui manque, nulle non plus ne peut être inférieure, ni faible par rapport aux autres ; selon notre manière de concevoir, toutes, au contraire, sont dans un admirable équilibre et agissent avec un merveilleux concert. Il suit de là qu'en Dieu, nulle perfection ne saurait être sacrifiée à une autre, ni blessée par une autre ; et que la puissance, par exemple, ne saurait jamais faire ce que la bonté, la justice ou la sagesse, n'approuverait pas.

Or, je dis que la justice et la sagesse de Dieu lui défendent d'anéantir l'âme humaine, et lui commandent au contraire de la réserver pour une autre vie.

Et d'abord qu'il existe une autre vie, cela ne peut pas être mis en doute par quiconque admet l'existence de Dieu.

Dès lors que Dieu existe, en effet, il est nécessairement conçu comme providence et comme justice infaillible.

Or, si Dieu ne nous réservait pas une autre vie, Dieu ne serait plus ni justice, ni providence.

La justice et la providence de Dieu, en effet, ne doivent-elles pas surtout se montrer par le sort différent fait au vice et à la vertu ? Dieu saint, et juste, n'est-il pas obligé à flétrir, à châtier l'un, à récompenser, à glorifier l'autre ? Quoi donc ! il pourrait exister une providence divine, et le mal rester éternellement impuni, et la vertu rester éternellement oubliée et méconnue? Dieu pourrait exister, et regarder du même œil, traiter avec la même indifférence ou la même sympathie, le crime et la sainteté, la charité et l'égoïsme, l'orgueil et l'humilité, la continence et la débauche, la générosité magnanime et l'avarice sordide? Dieu pourrait ne pas faire de différence entre Néron et saint Louis, entre saint Vincent de Paul et Voltaire, entre saint Thomas d'Aquin et Jean-Jacques Rousseau ?

Non, il ne saurait en être ainsi. Si Dieu existe, il faut qu'il se montre, par des effets, le défenseur et l'ami de la vertu, le juge et l'ennemi du vice ; et que vienne un moment où les préférences divines soient éclatantes et incontestables.

Hé bien ! regardez notre monde, et dites si la part y est toujours faite plus belle à la vertu ; si elle y triomphe partout, et si le vice, au contraire, y est partout abaissé, partout flétri, partout châtié.

Le prétendre, serait dérisoire. Il faut donc reconnaître que, dans la vie présente, la justice divine retient son cours et suspend ses effets ; qu'elle ne dit pas son dernier mot, mais le réserve pour un autre état de choses, pour une autre vie qui succédera à la vie présente, et où notre Dieu saint, juste et sage, traitera chacun selon son mérite ; où il réalisera les compensations nécessaires, où il fera l'ordre parfait, en nous montrant

« la vertu, toujours avec le bonheur, et le vice, toujours avec la souffrance [1] ».

Voilà ce que dit la raison : Si Dieu existe, il doit à la vertu une autre vie, qui soit un dédommagement de l'existence présente.

C'est là ce qu'entendait si bien notre poète, lorsque, pensant tout ensemble aux aspirations immenses de l'âme humaine, et aux nobles combats de la vertu, il disait en face d'un tombeau :

> Non, non, pour éclairer trois pas sur la poussière,
> Dieu n'aurait pas créé cette immense lumière,
> Cette âme au long regard, à l'héroïque effort!
> Sur cette froide pierre en vain le regard tombe.
> O vertu! ton aspect est plus fort que la tombe,
>   Et plus évident que la mort!

Mais je n'ai pas seulement à prouver que Dieu donne aux âmes une vie d'outre-tombe : il faut encore établir que cette vie ne finira point, que Dieu ne doit point les anéantir.

Qui va nous en assurer? Qui se portera notre garant contre Dieu ? — Dieu lui-même.

Sa justice et sa sagesse s'opposent, en effet, à ce que nous soyons anéantis.

Rien de libre et d'indépendant comme Dieu, à l'égard de sa créature. Devant lui les natures les plus nobles sont comme si elles n'étaient pas, et notre néant ne saurait jamais fonder le moindre droit, à l'égard du Créateur. Mais Dieu peut s'en-

[1]. Bossuet.

gager, et de fait il s'engage, lui-même à l'égard de lui-même [1]. Il est libre incontestablement de ne pas créer un être; mais dès l'instant qu'il le crée, Dieu se doit à lui-même de traiter cet être conformément à la nature qu'il lui a donnée. C'est en cela, suivant saint Thomas, que consiste, pour Dieu, la justice envers les créatures. Sa sagesse lui fait aussi un devoir de ne pas tenir une conduite qui se contredise : et Dieu se contredirait dans sa conduite, si, produisant à l'existence un être avec une nature, il traitait cet être comme en ayant une autre. L'homme se croit obligé à montrer de la suite et de la constance dans ses conseils et dans ses œuvres : qu'en doit-il être de Dieu?

Il est donc de la justice et de la sagesse de Dieu, de traiter les êtres suivant leur nature particulière. Or, nous l'avons prouvé, l'âme humaine a une nature qui demande l'immortalité. Dieu doit donc à sa justice et à sa sagesse, *supposé qu'il crée une âme humaine*, de la conserver immortelle.

Il faut donc dire que l'âme humaine est immortelle en fait, comme elle est immortelle en droit, ou mieux, parce qu'elle est immortelle en droit.

Toute cette thèse sur l'immortalité de l'âme humaine se trouve merveilleusement confirmée par le sentiment unanime des peuples de tous les pays et de tous les temps.

1. *Somme théologique*, I, q. XXI, a. I, ad 3.

Cicéron, bien placé pour connaître ce qu'on pensait à son époque sur ce sujet, aux points les plus divers du monde connu, affirme que toutes les races croient à l'immortalité : « Permanere animas arbitramur *consensu nationum omnium* [1]. »

De nos jours, un Savant, certainement mieux informé encore que Cicéron, et ayant poussé beaucoup plus loin ses recherches, affirme de même cette universelle conviction.

Voici, en effet, ce que dit M. de Quatrefages, dont personne ne conteste la haute autorité scientifique :

« Il est des notions se rattachant généralement les unes aux autres, que l'on retrouve dans les sociétés humaines même les plus restreintes et les plus dégradées. Partout on croit à un monde autre que celui qui nous entoure, à certains êtres mystérieux d'une nature supérieure qu'on doit redouter ou vénérer, à *une existence future qui attend une partie de notre être après la destruction du corps.* En d'autres termes, la notion de la divinité et celle d'une autre vie sont tout aussi généralement répandues que celles du bien et du mal. Quelque vagues qu'elles soient parfois, elles n'en enfantent pas moins partout un certain nombre de faits significatifs. C'est à elles que se rattachent une foule de coutumes, de pratiques signalées par les voyageurs, et qui, chez les tribus

---

1. *Tusculanes,* livre Ier.

les plus barbares, sont les équivalents bien modestes des grandes manifestations de même nature dues aux peuples civilisés [1]. »

Qu'on honore les morts en effet, en leur élevant des nécropoles grandioses et de superbes mausolées, ou en faisant couler le sang des victimes au fond des grottes funéraires, en confiant leurs dépouilles aux arbres des forêts pour qu'elles soient plus doucement bercées et se conservent intactes plus longtemps ; l'idée qui se dégage de toutes ces pratiques, c'est toujours que l'homme subsiste après la mort, par la meilleure partie de lui-même, et « qu'une flamme incorruptible survit et plane sur les tristes restes de ce qui fut notre corps ».

Or, quelle explication trouverez-vous à ce fait d'un consentement si unanime? Entre les différents peuples, tout est divers : le caractère, les aptitudes, les préjugés, l'éducation, les aspirations non moins que le climat et le pays. Les hommes pris dans leur universalité n'ont qu'une seule chose de commune, c'est leur nature. Une seule chose aussi, dirons-nous, avec Cicéron, peut expliquer cet accord de tous les peuples : c'est que tous entendent la voix et reçoivent l'enseignement d'une même nature : « *Consensio omnium gentium lex naturæ putanda est* [2]. »

1. *Unité de l'espèce humaine*, chapitre II.
2. *Tusculanes*, livre Ier. — Auguste Nicolas, *Études philosophiques sur le Christianisme*, t. II, chap. VI, 26e édition.

Qui a bien compris ces preuves, et possède la doctrine que nous avons exposée dans nos leçons précédentes sur la spiritualité de l'âme et son union avec le corps, n'éprouve plus le moindre embarras en face des objections vulgaires contre l'immortalité.

L'on dit, par exemple, l'âme est la forme du corps, donc elle doit périr avec le corps. — Non, répondrons-nous avec S. Thomas, elle ne doit point périr. Car l'âme humaine, nous l'avons vu, est une forme telle, que son être est indépendant du corps qu'elle informe, comme son opération le démontre : « *anima est talis forma quæ habet esse non dependens ab eo cujus est forma ; quod operatio ipsius ostendit* [1]. »

— Mais l'âme ne forme avec le corps qu'une seule nature, et ils n'ont tous deux qu'une seule et même existence. Donc, l'âme ne peut exister sans le corps. — Le corps et l'âme ne forment qu'une seule nature : en ce sens que les deux réunis, mais restant distincts et non confondus, font un tout substantiel complet, rien de plus vrai ; en ce sens que l'un devient l'autre, au point de se confondre et de n'être plus distincts, rien de plus faux. Quant à l'existence, il est certain qu'ils possèdent la même en commun ; mais il ne faut pas oublier que cette existence, toute commune qu'elle est, vient de l'âme seule et reste par con-

---

[1]. *Quæst. Disput.*, questio unica *de Anima*, art. XIV, ad 9.

séquent à l'âme, si le corps vient à se retirer. « *Licet anima et corpus conveniant ad unum esse hominis, tamen illud esse* EST CORPORI AB ANIMA [1]. »

— Mais si l'âme naît et vieillit avec le corps, ne doit-elle pas périr avec lui [2]? — Si l'âme naissait avec le corps, vieillissait avec lui et comme lui, elle devrait, en effet, périr comme lui et avec lui. Mais elle ne naît point avec le corps et comme le corps, puisqu'ainsi que nous le verrons bientôt, elle est créée : et elle ne vieillit point avec le corps, puisque, au contraire, souvent, dans le vieillard, la pensée est plus profonde, plus pure, plus éclairée[3]; et que si l'activité intellectuelle diminue, on peut en rejeter la faute non sur l'âme, mais sur l'organe : « *Debilitas actionis non accidit propter debilitatem animæ sed organi* [4]. »

— Mais, que peut faire l'âme isolée, n'ayant plus

1. *Ibid*, ad 11.
2. Lucrèce, *de Natura rerum*, livre III, v. 436 et suiv.
3. M. Littré figurera parmi les hommes que l'histoire nous signale comme ayant vu leurs facultés mentales braver le nombre des années et la décrépitude de la vieillesse. Qu'on lise l'*Épilogue* de la 2ᵉ édition de son livre : *Conservation, Révolution et Positivisme*. Le savant Auteur y confesse « l'activité et la netteté d'esprit qui lui restent » à soixante-dix-huit ans; mais l'*Épilogue* lui-même nous révèle beaucoup mieux encore cet état surprenant de conservation intellectuelle. Son illustre contemporain, Sainte-Beuve, l'avait accusé d'être « maintes fois rude, hérissé, et presque sauvage » dans ses écrits : Littré s'en excuse, en quelques pages d'histoire intime, qui sont un vrai petit chef-d'œuvre de finesse, de raison et de goût.
4. *Quæstio unica de Anima*, art. XIV, ad 18. Albert le Grand disait : « *Vires animæ non senescunt et debilitantur, nisi corpori senectute et debilitate, sicut debilitatur nauta vel navigatio, nave jam fracta.* »

son corps, ni ses sens? Et pourquoi accorder l'existence à un être, s'il ne peut agir? — Il est incontestable qu'il y a là une difficulté, qui peut même se transformer en argument contre l'immortalité. De fait, telle est bien la quatorzième des *vingt et une* objections que S. Thomas se pose contre l'immortalité de l'âme, dans ce traité *de Anima* auquel je renvoyais tout à l'heure, et qu'il formule en ces termes:

« Si l'âme pouvait vivre séparée de son corps, elle devrait avoir quelque opération; car nulle substance ne peut être sans agir, « *eo quod nulla substantia est otiosa.* » Or, nulle opération ne peut convenir à l'âme séparée de son corps, pas même la pensée, qui semblerait pourtant s'arranger le mieux d'un pareil état; car l'âme ne pense point sans images, « *quia non intelligit sine phantasmate.* » Donc l'âme ne peut vivre sans le corps, « *sed corrumpitur corrupto corpore* [1]. »

Telle est, comme on le sait, la grande objection que Pomponace, l'adversaire le plus acharné de l'immortalité de l'âme, exploitait surtout contre la thèse que nous soutenons, et qu'il réussit à faire considérer par beaucoup d'esprits comme nouvelle, et comme insoluble [2]. Nouvelle, elle ne l'était point, on le voit. Insoluble, elle ne l'était pas davantage, comme on va s'en convaincre par ce que

---

1. Art. XIV.
2. V. D. Albert Stöckl, *Lehrbuch der geschichte der Philosophie*, et Lange, *Histoire du matérialisme*.

nous allons dire de la vie de l'âme séparée.

Platon, et ceux qui admettent avec lui que l'âme n'est unie au corps qu'accidentellement, se trouvent ici bien à l'aise, et se contentent de répéter les paroles de Socrate :

« Quand donc l'âme trouve-t-elle la vérité ? Est-ce quand elle associe le corps à ses recherches ? Non, car pendant que l'âme cherche la vérité avec le corps, nous voyons clairement que ce corps la trompe et l'induit en erreur.

« N'est-ce pas surtout par le raisonnement que l'âme embrasse la vérité ? « Oui.

« Et ne raisonne-t-elle pas mieux que jamais lorsqu'elle n'est troublée ni par la vue, ni par l'ouïe, ni par la douleur, ni par la volupté, et que, renfermée en elle-même, et laissant là le corps, sans avoir avec lui aucun rapport, autant que cela lui est possible, elle s'attache à ce qui est, pour l connaître ?

« Cela est parfaitement bien dit.

« ... Il est donc démontré que si nous voulons savoir véritablement quelque chose, il faut que nous abandonnions le corps, et que l'âme seule examine les objets qu'elle veut connaître. C'est alors seulement que nous jouirons de la sagesse dont nous nous disons amoureux, c'est-à-dire après notre mort, et point du tout pendant cette vie [1]. »

1. Phédon.

Si l'on admet une fois, dit S. Thomas, cette opinion que l'âme n'a pas besoin, par nature, « *secundum suam naturam*, » du secours des sens pour penser, la difficulté présente ne subsiste plus : « *hæc quæstio facilis est et absoluta.* »

Mais pour nous, qui admettons avec le saint Docteur que l'âme et le corps forment « un tout naturel », et sont deux réalités qui se complètent et s'appellent, l'embarras demeure.

Pour en sortir, l'on s'est demandé d'abord si, toute naturelle que soit l'union de l'âme et du corps, l'âme dépend tellement de son conjoint dans la vie présente, qu'elle ne puisse former une seule pensée, sans avoir recours au ministère des sens. Des philosophes, comme Avicenne et Algazel, au témoignage du B. Albert le Grand, ont, en effet, soutenu que l'âme, une fois en possession d'une idée, n'a plus besoin de l'image qui la lui avait fait concevoir; de même, disaient ces philosophes, que la voie n'est plus nécessaire à celui qui est au terme, ni l'échelle à celui qui est monté. Mais, ajoute le grand homme, quelque opinion que l'on embrasse sur ce point, l'on voit surgir de telles difficultés qu'il paraît bien malaisé de savoir certainement ce qui en est : « *Videtur mihi fore perarduum veritatem attingere*[1]. »

Voyons donc s'il n'y a pas moyen de se tirer de la difficulté, même dans la supposition que

---

1. *De Anima*, lib. III, tractat. II, cap. VIII.

l'âme, naturellement unie au corps, ne peut former dans sa vie présente aucune pensée sans le concours de quelque image. On peut s'en tirer, en effet, et S. Thomas et Albert le Grand vont nous fournir là-dessus des explications pleinement satisfaisantes.

Il faut d'abord reconnaître que la vie de l'âme séparée subit une réduction, au regard des opérations de l'ordre végétatif et de l'ordre sensitif. Toutes les puissances soit végétatives, soit sensitives, en effet, ne peuvent agir sans organes : « *hæ potentiæ organicæ sunt*, » comme dit Albert le Grand [1] ; la mort ayant détruit l'organisme, elles ne peuvent donc plus opérer. L'âme séparée ne voit ni n'entend plus, faute d'yeux et d'oreilles. Mais l'âme regagne du côté de l'intelligence ce que nous lui avons vu perdre du côté des facultés inférieures. N'étant plus ni distraite, ni divisée, son énergie se concentre, et son activité intellectuelle en devient plus intense [2].

Car il faut tenir que l'âme séparée exerce ses facultés intellectuelles. Tout ce qui est agit : « *non est substantia otiosa*. » L'âme donc demeurant après la ruine du corps, elle doit agir conformément à sa nature. Du reste, nous n'en sommes pas réduits à dire seulement qu'elle doit agir. S. Thomas, analysant avec une pénétration merveilleuse la pensée humaine, et séparant nettement ses

---

1. *De Natura et Origine Animæ*, tractat. II, cap. III et XVI.
2. Somme théologique, I, q. LXXX, a. II, ad 1.

conditions essentielles et absolument nécessaires de celles qui ne le sont pas, nous montre avec une pleine évidence comment il se peut que l'âme séparée vive sa vie intellectuelle.

En quoi consiste proprement et essentiellement l'opération intellectuelle, la pensée? Elle consiste proprement et essentiellement à percevoir l'intelligible, c'est-à-dire l'immatériel en acte, « *operatio propria animæ est intelligere intelligibilia actu* [1]. » Rien, en effet, ne peut entrer dans l'intelligence, qui ne soit actuellement immatériel : car tout ce qui est reçu dans un sujet en prend et en subit nécessairement les conditions : par conséquent, l'intelligence étant immatérielle, rien n'y peut entrer qui ne soit immatériel. L'immatérialité actuelle de l'objet, telle est donc la conditio essentielle et absolument nécessaire de la pensée.

Mais que l'immatériel arrive à l'âme par une voie ou par une autre, cela n'est plus essentiel à la pensée ; et, à ne considérer que l'absolu possible, l'on conçoit fort bien que l'âme s'approvisionne d'objets intelligibles par différents moyens, suivant les états différents où elle peut se trouver placée.

Que le moyen employé soit ordinaire ou extraordinaire, normal ou anormal, naturel ou préternaturel, l'essence de l'opération n'en est nullement

---

1. *Quæstio de Anima*, art. xv, ed. 10.

changée; et en aucun de ces procédés l'on ne découvre rien de contradictoire ni d'impossible. L'essence de la pensée ne sera donc nullement changée, conclut S. Thomas, soit que l'âme par sa puissance d'abstraction et de généralisation tire l'intelligible des représentations que l'imagination lui fournit, soit qu'elle le reçoive de quelque part ailleurs : « *Nec per hoc diversificatur species intellectualis operationis, quod intelligibilia actu sunt accepta a phantasmatibus vel aliunde* [1]. »

Objecterez-vous que, s'il est naturel à l'âme de penser avec son corps, c'est-à-dire avec un cerveau qui lui fournisse des images, par là même il ne lui est pas naturel de penser hors du corps ? Mais ce n'est point là prouver qu'il est contradictoire que l'âme séparée pense. En effet, répondrai-je, avec S. Thomas, dans l'un de ses plus beaux traités [2], tout ce qui n'est pas naturel n'est pas par cela même contre nature, ou contradictoire et impossible ; car, ce qui ne convient pas à un être par sa nature, peut fort bien lui convenir par une autre raison, en vertu d'un changement d'état, d'une action venue du dehors, etc. Ainsi il n'est pas naturel à une pierre de demeurer en l'air ; et il n'est pas cependant contre nature, ni impossible, qu'elle y demeure. L'on dirait seulement une chose contradictoire et impossible, si l'on affirmait qu'elle demeure en l'air en vertu

---

1. A l'endroit cité.
2. *De Unitate Intellectus contra Averroystas.*

de sa nature : « *Grave esse sursum non includit contradictionem, sed grave esse sursum secundum suam naturam, contradictionem includeret.* »

De même, la façon naturelle de penser, pour l'âme humaine, c'est qu'elle pense, en mettant à contribution les représentations de l'imagination et du cerveau, qui lui fournissent en quelque sorte la matière brute de ses idées. Mais cette façon de penser, naturelle à l'âme comme lui est naturelle l'union avec le corps, et qui suit du reste de cette union, n'exclut nullement une autre façon d'agir qui pourra se trouver en harmonie avec une autre manière d'être. Nous dirons seulement que l'âme a deux manières de penser, répondant à deux manières d'exister : une manière de penser, naturelle, normale, avec le concours des images sensibles, dans son état d'union avec le corps : une autre manière de penser, pas naturelle, pas normale, sans le concours des images sensibles, dans l'état de séparation d'avec le corps.

D'après cela, pour montrer clairement que l'âme séparée peut penser, il suffit que nous puissions lui assigner un moyen de se pourvoir d'objets intelligibles, indépendamment de tout apport de l'imagination. Ce ne sera pas difficile.

Je remarque d'abord que l'âme séparée est à elle-même son premier objet. « *Reflectere super se*, dit saint Bonaventure, *hoc est virtutis cognitivæ sublimatæ a materia.* » N'est-il pas constant, en effet, qu'étant simple et tout à fait immatérielle, elle peut se replier sur elle-même? Voilà tout de suite une ample matière à connaissance et à réflexion. Elle scrutera sa nature, étudiera les facultés qu'elle possède, ses états, ses actes.

Mais, en se repliant sur elle-même, elle trouvera autre chose que sa nature, et ses facultés. Elle trouvera tout un trésor de notions et de connaissances, qu'elle avait insensiblement amassé quand elle existait dans son premier état. Toutes les idées que nous nous formons sur Dieu, sur l'homme, sur le monde, idées morales, idées religieuses, philosophiques, scientifiques, toutes ces idées, vous le constatez chaque jour, par votre expérience personnelle, demeurent pour ainsi dire consignées dans notre intelligence; elles y sont, même quand nous n'y pensons pas, et il ne faut qu'un acte de notre volonté pour les faire briller à notre esprit, souvent aussi nettes et aussi vives qu'au moment où nous les avons conçues pour la première fois.

Toutes ces idées, ne résidant point dans les organes, mais dans l'esprit, le corps peut disparaître, sans qu'elles aient le moins du monde à en souffrir. C'est une nouvelle matière, et comme infinie, que l'âme peut exploiter. J'ai bien dit : exploiter. Car l'âme peut travailler sur ces idées : et, en travaillant de la sorte, en creusant ces notions, non seulement elle reprendra possession et jouira d'un bien déjà acquis, mais elle développera et étendra ses connaissances, multipliant par là sa perfection et son bonheur. De sa nature, elle peut remonter à Dieu, et accroître beaucoup sa connaissance de l'être premier et infini, grâce à l'état nouveau où elle se trouve, et qui l'aide à comprendre, beaucoup mieux que son existence passée, ce que peut être et comment peut vivre un pur esprit.

Est-il pas même impossible que l'âme séparée se forme des idées nouvelles non plus seulement en spéculant, comme nous venons de le voir, sur des notions anciennement acquises, mais en se mettant directement en rapport, soit avec notre monde, soit avec un monde supérieur? De fait, je trouve, à ce propos, dans le B. Albert le Grand[1], une vue hardie, si l'on veut, mais qui n'est peut-être pas insoutenable ni indigne d'être prise en considération :

Rapportant une parole de saint Denys, qui affirme que l'âme séparée peut connaître le monde sensible, il suppose que quelqu'un fait cette objection : l'esprit humain ne peut connaître le monde sensible que par voie d'abstraction ; or, l'abstraction s'exerçant sur les images, l'abstraction est impossible après la mort, puisqu'après la mort l'organe de l'imagination n'existe plus.

A quoi il répond : que l'esprit ne pense que par

---

1. *Sentent.* lib. II, distinct. xxv, p. 1, a. 1. q. 3, résol. — V. les raisons qu'oppose S. Thomas, *Somme théologique*, p. 1, q. LXXXIX, a. 7.

abstraction, nous le voulons bien ; mais il ne s'ensuit rien de là contre la doctrine de saint Denys, si nous supposons que l'esprit peut exercer son action d'abstraire sur les choses aussi bien que sur les images : « *Sed nos ponimus quod potest fieri abstractio a re per intellectum sicut a phantasmate.* Tant que l'esprit est dans les ombres du corps, *obumbratus corpore,* il lui faut les sens et l'imagination pour penser ; mais une fois qu'il s'en est dégagé, il est capable à lui seul d'abstraire l'universel des choses elles-mêmes : *per seipsum sufficit a rebus ipsis facere abstractionem.* Et de fait, s'il peut l'abstraire des images, pourquoi ne pourrait-il l'abstraire directement des choses ? *Nec aliquid invenitur quod huic positioni repugnet* [1]. »

Pourquoi aussi, l'âme séparée ne recevrait-elle pas de nouvelles lumières et de nouvelles idées d'autres âmes, comme elle séparées de leur corps ? Pourquoi n'en recevrait-elle pas même d'autres esprits d'une nature plus élevée que la sienne [2] ? « Car, il faut bien admettre que les créatures spirituelles de Dieu ont des relations entre elles, qu'elles forment un monde analogue à celui de la matière et qui lui est supérieur. Elles s'éclairent donc mutuellement, dans une mesure qu'il est d'ailleurs impossible à la philosophie de préciser [3]. »

1. *De Natura et Origine Animæ,* tractat. II, cap. XVI.
2. *Somme théologique,* I, q. LXXXIX, a. 1.
3. M. Elie Blanc. *Traité de philosophie scolastique,* t. II, p. 541.

Et Dieu, ne peut-il donc éclairer les âmes ?

Mais il n'est point besoin de nous lancer dans l'hypothèse : ce que la raison nous dit de positif sur l'état de l'âme après la mort suffit bien à nous convaincre qu'elle n'y est point dépourvue d'objets de connaissance, et qu'elle peut penser.

Ajoutons qu'elle peut aimer, puisqu'il est certain que la faculté d'aimer reçoit son objet de la pensée, et agit partout où l'intelligence peut agir.

L'âme humaine n'existe donc pas seulement après que le corps a succombé : elle vit, mais d'une vie active, et tout occupée des choses de l'esprit. Elle n'exerce plus, il est vrai, faute d'organes, les fonctions de son énergie végétative et de son énergie sensitive : mais elle garde la conscience d'elle-même ; mais elle peut contempler sa nature, ses divers états ; mais elle jouit des connaissances qu'elle avait acquises quand elle était unie ; mais elle peut grandir dans la science de la vérité, et particulièrement dans la connaissance et, par suite, dans l'amour de Dieu.

Enfin, elle peut penser, et elle peut aimer.

Que reste-t-il, maintenant, de cette objection que la Renaissance et le matérialisme contemporain disaient si redoutable ? L'âme humaine séparée ne pourrait agir : donc elle ne saurait exister.

Qu'est-ce donc qu'agir, pour l'âme ? N'est-ce pas, en deux mots, penser et aimer ? Et pour penser, et pour aimer, que faut-il donc de plus que des facultés et un objet? Or, premièrement, l'âme séparée possède incontestablement la faculté, soit de penser, soit d'aimer, puisque l'une et l'autre faculté, comme nous l'avons répété tant de fois, s'exerçant sur des objets immatériels, le vrai et le bien absolus, elles sont l'une et l'autre spirituelles, indépendantes des organes, et partant échappent à tous les coups qui frappent le corps. Quant aux objets, nous venons de voir que l'âme en est fournie en abondance dans la vie d'outre-tombe.

L'objection, si elle est spécieuse, n'est donc pas sérieuse.

Toutefois, je le reconnais, quand on est chrétien, l'on trouve que la philosophie parle bien froid dans une pareille matière, et qu'elle est vite à court.

Il faut avouer, en effet, que tout ce que dit la philosophie sur l'immortalité de nos âmes, comparé à l'enseignement si précis, si complet et si lumineux de la Foi catholique, à tout ce que nous apprend l'Église sur nos destinées éternelles, quand elle célèbre le triomphe du Christ et de l'humanité sur la mort, et les gloires de la résurrection future, est bien imparfait et bien terne.

Mais, n'importe; tout imparfait qu'il est, cet enseignement de la philosophie calme nos alarmes les plus poignantes, et nous rassure délicieusement. Il nous délivre de cette doctrine avilissante, qui, nous réduisant à la condition de la brute, et ne voyant dans l'homme qu'un tas de matière, affirme que tout, en nous, meurt avec le corps. Arrière, une pareille doctrine ! Elle n'est pas seulement dégradante ; elle ne tue pas seulement dans notre cœur les plus nobles aspirations, les plus douces espérances : elle est fausse, et la raison la condamne, tout aussi bien que le cœur.

Non, l'âme ne meurt pas avec le corps : elle lui survit.

Non, ceux qui succombent près de nous, et parfois dans nos bras, ne sont pas voués à la poussière ou rejetés au néant. En nous quittant, ils n'ont fait que commencer une vie nouvelle, où s'éclairant à une lumière meilleure, libres de l'agitation et du tumulte des sens et de la matière, ils peuvent se livrer à la douce contemplation de la vérité éternelle.

La philosophie nous assure qu'ils peuvent penser et qu'ils peuvent aimer. Elle nous permet de croire qu'ils se souviennent de nous, et ne nous défend pas d'espérer que nous les retrouverons un jour, puisqu'elle démontre que la mort n'est que le passage douloureux à une vie nouvelle, et que la tombe est une porte ouverte sur l'éternité.

CHAPITRE SEPTIÈME

DES ORIGINES DE L'AME HUMAINE.

Sommaire. — Les âmes humaines arrivent à l'existence non par voie de génération, mais par voie de création. — Darwin et la première âme d'homme.

La question de l'origine de l'âme humaine peut s'entendre de deux façons. L'on peut se demander comment la première âme humaine a fait son entrée dans le monde. Ou bien, l'on peut se demander simplement comment sont produites, et d'où viennent les âmes humaines, dans l'état présent, et dans le cours actuel des choses.

Si distinctes que paraissent ces deux questions, il existe cependant entre elles une connexion étroite ; tellement étroite même, que, si au point de vue philosophique elles ne constituent pas un seul problème, elles peuvent, à tout le moins, être résolues d'un seul coup, et par les mêmes principes.

Rechercher, en effet, quelle a été l'origine de la première âme qui ait paru dans le monde, ce n'est pas autre chose, pour le philosophe, que rechercher si l'âme humaine, *étant donné sa nature*, a pu, ou n'a pas pu être le résultat d'une évolution de la matière ; et si elle a été transcendante dans son origine comme elle l'est dans son mode d'existence. Mais rechercher d'où viennent les âmes humaines dans l'état présent et dans le cours actuel des choses, cela se réduit encore, pour le philosophe, à se demander quelle cause, *étant donné la nature des âmes*, peut les amener, et les amène en fait, à l'existence. Les deux questions se résolvent donc bien par le même principe, puisque la réponse à l'une et à l'autre est appuyée sur l'idée qu'il faut se faire de la nature de notre âme.

Comme il convient, en toute recherche, de regarder d'abord à ce qui est plus près de nous, et en second lieu seulement ce qui est plus éloigné, nous verrons d'abord quelle est actuellement l'origine et le principe des âmes humaines ; nous considérerons ensuite comment la première âme humaine a dû faire son entrée dans le monde.

La pensée qui se présente d'abord à l'esprit, quand il se met à réfléchir sur l'origine des âmes, c'est que peut-être elles sont transmises par la génération, tout comme les corps. Pourquoi ne pas dire que l'homme engendre tout l'homme, corps et âme ?

On l'a dit, en effet, et nous apprenons de saint

Jérôme [1] et de saint Augustin [2] que cette manière de voir eut pour défenseurs, dans les premiers siècles de notre ère, un certain nombre d'écrivains ecclésiastiques, qui tous s'accordaient à dire que les âmes des enfants, aussi bien que leurs corps, procèdent de la substance des parents, par le moyen de la génération ; encore qu'ils fussent divisés sur l'explication à donner de ce prétendu fait.

Les uns, en effet, comme l'illustre Tertullien, prétendent que la force plastique inhérente à la semence corporelle ayant organisé cette dernière, l'âme se forme par le concours des forces de la nature, lorsque l'embryon vient à être animé [3]. La génération de l'âme humaine, d'après cela, n'aurait rien de plus extraordinaire que la génération du principe vital des plantes ou de l'âme sensitive de l'animal [4]. D'autres, comme l'explique saint Augustin dans sa lettre à Optatus, révoltés à cette idée que l'âme humaine sortirait d'une semence corporelle, de la même façon qu'une tige de blé sort de son grain, enseignaient que l'âme est engendrée par l'âme comme un flambeau s'allume à un flambeau, « *tanquam lucerna de lucerna accendatur,* » la semence corporelle n'étant pas le sujet ni la cause, mais le simple instrument de cette génération.

1. *Epist.* 165.
2. *Epist.* 190, ad Optatum.
3. Kleutgen, *La philosophie scolastique*, t. IV, p. 162.
4. Tertullien, *de Anima*, c. 27.

Comme vous le voyez, il existe une différence notable entre l'opinion, sentant si fort le matérialisme, de Tertullien, et cette seconde doctrine. Du Traducianisme, c'est le nom qu'on a donné au système de Tertullien, saint Augustin écrivait : « *Quo perversius quid dici potest ?* » Le *Générationisme*, au contraire, comme on appelle aujourd'hui le second système, ne paraissait pas au grand Docteur aussi certainement faux. Et, dans plusieurs endroits de ses ouvrages [1], embarrassé par des difficultés tout à fait étrangères, il est vrai, à la philosophie, il hésite à le condamner.

Toutefois, depuis saint Augustin, la question souvent reprise et agitée s'est peu à peu éclaircie ; et les grands Docteurs catholiques se sont trouvés d'accord pour rejeter l'un et l'autre système [2].

La fausseté du Traducianisme, en premier lieu, ne saurait faire un doute. S. Thomas l'établit par un argument qui vous paraîtra, bien sûr, après ce que vous m'avez entendu dire dans les chapitres précédents, aussi simple que démonstratif : Une force, dit le saint Docteur, matérielle et emprisonnée dans la matière, ne saurait arriver à produire un effet immatériel, une réalité spirituelle, car il y aurait disproportion entre la cause et le produit. Or, il est manifeste que l'âme pensante, dans l'homme, est un principe

---

1. *V.* sa lettre 166, à S. Jérôme.
2. *Commentarii Collegii Conimbricensis in II lib. Aristot. de Anima*, cap. I, quest. III, art. 2.

transcendant par rapport à la matière, une réalité spirituelle, puisqu'elle a tout un ordre d'opérations dont la matière n'est pas capable. Il est dès lors impossible : « *Et ideo impossibile est,* » que la semence corporelle soit le principe générateur de l'âme pensante[1]. Il serait superflu d'apporter d'autres preuves après celle-là.

Le Traducianisme ne peut donc se soutenir : mais que penser du Génératianisme, que l'on a encore appelé Traducianisme spirituel ?

Cette idée qu'une âme produise une autre âme, comme une lumière produit une autre lumière, a-t-elle donc rien de déraisonnable ? La comparaison est, en effet, séduisante ; mais il faut se défier des comparaisons en philosophie, et c'est bien le cas de le rappeler ici. La lumière n'est pas quelque

---

1. *Somme théologique*, p. I. q. CXVIII, a. 2. et *Somme contre les Gentils*, liv. II, c. 86.
Rosmini, dont les doctrines ont été l'occasion de si vifs débats en Italie, pendant ces dernières années, avait corrigé le Traducianisme comme il suit : Par la génération, l'enfant reçoit de ses parents une âme simplement sensitive. Mais Dieu, faisant rayonner sur cette âme l'idée de l'être, elle devient intelligente et raisonnable. Cette pensée n'était que la reproduction d'une erreur déjà signalée et réfutée par S. Thomas, dans la *Somme théologique* (p, I, q. 118, a. 2. ad 2). — De deux choses l'une, disait le grand Docteur, et nous le disons après lui : Ou bien cette lumière, cette idée que Dieu fait briller sur l'âme sensitive de l'enfant, est quelque chose qui subsiste par soi, et partant d'essentiellement distinct de l'âme sensitive qui n'est pas subsistante ; et de la sorte nous voilà ramenés à l'opinion insoutenable de la pluralité des âmes dans l'homme : ou elle n'est pas quelque chose qui subsiste par soi, et alors elle doit s'évanouir quand le corps est détruit, et périr avec le corps, « *quod est impossibile.* »

chose de simple ; l'oxygène et ce qu'il brûle n'est pas simple et indivisible non plus. Il se comprend donc très bien que la lumière se divise, se partage, pour se communiquer. Mais une telle division, une semblable manière de se communiquer n'est plus intelligible, quand il s'agit d'un être simple. Et l'âme est simple, parfaitement simple. Ce qui arrive à la lumière ne m'explique donc nullement ce que le Générationisme nous dit arriver à l'âme.

De fait, quand on a prié les partisans de ce système d'expliquer comment ils entendaient que s'accomplissait la génération de l'âme par l'âme, leur comparaison ne les y a guère aidés. Quelques-uns ont hasardé que l'âme du fils procédait de celle du père par mode d'émanation ; d'autres, qu'elle en procède par le moyen d'une *matière spirituelle* dont se formerait une semence, pareillement spirituelle, principe générateur de l'âme.

Mais, premièrement, il est de toute impossibilité que l'âme du fils procède de l'âme du père par mode d'émanation. L'émanation, en effet, suppose un être qui peut se diviser et se fractionner ; or l'âme humaine, étant essentiellement simple, n'est pas susceptible de division : elle ne peut donc donner naissance à une autre âme par voie d'émanation.

Dirons-nous que l'âme spirituelle est unie à une matière spirituelle, et que de cette matière spirituelle il se forme une semence, pareillement spirituelle, d'où sortira une nouvelle âme? Mais saint Augustin, tout le premier, trouve l'idée de cette matière spirituelle bien étrange : Une matière spirituelle, voilà deux mots qui jurent ensemble[1]. De plus, sur quoi se fonde-t-on pour admettre l'existence d'une semblable réalité? Y a-t-il quelque raison, soit *a priori* soit *a posteriori*, que l'on puisse invoquer? Non, aucune. C'est donc en face d'une assertion tout arbitraire que nous nous trouvons. Sans compter, comme le remarque subtilement saint Thomas, que cette matière, fût-il accordé qu'elle existe, ne saurait en aucune façon être semence d'une âme nouvelle; car, autrement, c'en serait fait de l'incorruptibilité et conséquemment de l'immortalité des substances spirituelles. S'il existe, en effet, une telle matière dans les substances spirituelles, et si l'on suppose qu'elle est le *substratum* de la génération des âmes, les âmes se trouvant, au regard de cette matière, exactement dans les mêmes rapports que les formes inférieures, les forces de la vie organique, au regard de la matière sensible, rien n'empêche plus que, dans le monde des âmes, il se passe des transformations analogues à celles qui s'accomplissent dans le monde visible: « *Substantiæ spirituales invicem transmutarentur*[2]. » Ce qui ne saurait être admis, et ce que rejettent, comme nous, les partisans

---

[1] V. S. Thomas, *Quæstio unica, de Spiritualibus creat.*, art. 1.
[2] *Somme théolog.* q. 90, a. 2, et q. 118, a. 2.

mêmes du Générationisme; car, autrement, c'en serait fait de l'immortalité de l'âme.

Ces raisons, contre la thèse d'après laquelle l'âme de l'enfant procéderait de l'âme du père, soit par mode d'émanation, soit au moyen d'une semence spirituelle, ont paru si décisives aux défenseurs modernes du système que nous combattons, que Frohschammer, dans le livre qu'il a intitulé: *De l'origine des âmes humaines: défense du Générationisme* [1], abandonne complètement toutes ces explications et en a cherché une toute différente, qui a cela au moins de remarquable et de rare, qu'elle est tout à la fois très simple et très allemande.

L'homme tout entier, dit-il, corps et âme, vient de ses parents, grâce à un pouvoir créateur que Dieu mit, à l'origine, dans la nature humaine. La génération de l'homme, c'est un acte de vraie création, de *création ex nihilo*, accompli par une nature humaine, en vertu d'une puissance spéciale accordée par Dieu à l'humanité [2].

Le fait est que, si l'âme de l'enfant doit être produite par l'âme du père, et n'en provient ni par émanation ni par semence, il ne reste plus qu'une chose à dire, de l'aveu de tous les philosophes, c'est qu'elle en provient par création. Allons-nous donc admettre qu'elle en provienne par création?

1. *Über den Ursprung der Menschenseelen.*
2. Albert Stöckl, *Geschichte der neueren philosophie*, t. II, p. 413.

Non, par cette raison capitale que la création est exclusivement œuvre divine. La créature peut bien modifier ce qui est, le transformer même, mais elle ne peut donner l'être total et absolument premier. N'étant qu'un mode de l'être, une détermination de l'être, elle ne produit non plus qu'un mode d'être, une détermination d'être; comme la plante, en engendrant la plante, détermine la matière à devenir plante, et l'animal, animal. Dieu, au contraire, étant l'être par essence et en plénitude, le propre effet de sa divine causalité ce n'est pas tel mode, genre ou espèce d'être, mais l'être comme tel, dans la pureté et l'universalité de son concept. Voilà pourquoi seul il cause l'être à tous les degrés, et est le seul qui n'a pas besoin que rien préexiste à son action et à ses effets, comme pour leur servir de préparation et de support [1]. La créature ne peut rien créer, ni non plus rien anéantir; par cette raison encore, que, du néant à l'être, il existe un intervalle infini, qu'une puissance infinie seule peut faire franchir.

Il est vrai que Frohschammer, pour échapper à cette difficulté, dit bien haut que, si l'homme crée, ce n'est que par une puissance d'emprunt, qu'il tient de Dieu; si bien que cette création de

---

1. *Somme théologique*, p. I, q. 45. a. 5. avec le commentaire de Cajétan, *ad evidentiam*, etc., et *Somme contre les Gentils*, liv. II, c, 21, avec le commentaire de Sylvestri (Ferrariensis), *tertio*, etc.

l'âme par l'homme n'est qu'une création, pour ainsi dire, de seconde main, et de second ordre, « *creatio secundaria* », l'homme étant le simple instrument de Dieu. « Mais cela même ne peut être, repart saint Thomas, *sed hoc esse non potest*. L'instrument, en effet, ne concourt à l'action de la cause supérieure qui l'emploie, qu'autant qu'il en prépare l'effet en exerçant d'une façon ou d'une autre sa propre activité. Car si l'instrument n'agissait pas lui-même, il ne servirait de rien de l'employer, et il ne serait pas nécessaire de choisir des instruments particuliers pour réaliser des effets particuliers. Ainsi voyons-nous que la hache dont l'ouvrier se sert pour faire un siège, coupe d'abord le bois, ce qui est l'effet propre de sa forme, et que la confection du siège, qui est l'effet propre de l'ouvrier, suit ce premier effet de la hache. Mais quand il s'agit de création, il ne peut plus être question d'action préparatoire quelconque, puisque la création se faisant de rien, *ex nihilo*, il n'existe rien sur quoi puisse s'exercer préalablement l'action de l'instrument. Il est donc impossible qu'une créature quelconque puisse créer, soit par vertu propre, soit comme instrument, « *neque virtute propria, neque instrumentaliter, sive per ministerium* [1]. »

Nous arrivons donc à cette conclusion, que l'âme des enfants ne procède de la substance des

---

[1]. *Somme théologique*, p. I, q. 45, a. 5.

parents, ni par génération proprement dite, ni par création. Mais de la sorte nous nous trouvons, non plus en face d'un problème, mais de deux. Car nous avons encore à trouver d'où vient l'âme; et, de plus, étant posé que les parents ne l'engendrent point, nous devons dire si les parents sont absolument sans action sur elle, et si elle leur est totalement étrangère. Mais d'abord continuons à rechercher d'où vient l'âme.

S. Thomas, se demandant les causes qui ont amené les philosophes à se tromper sur la nature des âmes, dit qu'une de ces causes a été l'idée exagérée que quelques-uns se sont formée de sa perfection. A quelques-uns, en effet, l'âme humaine est apparue quelque chose de si grand et de si noble, qu'ils n'ont pas hésité à la proclamer divine, θεῖον. Telle fut la pensée de Pythagore, s'il faut en croire Cicéron, dans son traité *de Natura deorum* [1]. D'après le philosophe grec, Dieu est répandu dans le monde comme un éther subtil, communiquant partout la vie et le mouvement; et les âmes ne sont pas autre chose qu'une portion de la divine substance. Pour les Stoïciens, l'âme n'est qu'une étincelle du feu divin qui est la vie de l'univers. On sait comment les Néoplatoniciens faisaient sortir, par une série de processions, de l'Un l'Intelligence, de l'Intelligence l'âme universelle, de l'âme universelle les âmes particulières. Au moyen-âge, les Arabes soutiennent cette idée, qu'il n'existe qu'une

---

[1]. Lib. I, c. 11.

seule intelligence, l'intellect séparé et divin, comme ils disent, pour tous les hommes, les individus ne se distinguant entre eux que par l'âme nutritive et par l'âme sensitive. C'est cette erreur que combattent si souvent dans leurs œuvres, Albert le Grand, S. Bonaventure et S. Thomas; celui-ci, en particulier, dans un de ses plus beaux opuscules : *De unitate intellectus contra Averrhoïstas*. Enfin, jusque dans nos temps modernes, il s'est trouvé des philosophes pour prétendre, comme Pierre Poiret et Arhens, que l'âme humaine n'est pas autre chose qu'un efflux divin, une émanation de Dieu.

Si je mentionne toutes ces idées, toutes ces vues plus ou moins singulières, c'est beaucoup moins dans l'intention de m'y arrêter et de les discuter longuement, qu'afin de vous faire donner un coup d'œil d'ensemble sur les efforts auxquels s'est livrée la pensée philosophique, et sur les diverses voies où elle s'est engagée, pour arriver à connaître l'origine de l'âme ; car tous ces systèmes ne méritent pas une réfutation en règle.

L'Émanatisme, en effet, sous quelque forme qu'il se présente, suppose toujours que Dieu se divise et se partage. Dieu ne serait donc pas simple ; or, Dieu est simple, ou il n'est pas Dieu.

« Vous prétendez que notre âme est une partie de Dieu, disait S. Augustin aux Manichéens. Si cela était, nous ne la verrions pas, comme nous la voyons, reculer ou avancer dans la perfection, acquérir ce qu'elle n'avait pas, ou perdre ce qu'elle avait. Qu'elle change à tout moment, et subisse des vicissitudes sans fin, il n'est pas besoin d'en aller chercher bien loin la preuve : *Quisquis semetipsum advertit, agnoscit.* C'est donc une opinion sacrilège, poursuit le grand Docteur : *Sacrilega opinio est,* de penser que l'âme est de la même substance que Dieu. Qu'est-ce autre chose, en effet, cela, sinon dire que Dieu lui-même est changeant ? *Quid enim hoc modo aliud quam et ille commutabilis dicitur* [1] ? »

Quant au rêve des Arabes, sur l'intellect séparé, âme pensante unique de tous les hommes, il s'évanouit devant cette simple remarque de saint Bonaventure: « *Est contra sensibilem experientiam ; quoniam diversi homines diversas habent et contrarias cognitiones* [2]. »

De tout ce que nous avons dit jusqu'à présent, vous voyez, sans doute, se dégager la réponse qu'il faut faire à cette question: D'où vient l'âme humaine? Elle ne peut être produite que par l'une ou l'autre de ces trois manières : par génération, par émanation, par création. Or, elle n'est point produite par génération, puisqu'elle ne peut sortir ni d'une semence corporelle ni d'une semence spirituelle, sous peine de cesser d'être simple et incorruptible. Elle ne peut procéder

1. *De Genesi ad litteram*, lib. IV, c. II, n° 3.
2. *In lib.* II *Sentent.* dist. XVIII, a. 2, q. 1. ad arg.

par émanation, puisque, étant simple et indivisible, elle devrait émaner, c'est-à-dire se détacher d'un principe simple et indivisible, ce qui implique contradiction. Reste donc qu'elle soit produite par création et par création divine, puisque Dieu seul peut créer, et qu'il ne peut employer à l'œuvre créatrice un autre être comme instrument. Le propre de l'instrument, comme nous l'entendions dire tout à l'heure à saint Thomas, étant de préparer le sujet où doit s'exercer l'action de la cause principale, et un tel sujet ne préexistant point où s'accomplit une création, puisqu'il s'agit de produire un être de toutes pièces, il ne peut être question d'attribuer un instrument à Dieu, quand il crée.

L'âme humaine donc vient immédiatement de Dieu : elle est œuvre de main divine. Mais l'affirmer, n'est-ce pas rendre l'âme trop indépendante de la génération, n'est-ce pas faire l'âme de l'enfant trop étrangère à celui dont il procède? Quel est le terme de la génération humaine ? N'est-ce pas un homme ? Tout le monde le dit : mais comment continuer de le dire, si la génération n'a pour terme et pour effet que le corps du nouvel être?

Tout le monde dit, en effet, que l'homme engendre l'homme, et le père, son fils. Et l'on a raison de le dire, parce que cela est vrai. Mais pour qu'on soit autorisé à parler de la sorte, il n'est nullement nécessaire que le père engendre l'âme de son fils. Et vous en conviendrez sans peine, quand vous aurez entendu la doctrine de S. Thomas sur ce point.

Vous frappez un homme d'un coup d'épée, et il meurt sous le coup. Pourra-t-on dire que vous avez tué un homme? Oui, sans doute. — De quel droit le dira-t-on ? Est-ce que vous auriez tué l'âme spirituelle, comme vous avez tué le corps? Non, mais vous avez *détruit le composé humain:* et le composé humain, nous l'avons vu, c'est l'homme. Vous avez donc détruit un homme. Qui sépare l'âme du corps et détruit le composé, détruit donc, tue donc un homme. D'après ce même principe, que l'homme c'est le composé de l'âme et du corps, qui unit une âme pensante à un corps, ou pose une action d'où suit nécessairement l'union d'une âme pensante à un corps, sera dit, en toute vérité, produire un homme. Or, c'est là précisément, poursuit S. Thomas, ce que fait l'homme qui engendre : il pose un acte, d'où suit nécessairement et par l'institution même de l'auteur de la nature l'union d'une âme pensante à la matière, à cette portion de matière que celui qui engendre dispose de telle façon qu'elle appelle, qu'elle exige pour l'informer telle ou telle forme substantielle, c'est-à-dire telle ou telle âme.

Ce n'est donc pas à tort, vous le voyez, que l'homme est dit engendrer l'homme, le père, son fils. Notre doctrine fait donc la part très équitable à l'action divine et à l'action de l'homme dans la génération, en disant que Dieu crée l'âme, et que l'homme procure et assure l'union de l'âme avec le corps qu'il prépare à l'âme, aux dépens de sa substance[1]; ou encore, suivant l'expression heureuse d'un philosophe scolastique de grand mérite, que l'âme de l'enfant dépend de Dieu quant à son *existence*, et dépend de ses parents seulement quant à son *inexistence* dans le corps : « *Dicitur dependere a generatione non quantum ad suum* ESSE, *sed quantum ad suum* INESSE [2] ».

Mais si Dieu crée les âmes, toutes et chacune, à quel temps devons-nous rapporter cette création? Cette nouvelle question donne naissance à toute une série de problèmes intéressants, dont plusieurs peuvent être résolus avec une pleine certitude.

Le premier que l'on pose est de savoir si les âmes n'auraient pas été créées de toute éternité. Ce fut la pensée de Platon. Il tenait que Dieu, dès l'éternité, avait créé toutes les âmes d'un seul coup, et que ces âmes, dans le temps, par suite de je ne sais quelle faute dont elles se seraient rendues coupables, sont envoyées par Dieu, ou tombent d'elles-mêmes dans les corps de ceux

---

1. *Somme théolog.*, p. I., q. 118, a. 2, ad 4, et *de Potentiâ*, quæst. III, a. 9, ad 2.
2. Goudin, *Philosophia*, etc. Physic., part. III, disput. unica, q. I, art. 2.

qui arrivent à la vie. La raison qui semble avoir déterminé le grand philosophe Athénien à embrasser cette opinion, c'est que l'âme est éternelle, comme disent les philosophes, *a parte post*, c'est-à-dire destinée par sa nature à exister sans fin; car il semblait à Platon que ce qui ne doit pas finir ne doit pas non plus, ne peut pas même avoir commencé. S. Augustin, au Xe livre de sa *Cité de Dieu* [1], s'élève avec force contre ce raisonnement platonicien. « De quel droit, dit-il, affirmer que l'âme humaine n'a pas commencé dans le temps, parce qu'elle ne doit point finir, quand, de l'aveu des Platoniciens, nous voyons commencer dans l'âme quelque chose qui, toujours d'après eux, ne cessera jamais d'être? — Ne promettent-ils pas à l'âme vertueuse qu'un jour elle sera affranchie de tout mal, et mise en possession d'un bonheur qui sera éternel? S'il ne répugne pas que son bonheur soit éternel dans l'avenir, bien qu'il ait commencé dans le temps, il ne répugne pas davantage que l'âme elle-même, bien qu'ayant été créée dans le temps, demeure et subsiste à tout jamais. »

Comment d'ailleurs expliquer que nos âmes, existant depuis si longtemps, aient traversé tant de situations et d'états divers, sans garder le plus petit souvenir de tout ce qu'elles ont fait ou de tout ce qui leur est arrivé?

---

1. C. 31.

Cette conception de Platon est donc dénuée de tout fondement, et contredite par le sens intime.

Leibnitz, dans nos temps modernes, avec sa facilité déplorable à concevoir et à bâtir des systèmes, qui sont bien loin d'être toujours dignes de son génie, a soutenu, lui aussi, que Dieu a créé les âmes, sinon dès l'éternité, au moins longtemps avant le premier homme. « Je croirais, dit-il dans ses *Essais de Théodicée*, que les âmes qui seront un jour des âmes humaines, comme celles des autres espèces, ont été dans les semences et dans les ancêtres jusqu'à Adam, et ont existé par conséquent depuis le commencement des choses, toujours dans une manière de corps organisé.... Mais il me paraît encore convenable, pour plusieurs raisons, qu'elles n'existaient alors qu'en âmes sensitives ou animales douées de perception et de sentiment, et destituées de raison ; et qu'elles sont demeurées en cet état jusqu'au temps de la génération de l'homme à qui elles devaient appartenir, mais qu'alors elles ont reçu la raison ; soit qu'il y ait un moyen naturel d'élever une âme sensitive au degré d'âme raisonnable (ce que j'ai de la peine à concevoir), soit que Dieu ait donné la raison à cette âme par une opération particulière, ou, si vous voulez, par une espèce de transcréation ; ce qui est d'autant plus facile à admettre que la révélation enseigne beaucoup d'autres opérations immédiates de Dieu sur nos âmes [1]. »

1. *Théodicée*, I, 90, 91.

Cette opinion de Leibnitz ne soutient pas l'examen : d'abord parce qu'elle est une vraie fantaisie philosophique, ne s'appuyant sur preuve d'aucune sorte : ensuite, parce qu'elle implique et suppose une véritable erreur. D'après Leibnitz, comme vous venez de l'entendre, les âmes humaines existeraient « en âmes sensitives et animales, destituées de raison » jusqu'au moment de la génération, auquel moment Dieu leur donnerait la raison par « une opération particulière, par une espèce de transcréation ».

Mais cela n'est pas admissible, car, dirai-je, en reprenant l'argument de S. Thomas que je faisais valoir il n'y a qu'un instant, contre Rosmini : Ou bien cette raison que Dieu donne à l'âme sensitive et animale subsiste par elle-même, ou elle ne subsiste pas par elle-même, et n'est qu'une perfection accidentelle de l'âme sensitive préexistante. Si la raison subsiste par elle-même, elle différera essentiellement de l'âme sensitive, qui, elle, n'est pas subsistante comme nous savons, et nous retombons dans l'erreur de ceux qui placent deux âmes dans l'homme. Si la raison n'est qu'une perfection accidentelle : donc entre l'âme pensante et l'âme sensitive, entre l'homme et la bête, il n'existe qu'une différence accidentelle : donc encore, l'âme pensante n'est pas incorruptible, ni plus immortelle que l'âme de la bête.

Ne disons donc point que Dieu a créé les âmes dès l'éternité ; ne disons pas davantage qu'il les crée, dans le temps, avant le moment où elles doivent être unies au corps. La vérité est, en effet, qu'il les crée au moment même où il les introduit dans la matière qu'elles doivent animer: « *creantur cum infunduntur*[1]. » Et la preuve en est facile à faire.

N'est-il pas de la sagesse de Dieu de traiter les êtres selon que leur nature le réclame, et par conséquent de ne pas produire séparément et de ne pas tenir isolées deux choses qui, par essence, veulent être unies, étant l'une à l'autre leur perfection ou leur complément naturel ? Or, par son essence, l'âme humaine demande d'être unie à un corps ; cela est si vrai qu'elle possède plusieurs facultés, lesquelles, hors du corps, ne peuvent ni s'éployer ni agir, les facultés de la vie organique et de la vie sensitive, par exemple. Si Dieu donc doit traiter l'âme conformément aux exigences de sa nature, il la créera alors seulement qu'il lui fera animer un corps ; et, suivant le mot de S. Thomas, il ne lui fera pas commencer l'existence en la plaçant hors nature : « *Non fuit conveniens, ut Deus ab imperfectis suum opus inchoaret et ab his quæ sunt præter naturam*[2]. »

Voilà ce que dit la raison, et ce que tout penseur sérieux préférera aux brillantes imaginations de Pythagore, de Platon et de Leibnitz.

---

[1]. S. Bonaventure, in lib. II *Sentent.*, dist. XVIII, a. 2, q. 3.
[2]. *Somme théologique*, p. I, q. 118, a. 3.

L'âme est créée par Dieu au moment où elle est unie au corps. Mais à quel moment lui est-elle unie ?

Ici, nous abordons une question fort controversée de nos jours.

S. Thomas, se demandant à quel moment l'âme pensante vient informer le corps, avait ainsi raisonné. C'est une loi de la nature de n'arriver aux formes supérieures qu'en passant par les formes inférieures; le monde entier marche de l'imparfait au parfait. L'âme humaine, étant donc la plus noble et la plus parfaite des formes, ne doit arriver dans le corps qu'après y avoir été précédée par les formes inférieures de la vie. De plus, l'on observe que plus les formes sont élevées en dignité, plus elles exigent une disposition parfaite dans la matière : une pierre existe à quelque état qu'on la réduise ; il n'en est pas de même d'un arbre, encore moins d'un animal. Les mutiler, c'est les tuer. L'âme humaine exigera donc dans la matière qu'elle doit animer une organisation préalable assez parfaite. Or, une telle organisation n'existe pas dès le principe dans le corps; elle n'apparait qu'après un certain temps, après environ 40 jours. Ce n'est donc pas l'âme raisonnable qui existe d'abord dans le fœtus; elle n'y vient, encore une fois, qu'après y avoir été précédée par les formes de la vie organique et de la vie sensitive, auxquelles elle se substitue, et dont elle possède éminemment les facultés et les actes : « *Anima intellectiva creatur a Deo in fine generationis humanae, quae simul est et sensitiva et nutritiva, corruptis formis praeexistentibus*[1]. »

Ces idées, qui sembleraient avoir été celles d'Aristote, furent acceptées par beaucoup de Scolastiques, et assez généralement enseignées dans les écoles du moyen-âge. Toutefois, dès le XIIIᵉ siècle, cette opinion trouva des contradicteurs illustres, parmi lesquels on compte Albert le Grand, et cet autre prodige de science, Vincent de Beauvais, dont l'histoire et les travaux sont si peu connus aujourd'hui, et qui pourtant mériteraient si bien de l'être. Voici ce que disait, à ce sujet, l'auteur du fameux *Speculum majus*. Quelques-uns soutiennent que l'âme raisonnable est précédée, dans l'homme, par d'autres âmes inférieures, formes de passage, qui s'évanouiraient, l'organisation une fois achevée. Mais cela ne paraît pas probable, *sed hoc non videtur probabile* : car, pourquoi ces formes disparaîtraient-elles à l'arrivée de l'âme raisonnable, quand c'est justement l'heure où la vie végétative et la vie sensitive, étant ordonnées à la vie intellectuelle, doivent avoir, et ont en effet, le plus d'intensité? Et, d'ailleurs, quelle serait la cause de leur disparition, étant donné qu'elles ne peuvent disparaître que par voie de corruption ou de changement substantiel, et qu'il

---

[1]. *Somme théologique*, p. I, q. 118, 2, ad 2, et *Somme contre les Gentils*, liv. II, c. 89.

n'y a nulle trace d'un tel changement [1] ? »

A quoi bon, reprenaient d'autres, ces formes qui viennent et s'en vont? C'est, dit-on, que l'âme humaine doit trouver une matière organisée. Mais la force plastique de la semence pourrait accomplir cette organisation. De la sorte, aucun principe vital ne serait antérieur, dans l'embryon, à l'âme raisonnable. Une fois la matière suffisamment préparée par la force plastique, l'âme humaine viendrait. Et comme elle est douée non seulement de facultés spirituelles, mais encore de forces vitales sensitives et végétatives, suivant que l'organisation serait plus ou moins avancée, elle opèrerait d'abord comme principe végétatif seulement, puis comme principe sensible, plus tard enfin comme principe spirituel. Aristote n'a jamais voulu autre chose; tout ce qu'il a écrit là-dessus s'entend d'un développement graduel de puissances, et non d'une apparition successive d'âmes distinctes [2]. Ainsi raisonnait Albert le Grand.

Les sciences naturelles vinrent bientôt donner un nouveau poids à ces objections, et ébranlèrent tellement l'opinion thomiste, qu'un des plus fidèles disciples du Docteur angélique écrivait, à la fin du xviie siècle, ces paroles, que je rapporte seulement pour leur valeur historique : « Il n'est

---

1. *Speculum naturale*, liv. XXIV, cap. xlix.
2. *V.* Kleutgen, *La Philosophie scolastique exposée et défendue*, traduction du P. Sierp, IV, p. 225.

pas du tout constant que plusieurs formes se succèdent dans la production de l'homme, bien que saint Thomas suppose cette succession qui était communément admise de son temps. Des observations de la science moderne, en effet, il ressort que les organes de la vie végétative ne se forment pas plus tôt que ceux de la vie sensitive, mais en même temps, contrairement à ce que pensaient les partisans de la succession des âmes. A l'aide d'expériences très habilement conçues, Harvey et Malpighi ont constaté que, dans la formation du poulet, le cœur, le cerveau et les yeux se dessinent d'abord, et avant le foie, les veines, les artères. Comme donc l'âme humaine n'exige pas d'autres organes que ceux de la vie végétative et de la vie sensitive, ces organes lui étant fournis en même temps dès le principe de l'organisation, on en conclut avec raison, *inde merito colligitur*, que l'âme raisonnable, qui est à la fois végétative et sensitive, arrive sans avoir été précédée par aucune autre. Peu importe qu'au commencement les sens soient très imparfaits et inaptes à servir l'âme raisonnable; car si cette âme n'arrivait pas avant que les sens ne fussent parfaits, les enfants n'auraient pas d'âme avant l'usage de la raison, ce que personne ne soutient [1]. »

Jusqu'ici, comme on l'a sans doute remarqué, l'âme raisonnable, bien qu'arrivant la première et

---

1. Goudin, *Philosophia*, etc. Physicæ IV pars, Disput. unica, quæst. I, art. 3. Conclus. 1ª ad 2.

d'emblée dans le corps, n'y entrait pourtant qu'après qu'il avait déjà reçu de la force plastique un commencement d'organisation. On alla plus loin. Bientôt des savants commencèrent à dire qu'il se pourrait fort bien que l'âme informât le corps dès le premier instant de la conception; et cette idée, avec le temps, n'a cessé de faire des progrès et de gagner des partisans. Voici les raisons qu'on fait valoir en sa faveur : Il est physiologiquement démontré, dit-on, que le fœtus vit après la conception. Au siècle dernier, le fameux Cangiamila affirmait avoir constaté la vie dans un fœtus de quatre ou cinq jours : des expériences récentes ont permis de la constater à une époque moins éloignée encore de la conception. Si la vie existe, pourquoi ne pas admettre qu'elle vient de l'âme raisonnable ? Si elle n'en vient pas, dit M. le Dr Frédault, vous êtes obligé de dire qu'elle vient ou d'une forme organique ou d'une forme sensitive qui se succèderaient dans le fœtus. Mais rien n'y révèle une telle succession. — Et pourquoi l'âme raisonnable, qui suffit au corps pour tout le reste de son existence, ne lui suffirait-elle pas à ses commencements [1] ?

Malgré tous ces raisonnements, soit de philosophes, soit de savants, l'ancienne opinion compte toujours des défenseurs non seulement parmi les philosophes, mais encore parmi les savants, en France et à l'étranger. Il n'y a pas longtemps en-

---

1. *Traité d'anthropologie*, p. 732.

core que l'éminent professeur de physiologie de Pérouse, M. Vincenzo Santi, déclarait que l'on ne saurait donner une explication plus satisfaisante du *processus* de la génération humaine. « Celui qui engendre, dit-il, produit le corps organisé, vivant, qui est la matière de l'homme. Quand la génération est à son terme, que le corps est formé et organisé, Dieu crée l'âme humaine, qui communique à ce corps l'être humain, et une vie plus haute, plus noble, plus parfaite, la vie humaine enfin ; alors le petit corps vivant qui n'était homme qu'en puissance, devient homme en acte, et commence de s'appeler fœtus humain. Telle est la vérité ; et l'adage Aristotélicien subsiste toujours : « *prius generatur animal quam homo*[1]. »

Le P. Liberatore, parlant des raisons que l'on fait valoir en faveur de l'opinion opposée à celle d'Aristote et de S. Thomas, dit : « Je crois pouvoir m'engager, sans témérité, à faire voir clairement qu'aucune n'est rigoureuse. » — Il n'est pas douteux que le savant écrivain ne réussît sans peine à le faire voir des raisons qu'on vient de lire. Mais il est juste de reconnaître aussi que les arguments de S. Thomas ne sont pas davantage démonstratifs.

« Dans cette question, dit le cardinal Zigliara, une chose doit être tenue pour certaine, d'après les données de la physiologie, à savoir : que le fœtus est vivant et animé dès la conception. Quant

---

1. V. P. Liberatore, *Il composto umano*, p. 309.

à dire s'il est animé tout de suite par l'âme raisonnable, ou par un principe de vie organique d'abord, qui serait suivi d'une âme sensitive, l'âme pensante arrivant la dernière et remplaçant les deux autres, l'on ne peut rien affirmer de certain à ce sujet. Il y a des raisons probables pour le oui et pour le non : mais pas une raison démonstrative en faveur de l'un ou de l'autre [1]. »

J'avoue que je ne vois pas d'avis plus sage à émettre, et que je ne saurais rien dire de plus sur cette question.

Résumons ce que nous avons pu découvrir jusqu'ici sur l'origine de nos âmes :

Elles viennent de Dieu. C'est Dieu qui crée les âmes humaines ;

Il ne les a point créées dans l'éternité, mais dans le temps ;

Dans le temps, il ne les crée point avant l'heure où elles doivent animer un corps, mais à ce moment-là même, moment que lui seul connaît avec certitude.

L'homme, du reste, prête à Dieu son concours dans ce grand ouvrage de la formation de l'être humain. Il prépare, dispose et amène la matière au point où, entre elle et l'âme humaine, il existe une telle convenance, une telle proportion, que l'union de l'une à l'autre suit par une loi nécessaire.

A cela se borne l'action de l'homme.

---

[1]. *Summa philosophica*, t. II, p. 211, 6ᵉ édit.

Aristote, dans son Traité sur la génération des animaux, a exprimé cette doctrine en quelques mots vraiment sublimes. Après avoir montré que les âmes des bêtes, ne pouvant subsister indépendamment du corps, sont engendrées avec le concours immédiat de la matière et par semence, il observe qu'il n'en saurait être ainsi de l'âme humaine; et que, comme elle est une forme subsistant par soi et non par le corps, ainsi elle n'est pas éduite de la matière. Reste donc, ajoute-t-il, que l'esprit seul, Λείπεται δε τόν νοῦν μόνον, vienne à la matière du dehors, θύραθεν έπεισιέναι, et que seul il soit divin, καί θεῖον εἶναι μόνον [1].

Nous pourrions finir ici notre chapitre, et dire tout de suite : que la nature de l'âme humaine ayant été, au commencement, ce qu'elle est aujourd'hui, la première âme d'homme qui entra dans le monde dut avoir la même origine que celles qui arrivent à l'existence aujourd'hui. Mais les idées transformistes ont tellement préoccupé les esprits dans ces dernières années, que je ne me crois pas permis de passer si légèrement, et que je crois devoir accorder au moins quelques instants à l'examen d'une théorie que beaucoup peuvent regarder comme sérieusement compromettante pour notre doctrine. Parlons donc un peu de transformisme.

1. *De Generatione animal.*, lib. II, c. III.

« Quand on remonte le plus haut possible dans la généalogie du règne des vertébrés, on trouve que les premiers ancêtres de ce règne ont probablement consisté en un groupe d'animaux marins ressemblant aux larves des Ascidiens existants. Ces animaux ont produit probablement un groupe de poissons à l'organisation aussi inférieure que celle de l'Amphioxus; ce groupe a dû, à son tour, produire les Ganoïdes, et d'autres poissons comme le Lépidosiren, qui sont certainement peu inférieurs aux amphibies. Nous avons vu que les oiseaux et les reptiles ont été autrefois étroitement alliés; aujourd'hui, les Monotrèmes rattachent faiblement les mammifères aux reptiles. Mais personne ne saurait dire actuellement par quelle ligne de descendance les trois classes les plus élevées et les plus voisines, mammifères, oiseaux et reptiles, dérivent de l'une des deux classes vertébrées inférieures, les amphibies et les poissons. On se représente aisément chez les mammifères les degrés qui ont conduit des Monotrèmes anciens aux anciens Marsupiaux, et de ceux-ci aux premiers ancêtres mammifères placentaires. On arrive ainsi aux Lémuriens, qu'un faible intervalle seulement sépare des Simiadés. Les Simiadés se sont alors séparés en deux grandes branches, les singes du nouveau monde et ceux de l'ancien monde; et c'est de ces derniers que, à une époque reculée, a procédé l'homme, la merveille et la gloire de l'univers.

« Nous sommes ainsi arrivés à donner à l'homme

une généalogie prodigieusement longue, mais, il faut le dire, de qualité peu élevée. Il semble que le monde, comme on en a souvent fait la remarque, se soit longuement préparé à l'avènement de l'homme, ce qui, dans un sens, est strictement vrai, car il descend d'une longue série d'ancêtres. Si un des anneaux de cette chaîne n'avait pas existé, l'homme ne serait pas exactement ce qu'il est. A moins de fermer volontairement les yeux, nous sommes, dans l'état actuel de nos connaissances, à même de reconnaître assez exactement notre origine, sans avoir à en éprouver aucune honte. L'organisme le plus humble est encore quelque chose de bien supérieur à la poussière inorganique que nous foulons aux pieds; et quiconque se livre sans préjugés à l'étude d'un être vivant, si simple qu'il soit, ne peut qu'être transporté d'enthousiasme, en contemplant son admirable structure et ses propriétés merveilleuses[1]. »

Voilà ce que Darwin écrivait, il y a vingt ans. Et beaucoup se demandèrent alors, en lisant cette page, et le livre d'où elle est extraite, si une ère nouvelle ne venait pas de commencer pour la science; si l'on n'avait pas découvert la loi suprême qui régit l'univers; si la philosophie n'allait pas être bouleversée jusque dans ses principes et dans ses notions fondamentales; si la dernière heure n'avait pas sonné pour la révélation et pour

---

[1]. *La Descendance de l'homme*, traduction Barbier, p. 179.

les dogmes. Il y eut scandale au camp spiritualiste, épouvante même chez les faibles; tandis que, au camp matérialiste, tout rayonnait la joie et le triomphe. Songez donc! l'âme humaine réduite à une simple modification mécanique des organes; le monde évoluant tout seul, et marchant à la perfection sans qu'il soit besoin d'invoquer le plan ni les conseils d'une intelligence créatrice! Car telle est bien la thèse fondamentale où se résume « *l a descendance de l'homme* », thèse établie avec une science si vaste, par des faits si frappants et si nombreux, suivant une méthode aux allures si positives, avec un accent de bonne foi si pénétrant, tant de clarté, tant de rapprochements ingénieux et des vues si originales, un talent d'exposition si séduisant, que la conviction paraissait inévitable pour tous et la contradiction impossible ; et qu'on ne devait plus citer, autrement que pour mémoire, de Maillet, Robinet, Buffon, Lamarck, les deux Saint-Hilaire, Naudin [1], Gœthe, H. Spencer, Huxley, etc. [2].

Aujourd'hui, après vingt années, les choses ont un peu changé de face. Le transformisme n'est pas si sûr de lui-même, ni de l'avenir; on le voit plus que jamais contesté dans les Académies, et par les plus hauts représentants de la science. Parmi ceux qui ne le rejettent pas, — chose horrible

---

[1]. *V.* L'ouvrage de M. de Quatrefages : *Charles Darwin et ses précurseurs français*.
[2]. Mathias Duval, *le Darwinisme*, préface et IX° leçon.

pour les matérialistes et qui finira par les détourner de la théorie! — un bon nombre, et pas les moins distingués, soutiennent que le spiritualisme n'a pas à s'inquiéter du transformisme bien compris, et maintenu dans les limites tracées par les faits et une induction rigoureuse; qu'il suppose et réclame autant, sinon plus, que tout autre système, un Dieu-Providence, maintenant l'équilibre et l'ordre de l'univers; et qu'au lieu de concevoir une divinité qui fait le monde par créations successives, il est à la fois plus digne de la raison et de l'Être suprême de « se représenter un Dieu qui développe toute la nature d'une manière continue; de même que, sous nos yeux, il fait sortir lentement d'une humble graine un arbre magnifique [1] ».

Je n'ai point évidemment l'intention, ici, de faire une étude complète du transformisme, considéré dans toutes ses formes et sous tous ses aspects. Il y faudrait bien plus d'un volume. Je ne parlerai que du transformisme Darwinien, qui est le plus en vogue et passe pour le plus solidement établi. Et encore ne considérerai-je la théorie de Darwin que par le côté où elle touche à notre question des origines de l'âme humaine, et dans les bornes que comporte un traité psychologique comme celui-ci.

Voici donc la pensée de Darwin, dans ses li-

---

1. V. Gaudry, *les Ancêtres de nos animaux*, et le Cte Begouen, *la Création évolutive*.

gnes fondamentales, et telle qu'elle ressort de ses deux principaux ouvrages : *l'Origine des espèces*, et *la Descendance de l'homme*.

Au commencement, la vie n'existait que sous une forme, la plus simple, la plus élémentaire qu'on puisse concevoir. C'est tout ce qu'on peut savoir de ce « *prototype primitif* », « ancêtre commun des animaux et des plantes, premier père de tout ce qui vit [3]. »

Cette forme de vie élémentaire se communiquant et passant à plusieurs individus, et ces individus eux-mêmes se multipliant suivant une loi de progression telle que bientôt l'espace et les moyens de subsistance ne pouvaient suffire à tous, il en résulta une *lutte pour l'existence*, où les survivants durent être naturellement ceux qui, favorisés par des particularités constitutionnelles mieux appropriées, triomphèrent de leurs rivaux. Les survivants, continuant à se reproduire, transmirent à leurs descendants, en vertu de la loi d'hérédité, les caractères individuels qui les avaient si bien servis, et qui constituaient une perfection, une supériorité, *au moins relative*. La lutte pour la vie et la reproduction dans le sens des organismes avantagés se poursuivant toujours, la *sélection naturelle* qui s'était produite par le fait de la première bataille se renouvelant sans cesse, les particularités constitutionnelles se fixèrent, et

---

1. *Charles Darwin et ses précurseurs français*, p. 109.

il y eut une première race constituée, qui représentait déjà un degré de perfection au-dessus du « *prototype primitif* » (loi d'accumulation et loi de divergence). Puis, les siècles continuant de couler, la lutte pour la vie de sévir, les générations de s'accomplir dans le sens du progrès, l'hérédité d'assurer la transmission des perfectionnements acquis; un second degré de vie plus élevé fut atteint, puis un troisième et ainsi de suite, jusqu'à ce que fût produit le plus parfait des végétaux, d'où sortit, toujours par le même procédé et suivant les mêmes lois, le plus imparfait des animaux; puis, après des millions de siècles et des milliards de générations, toute la série animale, jusqu'aux plus parfaits des vertébrés, enfin jusqu'à l'homme.

Ce n'est pas plus difficile que cela d'expliquer notre généalogie : un vivant primitif aussi rudimentaire que possible, mais pouvant se multiplier en des êtres pouvant à leur tour recevoir d'une circonstance quelconque, comme le milieu, l'usage ou le non-usage des parties, etc., une modification souvent à peine sensible du type primitif : la lutte pour la vie, la loi d'hérédité et d'accumulation; la sélection naturelle déterminée par l'issue des batailles, laquelle issue est elle-même déterminée par la présence des caractères individuels avantageux, force, armure, beauté, il ne faut rien de plus pour comprendre comment l'homme, intelligent et libre, après des transmutations innombrables, a pu sortir d'une simple cellule, d'un globule de sarcode ou de cambium, « isolés, mais organisés, vivants, doués, du pouvoir de se multiplier, soumis par conséquent à la lutte pour l'existence et à la sélection [1]. »

Telle est la théorie Darwinienne, débarrassée de tous les accessoires et décors qui empêchent souvent de la bien entendre, et réduite aux points essentiels. Darwin en développe les preuves dans les six premiers chapitres de son livre de *la Descendance de l'homme* [2], et a pris soin de les résumer et de les condenser lui-même dans la page suivante, que nous allons reproduire sans y changer un mot. « La conclusion capitale à laquelle nous arrivons dans cet ouvrage, conclusion que soutiennent actuellement beaucoup de naturalistes compétents, est que l'homme descend d'une forme moins parfaitement organisée que lui. Les bases sur lesquelles repose cette conclusion sont inébranlables, car la similitude étroite qui existe entre l'homme et les animaux inférieurs pendant le développement embryonnaire, ainsi que dans d'innombrables points de structure et de constitution, points tantôt importants, tantôt insignifiants; les rudiments que l'homme conserve et les réversions anormales auxquelles il est accidentellement sujet, sont des faits qu'on ne peut plus contester. Ces faits, connus depuis

---

1. *Charles Darwin et ses précurseurs français*, p. 110.
2. P. 1-181.

longtemps, ne nous ont rien enseigné, jusqu'à une époque toute récente, relativement à l'origine de l'homme. Aujourd'hui, éclairés par nos connaissances sur l'ensemble du monde organique, nous ne pouvons plus nous méprendre sur leur signification. Le grand principe de l'évolution ressort clairement de la comparaison de ces groupes de faits avec d'autres, tels que les affinités mutuelles des membres d'un même groupe, leur distribution géographique dans les temps passés et présents, et leur succession géologique. Il serait incroyable que de tous ces faits réunis sortît un enseignement faux. Le sauvage croit que les phénomènes de la nature n'ont aucun rapport les uns avec les autres; mais celui qui ne se contente pas de cette explication ne peut croire plus longtemps que l'homme soit le produit d'un acte séparé de création. Il est forcé d'admettre que l'étroite ressemblance qui existe entre l'embryon humain et celui d'un chien, par exemple ; — que la conformation de son crâne, de ses membres et de toute sa charpente, sur le même plan que celle des autres mammifères, quels que puissent être les usages de ses différentes parties; — que la réapparition accidentelle de diverses structures, comme celle de plusieurs muscles distincts que l'homme ne possède pas normalement, mais qui sont communs à tous les quadrumanes ; — qu'une foule d'autres faits analogues, — que tout, enfin, mène de la manière la plus claire à la conclusion que l'homme descend, ainsi que d'autres mammifères, d'un ancêtre commun [1]. »

Nous avons exposé le Darwinisme et ses preuves; il nous faut maintenant l'apprécier.

Or, voici le jugement qui me paraît devoir en être porté : 1° le transformisme Darwinien n'est pas prouvé ; 2° il n'est pas vrai; 3° il n'est pas possible.

Je soutiens d'abord que l'hypothèse Darwinienne n'est pas prouvée. Pour s'en convaincre, il suffit de se rappeler un principe de logique élémentaire, que Stuart Mill a formulé en ces simples mots : « La vérification de l'hypothèse équivaudra à une parfaite induction, dans le cas seulement où *aucune autre loi que la loi supposée ne pourra conduire aux mêmes conclusions* [2]. » Prenons donc ce principe incontestable et incontesté, et voyons si le transformisme Darwinien réalise la condition qu'il exprime.

Supposé le transformisme, tel que je l'entends, nous dit Darwin, je me trouve immédiatement en face des conclusions suivantes : 1° entre l'homme et les animaux inférieurs, il doit exister une ressemblance étroite, sous le rapport du développement embryonnaire, aussi bien que de la structure et de la constitution ; 2° l'homme, tantôt par des rudiments d'organes, tantôt par des réversions

1. P. 663.
2. *Logique*, t. II, p. 10.

anormales, doit nous faire souvenir des états inférieurs qu'il a traversés : 3° les affinités mutuelles des membres d'un même groupe d'êtres, leur distribution géographique dans les temps passés et présents, et leur succession géologique, doivent être telles ou telles. Or, ces trois conclusions, nous les trouvons vérifiées dans les faits, dans la nature. Donc, mon hypothèse du transformisme est vérifiée, jusqu'à être démontrée.

Voyons un peu, dirai-je à mon tour à Darwin : D'un commun accord, nous admettons comme principe qu'une hypothèse, pour être prouvée et démontrée, doit expliquer les faits de telle sorte, *qu'aucune autre hypothèse que l'hypothèse admise ne puisse en donner raison*. Stuart Mill nous est garant qu'en Angleterre, comme dans les autres pays, la Logique le veut ainsi. De plus, je veux bien accorder, et je suis large dans mes concessions, que le transformisme tel que vous le comprenez une fois admis, les trois ou quatre conséquences tout à l'heure mentionnées s'ensuivent réellement, comme vous venez de nous le faire entendre. Est-ce donc, par hasard, que vous avez satisfait, par cela même, à la condition énoncée par le principe de Stuart Mill, et dont nous sommes convenus? Est-ce donc qu'*aucune autre hypothèse que la vôtre* ne peut donner raison des faits indiqués? Sur quelle donnée vous appuyez-vous, pour prouver que votre hypothèse n'est pas seulement possible, mais est *la seule* possible?

Une telle donnée vous manque absolument; c'est chose manifeste pour quiconque lit votre livre. Et c'est pourquoi votre hypothèse reste sans fondements : elle n'est pas prouvée.

On peut si bien expliquer les faits d'une manière autre que Darwin, que les Transformistes ont dû en faire l'aveu, et qu'ils proposent eux-mêmes d'autres explications. Par exemple, Darwin dit que les métamorphoses embryonnaires démontrent, par analogie, les transformations des adultes. A cela, voici ce que répond un transformiste des plus distingués : « On peut tout aussi bien objecter, au nom de l'analogie, que les faits en question *démontrent au plus l'unité de plan et de structure.* Cette unité de plan s'explique, d'ailleurs, par les lois qui régissent la matière organisée aussi bien que la matière inerte. Si les éléments chimiques se combinent toujours en proportions définies, si les innombrables formes cristallines de certaines espèces minérales appartiennent toujours à un même système, et ne sont pas jetées au hasard dans des moules dissemblables, *il est naturel que les formes et les organes encore peu compliqués des êtres vivants se rattachent les uns aux autres, et constituent un ensemble harmonique, quelle que soit d'ailleurs la raison première de l'ordre établi*[1]. »

Darwin invoque les *organes-témoins*. Mais que prouvent-ils ? « On a souvent cité, à ce propos, les

---

[1]. M. Ch. Contejean, *Revue scientifique*, 30 avril 1881.

deux métacarpiens latéraux du pied du cheval, qui ne sont que de minces stylets cachés sous la peau, et qui remplacent les métacarpiens plus développés et munis de doigts de l'Hipparion. Celui-ci les tenait lui-même de son ancêtre l'Anchitrium, dont les doigts pouvaient déjà fonctionner ; et la seule souche première est le Paleotherium, qui avait trois doigts presque égaux. D'après l'école de M. Darwin, ces organes-témoins démontrent la filiation ; en conséquence, les Anchiterion et les Paleotherium sont les ancêtres des chevaux.

« Mais n'est-ce pas aller un peu vite et un peu loin? Les *organes-témoins ne démontrent-ils pas aussi bien l'unité de plan?* S'il existe de pareils organes bien caractérisés, ce sont évidemment les mamelles atrophiées des mâles. Qui soutiendra que les mâles aient été autrefois des femelles [1]? »

L'atavisme sera-t-il plus décisif en faveur de Darwin? Nullement. « De même que les arguments tirés de l'état embryonnaire et des organes-témoins (c'est toujours le transformiste qui parle), ceux que les Transformistes empruntent à l'atavisme et aux monstruosités ne sont raisonnablement admissibles qu'autant que les faits invoqués concernent exclusivement les variétés d'une même espèce. *Dans tous les autres cas ils dénotent plutôt l'unité de plan.* On admettra sans peine, en effet, que les modifications accidentelles des individus

---

[1]. M. Contejean, article cité.

se rapprochent surtout de la manière d'être la plus habituelle du groupe auquel ils appartiennent. Il est naturel que les chevaux et les ânes aient quelquefois les jambes zébrées, puisque, sauf le cheval, toutes les espèces du genre *Equus* sont rayées de diverses façons; mais cela ne prouve nullement, comme on l'a dit, qu'ils aient un ancêtre commun à robe rayée [1]. »

Je ne dis rien de la distribution géographique des êtres, soit dans le passé, soit dans le présent, parce qu'il est trop clair que si la théorie Darwinienne en rend convenablement raison, la théorie adverse l'expliquerait tout aussi aisément.

Quant à leur succession géologique, l'écrivain transformiste que nous avons cité jusqu'ici va encore nous montrer, dans une page remarquable, que le Darwinisme n'en reçoit aucun secours :

« A ce propos, je dois m'efforcer de tenir le lecteur en garde contre des illusions qui ont converti à la doctrine du transformisme le plus grand nombre de ses adeptes, même parmi les savants et les naturalistes de profession. Quoi de plus séduisant, et, en apparence, de plus significatif, que ces découvertes incessantes des types fossiles, réellement intermédiaires entre les types actuels, et tendant à les rapprocher, un peu plus je dirais à les confondre, dans un ensemble unique? Non seulement on a trouvé des êtres qui établissent

---

1. M. Contejean, article cité.

un passage entre les oiseaux et les reptiles, entre ceux-ci et les mammifères ou les poissons, mais on connait une foule de types intermédiaires entre la plupart des ordres, des familles, des genres, et quelquefois des espèces d'un même genre. Et comme de pareilles découvertes se produisent à chaque instant, il semble qu'un moment doive arriver où tous les vides seront remplis, et où il ne manquera plus un seul anneau à la chaîne continue des êtres.

« Malheureusement, ces splendides perspectives ne sont, au fond, que des mirages trompeurs. Y a-t-il d'abord une chaîne des êtres? Nous avons déjà exprimé des doutes à cet égard. Cette chaîne unique des êtres eût-elle une existence incontestable, la difficulté, qu'on a trop souvent perdue de vue, serait de démontrer le passage d'une espèce à une autre et de faire connaître les formes qui les réunissent. Avec un peu d'attention on ne tarde pas à se convaincre que les intermédiaires entre classes, ordres, genres et même espèces n'ont aucune signification, puisqu'ils laissent subsister d'énormes hiatus. Les découvertes incessantes de la paléontologie prouvent seulement que les cadres du monde organique, envisagé dans son ensemble, sont infiniment plus complets que ceux de la nature vivante. Les familles, les genres, les espèces fossiles viennent s'intercaler entre d'autres familles, d'autres genres, d'autres espèces, sans que, pour autant, la distance qui sépare les types spécifiques ait jamais diminué. Je comparerais volontiers les espèces aux soldats d'une compagnie qui reçoit des recrues : les rangs se serrent, mais les hommes ne s'en distinguent pas moins les uns des autres. C'est donc entre les espèces qu'il importerait de découvrir des moyens termes. *Mais on peut affirmer hardiment que ces moyens termes n'existent pas.* »

De tout ce que nous venons d'entendre dire à notre savant transformiste, il ressort évidemment que les faits ne s'expliquent pas tellement par la théorie Darwinienne, qu'ils ne puissent s'expliquer autrement. En admettant que l'explication proposée par l'illustre naturaliste anglais soit acceptable, plausible, elle n'est pas, à coup sûr, nécessaire, exclusive. Il faut donc dire, en bonne logique, que la théorie Darwinienne n'est point démontrée. Darwin, en réalité, ne prouve son hypothèse que par des conjectures.[1] C'est ne rien prouver. *Possible* que les choses se soient passées comme il le dit ; je le veux bien, *pour le moment;* mais, *en fait,* se sont-elles passées ainsi[2] ? Vraisemblable, tant qu'on le voudra, son système n'est jamais que vraisemblable. Et si le mot de Voltaire allait encore s'appliquer au transformisme :

---

1. M. Duilhé de Saint-Projet, dans son *Apologie scientifique de la Foi* (3ᵉ partie, chapitre XIV), prouve très bien que « non seulement le transformisme vit actuellement d'hypothèse, mais qu'il est condamné à l'hypothèse perpétuelle ».
2. De Quatrefages, *Charles Darwin et ses précurseurs français,* p. 151.

« *Tout parut vraisemblable, et rien ne fut vrai* »?

Et, en effet, ma conviction est que le transformisme Darwinien, s'il est possible, n'est pas vrai. Sans entrer dans de longs discours, je crois pouvoir l'établir solidement par une seule preuve, tirée justement de la paléontologie, que les Darwinistes opposent si souvent, et avec tant de complaisance, à leurs adversaires.

Remettons-nous bien devant les yeux les données essentielles de la théorie de Darwin, et les conséquences qu'a dû forcément entraîner la sélection naturelle, telle qu'on suppose qu'elle s'est pratiquée, sous l'empire de la lutte pour l'existence. Toutes les espèces qui ont existé sont sorties d'un très petit nombre de types primitifs, peut-être d'un seul vivant, ou d'un seul couple de vivants. Ce type primitif, transmis par la génération, modifié tantôt par le fait des parents, tantôt par l'influence du milieu, a gravi tous les degrés de la perfection organique avec une extraordinaire lenteur, par une sorte de progrès ascensionnel presque insensible, et après des milliers ou des millions de siècles, des milliards de générations, est arrivé à constituer tous les embranchements, tous les ordres, toutes les familles, tous les genres, toutes les espèces qui ont paru. En conséquence : 1° les premiers animaux, les plus imparfaits, n'ont pu paraître avant que les végétaux les plus parfaits n'aient existé; de même, les animaux de perfection moyenne, et à plus forte raison les autres plus élevés, ne sauraient avoir pris naissance que longtemps après les animaux des plus bas degrés ; 2° les types souches, les êtres à caractères non rigoureusement définis, formes intermédiaires, êtres de passage, intercalés entre les espèces nettement caractérisées, ont dû être bien plus nombreux que ces espèces elles-mêmes, puisqu'ils vont de l'une à l'autre par une série de nuances constitutionnelles si subtiles et si fines qu'on peut à peine les marquer ; 3° enfin, la loi de la sélection naturelle, agissant toujours au profit des individus, non pas les plus parfaits en soi, mais les mieux adaptés aux circonstances, étant universelle et fatale, comme universelle et fatale est la loi de *multiplication jusqu'à l'excès* des vivants, les espèces en aucun temps et en aucun lieu n'ont pu demeurer stables, mais doivent avoir été dans une espèce d'instabilité incessante, et accuser à tout instant et en tout lieu une sorte de mouvement perpétuel, soit de recul, soit de progrès. Ces quatre points sont des affirmations explicites de Darwin, ou des conséquences rigoureuses de ses principes.

Or, je soutiens que les choses ne se sont point passées comme il vient d'être dit. Mais, qui nous le prouve ? — L'histoire. — Existe-t-il donc une histoire de la genèse des espèces ? — Oui, cette histoire existe ; et il faut y croire, car l'auteur n'en est pas autre que la Nature. La Nature a tenu registre des événements et des changements qui se sont accomplis dans son sein. La paléontologie lit dans ce registre immense et des millions de fois séculaire. Or, contrairement aux affirmations Darwiniennes, voici ce qu'elle y découvre :

1° Les types dits paléontologiques ne se trouvent point disposés *suivant la perfection graduelle et croissante* de leurs organismes, comme le voudrait la théorie Darwinienne. Au contraire, il est devenu évident pour tous les savants, et tous admettent que, dans les formations géologiques les plus anciennes, dès l'époque primaire ou paléozoïque, *tous* les grands embranchements du règne animal ont été représentés à la fois, *simultanément* et *non pas successivement*. « Il est établi par des faits innombrables, dit le savant Agassiz, que l'idée d'une succession graduelle des rayonnés, des mollusques, des articulés et des vertébrés, est pour toujours hors de cause. *On a la preuve indubitable* que les rayonnés, les mollusques et les articulés se rencontrent *partout ensemble dans les terrains les plus anciens,* et que les plus précoces d'entre les vertébrés leur sont associés [1]. »

2° Les formes de passage, qui devraient être « innombrables, et, en tout cas, infiniment plus fréquentes que les formes représentant les espèces connues [2], » ne se rencontrent nulle part. Du

---

1. De *l'Espèce*, p. 82.
2. M. Contejean, article cité.

reste, il est une observation bien simple, et que je m'étonne de n'avoir pas vue faite plus souvent, c'est que si ces formes existaient, « les types spécifiques, noyés dans cette multitude d'intermédiaires, ne pourraient plus être distingués les uns des autres, ou, en d'autres termes, n'existeraient pas. Or, c'est le contraire qui a lieu [1]. »

3° En dépit du nombre incalculable de siècles écoulés, bien qu'ayant eu à traverser les périodes géologiques les plus tourmentées, malgré les conditions climatériques les plus opposées et les milieux les plus divers, nous voyons maintes espèces traverser tous les âges géologiques et arriver jusqu'à nous sans changer. C'est par milliers que l'on compte aujourd'hui ces exemples d'invariabilité et de constance spécifique absolue. « Sur les 46 espèces de mammifères de l'époque *quaternaire* et de la fameuse époque glaciaire, si féconde en causes de variations, 39 espèces sont arrivées jusqu'à nous sans aucun changement appréciable, pas même dans la taille, et vivent encore dans les diverses contrées des deux mondes. Sept espèces seulement se sont éteintes, plutôt que de changer. Telles sont, parmi les espèces persistantes, le renne, la chauve-souris, le chamois, la marmotte, le castor, l'ours brun, le renard, la belette », etc. [2]. De même dans le règne végétal : « le chêne, le bouleau, l'érable, le pin sylvestre, l'if,

---

1. M. Contejean, article cité.
2. M. Farge, *la Vie et l'évolution des espèces*, p. 216.

le mélèze, et même certaines variétés de noisetiers fossiles des temps quaternaires, vivent encore actuellement dans les Alpes et diverses régions [1]. »
A l'époque *tertiaire*, M. Milne-Edwards a rencontré un certain nombre d'oiseaux, et même des mammifères semblables aux nôtres : des palmipèdes, des échassiers, des rapaces, des perroquets, etc. Les fourmis existaient déjà aux temps jurassiques. Les insectes et les mollusques d'eau douce des terrains *secondaires* ne diffèrent pas sensiblement des nôtres. M. le comte de Castracane a trouvé des diatomées dans les terrains *carbonifères*, qui sont exactement de la même espèce que celles qui se trouvent actuellement dans les eaux douces. Bref, à mesure que la paléontologie progresse, il se trouve, au grand étonnement de tous, que les rapports de ressemblance du monde ancien au monde nouveau deviennent de plus en plus nombreux et manifestes. « L'étude de la faune primordiale silurienne a démontré que les prévisions théoriques du transformisme sont en complète discordance avec les faits observés. Les discordances sont si nombreuses et si prononcées, que la composition de la faune réelle semblerait avoir été calculée à dessein pour contredire les théories évolutionnistes [2]. »

Les faits sont donc en opposition flagrante avec

---

1. Barrandes, *Trilobites*, p. 281.
2. M. Faivre, *la Variabilité des espèces et de ses limites*. V. tout le dernier chapitre.

la théorie. Si la théor: Darwinienne dit ce qui aurait pu être, elle ne dit donc point ce qui a été. S'il est prouvé qu'elle est possible, il n'est pas moins prouvé qu'elle est fausse.

Mais est-elle même possible? Je n'hésite pas à répondre que non. La genèse des espèces, telle que Darwin l'a conçue, n'est pas possible. En disant cela, je vais paraître téméraire. Mais qu'importe? si je suis en mesure de prouver ce que j'avance. Or, j'en puis apporter deux raisons : c'est que la théorie, d'une part, implique la négation d'un des premiers principes; et que, d'autre part, elle aboutit fatalement à une conséquence qui est sa propre négation à elle-même.

Je vais essayer de m'expliquer en peu de mots.

Darwin écrivait dans son livre de *l'Origine des espèces* [1]: « On peut dire, par métaphore, que la sélection naturelle scrute journellement, à toute heure et à travers le monde entier, chaque variation, même la plus imperceptible, pour rejeter ce qui est mauvais, conserver et ajouter tout ce qui est bon, et qu'elle travaille ainsi partout et toujours, *dès que l'opportunité s'en présente,* au perfectionnement de chaque être organisé, par rapport à ses conditions d'existence organiques et inorganiques. »

Ces mots que j'ai soulignés, « dès que l'opportunité s'en présente, » mots qui n'ont l'air de rien,

---

1. Chap. IV.

sont d'une importance capitale. Et il faut savoir gré à M. de Quatrefages de les avoir signalés par la remarque suivante : « La dernière phrase de ce passage me semble avoir été oubliée par quelques-uns des plus dévoués disciples de Darwin. *Elle est pourtant essentielle,* en ce qu'elle implique une réserve importante que l'auteur, du reste, a formulée un peu plus loin [1]. » Cette réserve consiste, suivant la pensée très juste de l'éminent professeur d'anthropologie, en ce que la doctrine Darwinienne ne requiert pas rigoureusement un progrès absolu et continu dans les vivants; puisque, d'après les propres expressions de Darwin, l'élection ne consomme la perfection de l'être, qu'autant *que l'opportunité s'en présente;* et qu'il peut très bien arriver que ce qui est, en soi, perfection, devienne cause d'infériorité à raison des circonstances [2]. De là résulte cette conséquence capitale, avouée par Darwin lui-même : que le Darwinisme, à tout prendre, est bien moins la doctrine de ce que nous appelons le progrès, que celle de *l'adaptation.* « *L'élection naturelle*, dit expressément le maître, *n'implique aucune loi nécessaire et universelle de développement et de progrès* [3]. » Qu'on veuille bien réfléchir sur ces paroles, et en voir toute la portée. La sélection naturelle, fonc-

1. *Ch. Darwin et ses précurseurs français*, p. 99.
2. Qu'on se rappelle l'histoire de la souris, résistant avec avantage au surmulot et au rat noir, à cause de sa petitesse même.
3. *De l'Origine des espèces*, chap IV, sect. XIV.

tionnant comme Darwin l'entend, est indifférente au progrès comme au recul. Des générations peuvent se produire pendant des milliers de siècles, sans que la vie ait monté d'un seul degré, puisqu'il peut se faire que la perfection relative, c'est-à-dire une véritable infériorité, soit meilleure à l'être, étant donné les circonstances, que la perfection absolue. Il faut bien noter, par ailleurs, que, toujours suivant Darwin, nulle finalité, nulle loi ne régit les circonstances et ne les détermine de telle sorte, qu'elles doivent engager et pousser la sélection plutôt dans la direction ascensionnelle que dans la direction opposée.

La sélection naturelle et les circonstances qui la déterminent sont donc indifférentes à produire l'un ou l'autre effet. Telle est la première donnée essentielle, telle est la première partie du système.

La seconde partie consiste dans cette affirmation, que, de la sélection et de l'ensemble des circonstances, a procédé cette évolution merveilleuse qui, par une série presque infinie de perfectionnements successifs, a fait passer la vie de sa forme la plus rudimentaire jusqu'aux formes les plus élevées, jusqu'à la forme humaine.

Mais, quoi donc? Est-ce que la seconde partie du système suit bien de la première? Est-ce que d'une cause *indéterminée* il peut sortir un effet *déterminé?* J'entends saint Thomas formuler cet axiome philosophique : *Quod indifferenter se habet ad multa, non magis unum eorum operatur quam aliud* [1]. » Un principe qui est indifférent à l'égard de plusieurs effets est inapte à opérer, et n'opère pas, en fait, l'un plus que l'autre. De l'indéterminé ne peut provenir le déterminé. Affirmer le contraire, serait nier ce principe, tout à fait premier, que tout effet est proportionné à sa cause. Or, nous l'avons vu, Darwin, dans son système sur l'origine des espèces, fait sortir le progrès effectif des êtres vivants, de deux principes indifférents à produire le progrès ou le recul. Il fait donc sortir le déterminé de l'indéterminé : il admet un effet sans proportion avec ses causes. Son système implique donc la négation d'un des premiers principes de la raison.

Ce n'est pas tout : la théorie Darwinienne entraîne encore, comme je l'ai dit, la négation du fait même que veut expliquer son auteur.

Darwin doit expliquer l'origine des espèces, en même temps que l'ordre merveilleux, la constance et la distinction que nous voyons régner entre elles depuis des siècles. Mais la transmutabilité des espèces une fois admise et supposée effective, savez-vous ce qui adviendrait du monde organisé? Vous allez l'entendre de la bouche de M. de Quatrefages : « Supprimez, dit-il, l'infécondité entre espèces; supposez que les mariages entre les espèces sauvages deviennent en tous sens et indéfiniment féconds, comme ils le sont

---

1. *Somme contre les Gentils*, liv. III, chap. II.

dans nos colombiers, nos étables, nos chenils, entre les races domestiques. A l'instant même, que va-t-il se passer? Les barrières entre espèces, entre genres, sont enlevées; des croisements s'opèrent dans toutes les directions; partout apparaissent des types intermédiaires, partout disparaissent et s'effacent progressivement les distinctions actuelles. Je ne vois pas où s'arrêterait la confusion. Tout au moins des ordres entiers, et bien probablement les classes elles-mêmes, ne présenteraient, après quelques générations, qu'un ensemble de formes bâtardes, à caractères indécis, irrégulièrement alliées et entrelacées, où le désordre irait croissant, grâce au mélange de plus en plus complet et à l'atavisme, qui bien longtemps sans doute lutterait avec l'hérédité directe.
— Ce n'est pas là un tableau de fantaisie. Tout éleveur à qui on demandera ce que produiraient les libres unions entre les cent cinquante races de pigeons reconnues par Darwin, entre les cent quatre-vingts races de chiens qui ont figuré à nos expositions, répondra certainement comme moi.

« L'infécondité entre espèces a donc dans le monde organique un rôle à peu près analogue à celui que joue la pesanteur dans le monde sidéral. Elle maintient la distance zoologique ou botanique entre les espèces, comme l'attraction maintient la distance physique entre les astres. »

Vous le voyez, la théorie Darwinienne une fois admise, c'en est fait de l'existence ordonnée, constante, distincte, harmonieuse de ces groupes d'êtres que Darwin appelle, comme nous, des espèces. La théorie détruit ce qu'elle doit expliquer.

Concluons donc, non seulement que le transformisme Darwinien n'est pas prouvé, non seulement qu'il n'est pas vrai, mais qu'il n'est pas même possible.

Mais qu'avais-je besoin de parler du transformisme de Darwin, et de m'exposer, en touchant cette matière, à tomber en deux défauts, qui ordinairement s'excluent, et que j'aurai eu peut-être ici le triste privilège de réunir, le défaut d'être trop long et celui d'être trop court? N'avais-je donc pas un moyen beaucoup plus simple et plus expéditif, de répondre à la question proposée : quelle a été l'origine de la première âme humaine? Il me suffisait de dire, en effet, dès le commencement, ce que j'affirme maintenant, mais trop tard, je le crains :

Quand bien même le transformisme Darwinien serait vrai des êtres vivants inférieurs à l'homme; quand bien même il serait démontré qu'*un transformisme quelconque* peut se soutenir même à l'égard du corps de l'homme, il reste toujours que l'âme humaine ne peut arriver à l'existence que par un acte de création; et, partant, que la première âme raisonnable qui soit venue réjouir et embellir notre monde n'a pu avoir, tout comme les âmes qui arrivent maintenant à l'existence, que Dieu même pour auteur.

Cette thèse, après ce que nous avons dit dans la première partie de ce chapitre, n'a plus besoin d'être prouvée. N'avons-nous pas montré, en effet, que l'âme humaine étant spirituelle, c'est-à-dire ayant une existence et une opération indépendante de la matière, non seulement elle ne peut avoir pour cause aucun agent matériel, si haut qu'on le suppose placé dans le monde organique, mais encore qu'elle ne peut être éduite d'aucun sujet préexistant, et ne peut arriver à l'être que par création. Ainsi l'a toujours voulu sa nature. La première âme raisonnable qui parut dans le monde fut donc non pas engendrée, mais créée. Et comme Dieu seul, ainsi que nous l'avons vu encore, a le pouvoir de créer, c'est des mains de Dieu créateur, que sortit la première âme humaine [1].

C'est pour échapper à cette doctrine de la création, par Dieu, des âmes humaines, que le transformisme a été inventé, et soutenu avec tant d'ardeur. Des savants de bonne foi nous le donnent clairement à entendre : « Qu'il me soit permis, écrit celui que nous avons cité plusieurs fois dans les pages qui précèdent, d'expliquer pourquoi, en dépit de ma longue et sévère critique du transformisme, mes préférences lui sont acquises :

---

1. *Somme théologique*, p. 1, q. XC, art. 2.

c'est que l'hypothèse est simple et naturelle, tandis que celle des *Créateurs* répugne à notre intelligence. *Il nous est, en effet, impossible de comprendre et d'admettre une création*[1]. »

L'aveu est précieux à plus d'un titre. Mais ce que je veux seulement en relever, c'est que les sciences naturelles ne sont pour rien dans cette préférence donnée au transformisme sur la création. Les savants que nous avons pour contradicteurs rejettent la création et admettent le transformisme, non pas au nom des sciences physiques, mais au nom des principes métaphysiques. « *La création est impossible à concevoir*, disent-ils ; donc, elle n'a pas eu lieu. »

Des savants d'aujourd'hui, croyant prendre en défaut saint Augustin, Albert le Grand et saint Thomas d'Aquin, sur le terrain métaphysique ! Cela ne laisse pas d'être piquant. Quoi qu'il en soit, que messieurs les Savants me permettent de leur dire simplement, pour le quart d'heure, que, sur ce terrain de la métaphysique, nous ne les craignons point ; bien plus, que nous les y provoquons ; bien plus, qu'ils y seront battus.

En attendant leurs objections, nous nous souviendrons, nous spiritualistes, que notre âme est divine, afin de respecter toujours en elle ce caractère sacré. Mais en nous souvenant qu'elle vient de Dieu, nous penserons qu'elle doit retourner à

---

1. M. Contejean, article cité.

Dieu ; qu'il est son terme comme il est son principe : et nous nous garderons de tout ce qui pourrait nous éloigner, à plus forte raison nous détourner tout à fait, d'un but si noble et d'une fin si magnifique.

CHAPITRE HUITIÈME

EN QUOI L'AME DE L'HOMME DIFFÈRE DE L'AME
DE LA BÊTE.

SOMMAIRE. — Entre l'âme de l'homme et celle de la bête,
il existe quatre différences essentielles.

Commençons par une histoire.

Il y a quelques années, M. de Quatrefages, dans son livre de *l'Unité de l'espèce humaine*, — un beau livre d'ailleurs, — écrivait les paroles suivantes : « Plus je réfléchis, plus je me confirme dans la conviction que l'homme et l'animal *pensent et raisonnent en vertu d'une faculté qui leur est commune*, et qui est seulement énormément plus développée dans le premier que dans le second. »

Par cet « énormément plus développée dans le premier que dans le second », M. de Quatrefages, spiritualiste sincère, croyait bien avoir posé une réserve, largement suffisante pour affirmer et maintenir la différence essentielle qui existe entre l'homme et la bête.

Il se trompait ; on le lui fit bien voir.

Les paroles du savant français tombèrent sous les yeux de M. Karl Vogt. L'avisé président de l'Institut Gènevois saisit, du premier coup, les conséquences favorables au matérialisme qu'entraînait la concession de M. de Quatrefages ; et il n'eut rien de plus pressé que de citer le fatal passage, en le commentant, dans ses *Leçons sur l'homme* [1].

Après avoir rapporté fidèlement, sinon quant aux termes, au moins quant au sens [2] : « Telles sont les paroles de M. de Quatrefages, dit-il sur un ton de malicieux triomphe. Comme on le voit, il accorde beaucoup... aux faits, et à l'opinion que l'animal possède toutes les facultés intellectuelles, quoique à un moindre degré ; qu'il pense, réfléchit, s'entend avec ses semblables et avec d'autres; bref, que ses facultés intellectuelles ne diffèrent de celles de l'homme que par leur degré de développement.

« Mais, suivant lui, la moralité et la religiosité sont quelque chose de tout différent, de tout nouveau ; et puisqu'ils se rencontrent partout chez l'homme, ils constituent chez lui un caractère essentiel qui le distingue de tous les animaux.

« Admettons, pour un instant, que ce que M. de

---

1. Deuxième édition, page 307-8.
2. L'idée que M. Karl Vogt attribue à M. de Quatrefages se trouve exprimée très nettement, plusieurs fois, dans *l'Unité de l'espèce humaine*, de la page 12 à la page 33.

Quatrefages appelle *religiosité* se trouve sans exception chez tous les peuples ; or, cela ne prouve pas du tout que ce sentiment corresponde chez l'homme à une nouvelle activité ou à une nouvelle faculté intellectuelle. Cela prouve seulement que, devant des phénomènes dont il ne peut saisir les causes, l'homme se fait des idées que l'animal ne se fait pas, parce qu'en raison de ses moindres facultés intellectuelles, l'animal ne se sent pas porté à réfléchir sur les causes de ces phénomènes.

« De fait, poursuit M. Vogt, mis en présence d'un phénomène, tous les hommes ne se comportent pas de la même façon : les uns en cherchent la cause, les autres ne la cherchent pas ; ceux-ci en assignent une, ceux-là une autre. Le crétin stupide ne fait aucune attention au tonnerre, le niais en a peur, comme d'un phénomène naturel puissant, dont il ne peut deviner la cause ; le païen déduit d'un *x* inconnu un Dieu du tonnerre ; le chrétien convaincu (M. Vogt confond chrétien convaincu avec chrétien ignorant) fait tonner son maître suprême, et l'homme intelligent, qui connait la physique, fait lui-même tonnerre et éclairs, lorsqu'il peut disposer des appareils nécessaires. Telle est la marche générale des idées religieuses, et je ne saurais réellement trouver aucune raison pour rattacher la religiosité au genre humain comme une faculté intellectuelle spéciale. »

Telle n'est point, quoi qu'en dise M. Vogt, avec cette passion d'incrédule sectaire qui perce en tous ses discours, la marche générale des idées religieuses ; mais telle est bien, il faut le reconnaître, la déplorable conclusion où l'on est acculé, si l'on admet une fois, avec M. de Quatrefages, que l'homme et l'animal *pensent par une faculté intellectuelle commune*. Car, ce fait admis, l'éminent naturaliste a beau dire [1], il n'existe plus de barrière infranchissable entre l'homme et la brute. Les idées morales et religieuses n'étant, pour ainsi parler, qu'un cas particulier de la pensée, dès l'instant que la pensée est accordée aux bêtes, une circonstance fortuite, l'éducation, un événement quelconque, peut déterminer un progrès qui ne répugne plus à la nature des êtres, et faire jaillir dans des cerveaux de singes ou de chiens l'idée de Dieu et de la loi morale.

Si je ne me trompe, cette regrettable histoire de M. de Quatrefages prouve deux choses : d'abord que la plume des philosophes et des savants, tout comme la lyre des poètes, s'endort et s'oublie quelquefois ; en second lieu, qu'il n'est pas si facile de tenir en cette matière un langage absolument correct et irréprochable ; et qu'il importe souverainement, à qui veut comparer l'homme et l'animal, de connaître sur ce point les idées et les formules des vrais maîtres de la doctrine [1].

---

[1]. Les Matérialistes ont parfaitement compris l'avantage qui leur revenait de la concession faite par M. de Quatrefages. Aussi

C'est à les exposer et à les défendre que sera consacré notre dernier chapitre. Il montrera à ceux qui ne savent apercevoir que des ressemblances entre l'homme et la bête, qu'il existe entre l'un et l'autre quatre différences essentielles : l'âme de l'homme différant essentiellement de celle de la bête par l'opération, par la nature, par l'origine, par la destinée.

J'admets, comme vous le voyez, que les bêtes ont une âme. En l'admettant, je n'ignore pas que je fais trembler plusieurs d'entre vous qui ne comprennent pas, ils me l'ont dit eux-mêmes, comment, l'âme une fois accordée aux bêtes, je sauverai, en bonne logique, la prééminence de l'homme sur la brute. Mais tout l'embarras qui peut résulter pour moi d'accorder une âme à l'animal ne saurait me dispenser de le faire, s'il existe une raison démonstrative de lui en reconnaître une ; or, cette raison existe.

En effet, l'animal vit : donc, il a une âme.

Vous n'avez pas oublié que, par âme, nous entendons le principe premier des opérations vitales dans les êtres vivants [1], principe que nous avons prouvé [2] être distinct des forces physiques et chimiques, par cette raison commune à saint Thomas

---

M. Mathias Duval, à l'exemple de M. Karl Vogt, n'a-t-il pas manqué de la faire ressortir et de s'en prévaloir, dans son récent ouvrage : *Le Darwinisme*, p. 79 et suiv. Paris, 1886.

1. Albert le Grand, *de Anima*, lib. II, c. 1.
2. V. chapitre IV.

et à M. Claude Bernard, que les propriétés caractéristiques des êtres vivants ne peuvent s'expliquer ni par la physique ni par la chimie.

Si l'âme est le principe premier des opérations vitales, il est évident que nous devrons admettre l'existence d'une âme partout où il se produit des opérations vitales, par exemple des phénomènes de nutrition, des phénomènes de sensibilité, etc.

Or, ces phénomènes se produisent dans l'animal aussi bien que dans l'homme. Nous en avons pour garants l'anatomie et la physiologie comparée.

Prenez une description anatomique du système nerveux de quelques-uns des animaux supérieurs, comme le chien, le singe, le cheval; et rapprochez ce que vous y lisez de ce que vous savez sur notre propre système nerveux, à nous.

Que voyez-vous, en comparant les éléments, soit isolés, soit assemblés et groupés, des deux systèmes? Une ressemblance frappante. Ici et là, des cellules et des fibres; ici et là, une disposition et un arrangement des cellules et des fibres suivant un plan dont les lignes fondamentales sont absolument identiques; ici et là, des organes évidemment façonnés sur un même type.

Que si, non contents d'interroger l'anatomie descriptive, toujours un peu superficielle, vous consultez l'histologie, la ressemblance entre l'homme et l'animal demeure constante; car la matière nerveuse n'offre pas de différence dans l'un et dans l'autre. Au point de vue anatomique, le système nerveux de l'homme et celui de l'animal sont donc semblables.

Nous pouvons et nous devons en conclure que les phénomènes de la vie végétative et de la vie sensitive qui se passent dans l'homme ont lieu aussi dans l'animal. Car l'organe appelle et entraîne la fonction; et rien n'est plus scientifique que de dire : mêmes organes, mêmes opérations [1].

Ce que l'anatomie nous fait conclure par une sorte d'argument *a priori*, la physiologie le confirme par l'expérience. Elle observe, en effet, que la vie évolue dans l'animal tout comme dans l'homme. L'animal se nourrit, se développe, se reproduit comme l'homme.

Comme lui, l'animal voit, entend, goûte, odore, palpe les objets, se montre agréablement ou désagréablement impressionné à leur contact ou à leur présence. Dans l'un et dans l'autre, la sensation naît de la même manière, se propage suivant les mêmes lois, provoque une séquence de faits tout semblables. Dans l'un et dans l'autre, les fonctions sont favorisées ou troublées, suspendues ou rétablies par les mêmes causes. Enfin, sur ce terrain de la vie végétative et de la vie sensitive, il existe entre l'homme et l'animal une telle conformité anatomique et fonctionnelle, à l'état sain comme à l'état pathologique, que l'expérimenta-

---

[1]. S. Thomas, p. I, q. 7, a. 3.

teur, à toute heure, conclut de l'homme à l'animal, ou de l'animal à l'homme, en toute sécurité et en toute vérité, sans jamais craindre, sans jamais recevoir des faits un démenti.

Dire, après cela, que les animaux ne vivent pas tout aussi réellement que nous, c'est quitter la raison pour la fantaisie. Comme donc tout ce qui vit, vit par une âme, on ne peut refuser une âme aux animaux.

Descartes prétendait bien qu'ils n'étaient que des « automates, ou machines mouvantes [1] ». Tous leurs mouvements s'expliquent, suivant lui, par la seule action mécanique des objets sur leurs organes. Mais l'on a très bien répondu qu'il n'y a point de proportion entre l'action mécanique des objets et les divers mouvements que nous voyons exécuter aux animaux. Par exemple, quelle proportion y a-t-il entre un fouet qui claque, et le mouvement d'un cheval qui se met à tirer une charrette? Et pourquoi ce cheval, s'il rencontre un fossé, va-t-il s'arrêter court? Il devrait marcher quand même, d'après cette loi de mécanique : qu'un corps, mis en mouvement, se meut suivant la même direction et avec la même vitesse, tant qu'il n'est pas arrêté ou détourné par un autre corps.

Quant à l'objection de Descartes, que nous ne pouvons sûrement attribuer la vie et la sensation

---

1. *Discours sur la Méthode*, 5ᵉ partie.

aux animaux, puisqu'ils ne peuvent nous dire ce qu'ils éprouvent, et que, d'ailleurs, nous ne sommes point « d'intelligence avec eux [1] » ni ne voyons « ce qui se passe dans leurs cœurs », elle paraît peu digne d'un si grand esprit ; car, si nous ne voulons pas ajouter foi aux signes naturels de douleur et de plaisir que donnent les animaux, nous ne devons pas davantage croire au plaisir ou à la douleur des autres hommes, s'ils ne nous les expriment par des paroles. Et que faudra-t-il penser des enfants qui ne parlent point encore? Direz-vous que l'enfant est insensible parce qu'il ne profère point de paroles? Pourquoi Descartes, dit plaisamment M. Francisque Bouillier, n'a-t-il pas aussi inventé les enfants-machines [2]?

Mais je laisse Descartes et Malebranche à leurs automates, avec d'autant moins de scrupule « qu'il n'est plus aujourd'hui un savant qui veuille soutenir la vieille théorie Cartésienne [3] » ; et j'aborde, sans plus tarder, la brûlante question que nous nous sommes proposé de résoudre : Étant établi que l'homme et l'animal ont une âme, peut-on montrer quelque différence essentielle entre l'âme de l'homme et celle de l'animal?

J'affirme que oui.
La première différence essentielle entre l'homme

1. *Réponse aux sixièmes objections.*
2. *Histoire de la Philosophie cartésienne*, t. 1, p. 162.
3. D' Durand (de Gros), *Ontologie et psychologie*, p. 224.

et l'animal, c'est que l'homme pense et raisonne, et que l'animal ne pense point et ne raisonne point.

Vous me demanderez tout de suite ce que j'entends par penser et raisonner ; je vais vous le dire.

Penser, pour nous autres Scolastiques, c'est connaître l'immatériel au moyen d'une faculté immatérielle. Avec saint Thomas nous opposons la pensée à la sensation, ou perception sensible, caractérisée essentiellement par ce fait qu'elle a pour objet un corps, et pour principe subjectif un corps, je veux dire un organe [1]. D'où il suit que, par pensée, nous entendons une perception ou connaissance qui a pour objet une chose immatérielle, et pour principe subjectif une faculté immatérielle.

— Et raisonner, qu'est-ce ?

— C'est inférer une vérité d'une autre, au moyen d'un principe général exprimé ou sous-entendu. A cette façon de parler, il n'y a rien à dire, puisqu'il ne s'agit encore que d'une définition de nom ; et qu'il nous est permis de donner aux termes le sens que nous voulons, à condition d'avertir si nous nous écartons du sens qu'on y attache ordinairement, ce que nous n'avons point à faire dans le cas présent.

Seulement, il faut l'avouer, notre définition de la pensée et du raisonnement ne semble pas dire

---

1. *Operatio animæ quæ indiget corpore, sicut instrumento et sicut objecto.* » Saint Thomas, *de Anim.*, lib. I, lect. II.

grand'chose. C'est là notre malheur, à nous philosophes; les mots, sur nos lèvres, ne résonnent point, ne jettent point de lumière. Nos formules, que nous savons pourtant pleines de sens et d'idées, sont sans couleur et paraissent sans portée. En apparence, c'est quelque chose, tranchons le mot, d'insignifiant, et à quoi il n'y a point à prendre garde.

L'on m'accusera peut-être de bizarrerie; mais quand je les regarde, je pense toujours à des cartouches de chassepot, avec leur enveloppe banale de taffetas gris.

Il est vrai qu'il en est de nos définitions comme des cartouches. Qu'on écrase cette humble cartouche, et l'on aura de la lumière, du bruit et du feu; ainsi, qu'on explique les définitions de la vraie philosophie, qu'on les développe, et leur richesse de doctrine et la chaîne brillante des conséquences qu'elles engendrent éclatent bientôt aux regards.

Avant de vous montrer que l'homme pense et raisonne, et que l'animal ne pense point et ne raisonne point, je voudrais vous développer un peu cette notion de la pensée dans l'être qui raisonne, l'étendre en quelque sorte sous vos yeux, et vous faire voir tout ce qui est ramassé dans ces petites définitions qui tiennent en une ligne.

J'ose vous prier d'accorder toute votre attention à ces développements, — très métaphysiques pour le fond, mais qui ne le seront point trop dans la forme, — parce que, si je ne m'abuse, ils vous feront voir dans un jour nouveau, tout ensemble, la différence irréductible qui sépare l'homme de l'animal et la valeur philosophique de ces formules profondes, mais d'une brièveté pleine de mystère, que vous avez souvent rencontrées en lisant Bossuet, Pascal, Descartes, et que ces chefs illustres de l'école spiritualiste française emploient toujours quand ils veulent marquer d'une façon précise ce qui caractérise l'âme de l'homme et la met tout à fait hors de pair par rapport à celle de l'animal : « La raison humaine est un instrument *universel* qui s'exerce dans toutes les directions. » (Descartes.) « Dans notre raison, une réflexion appelle une réflexion, à l'infini et sur *toutes sortes de sujets.* » (Bossuet.) « L'âme humaine *fait réflexion* sur tout et sur *elle-même.* » (Pascal.)

Penser, c'est concevoir, c'est entendre l'immatériel. Remarquez, je vous prie, qu'une chose, un objet peut être immatériel de deux façons, naturellement, ou artificiellement. Je m'explique : l'honneur, le droit, le devoir, l'estime, le dédain, l'orgueil, voilà de l'immatériel : ces objets, de plus, sont immatériels *par nature*, par eux-mêmes, puisque rien de matériel n'entre dans leur constitution essentielle.

Au contraire, supposez que, par suite de quelque opération intellectuelle, un être matériel de sa nature, comme un cheval ou un chêne, se trouve quelque part, sous forme de notion ou de conception quelconque, *avec une manière d'exister tout idéale,* absolument indépendante des conditions d'existence propres aux corps qui sont actuellement et réellement dans l'espace. Cet être, à raison de son existence tout idéale, lui aussi est immatériel. Mais il ne l'est point naturellement ; il l'est à la suite d'un travail de l'esprit, d'une sorte de préparation, que la philosophie explique, il l'est *artificiellement.*

Penser, sera donc concevoir l'immatériel pur, ou même, ajoute saint Thomas, le matériel, pourvu que cela soit d'une façon immatérielle, « *Vel ipsum materiale immaterialiter* » [2].

Vous voyez ce que cela emporte, concevoir une chose matérielle de cette façon immatérielle, avec cette existence tout idéale dont j'ai parlé.

L'existence actuelle et matérielle dans l'espace fait l'être individuel et concret. Un être, par le seul fait qu'il est dans la matière et demeure attaché à tel point de l'espace, qu'il subsiste à tel moment de la durée, qu'il possède tel nombre déterminé de propriétés, de qualités et de relations, est nécessairement unique ; c'est une existence qui ne peut se trouver qu'une fois, étant donné cet ensemble de circonstances qui l'accompagne ; elle est donc nécessairement individuelle

---

1. S. Thomas, *Cont. Gent.*, lib. II, c. 60.
2. Comp. Platon, *Répub.*, VII. — Taine, *de l'Intelligence*, 4ᵉ édit., p. 34-38.

et concrète, et, si je puis ainsi parler, irréalisable en plusieurs.

Si donc l'on conçoit un être matériel, non avec l'existence circonstanciée qu'il possède hors de l'esprit dans la réalité, mais avec une existence tout idéale, où il n'apparaît plus lié à telle matière, à tel point de l'espace, à tel moment de la durée, ni avec des propriétés, des qualités, des relations déterminées, cet être, au lieu d'être individuel et concret, apparaît immédiatement comme abstrait et universel, c'est-à-dire pouvant se reproduire, se répéter dans les individus un nombre de fois indéfini ; ainsi le triangle, le cercle, le levier, entendus d'une façon générale et abstraite.

Il faut donc dire que, si penser c'est concevoir l'immatériel, c'est aussi, par là même, concevoir l'abstrait et l'universel.

Mais il faut dire davantage.

Telle est, en effet, la double loi des êtres dûment constitués et à l'état normal, que leur activité s'exerce spontanément jusqu'à leur développement complet, et que les fonctions inférieures s'accomplissent et s'ordonnent d'elles-mêmes, suivant ce que réclament les fonctions supérieures, à moins que des circonstances extérieures défavorables ne s'y opposent.

Ainsi la plante se nourrit, fait sa tige et son feuillage, produit et féconde sa semence tout aussi naturellement que l'astre rayonne sa lumière, que le nuage verse sa pluie, que l'hydrogène et l'oxygène se combinent sous l'action de l'étincelle électrique. Ainsi, dans l'animal, les forces physiques et chimiques préparent l'organe, l'organe la fonction, et les fonctions plus humbles celles qui sont plus élevées. Voilà ce qu'ont observé tous les hommes qui passent pour avoir regardé le monde à la lumière du génie ; ce que disait Albert le Grand, quand il exposait la belle économie de l'activité humaine [1] ; ce que disait M. Claude Bernard, quand il décrivait le *processus* de la vie [2] ; ce que chantait Dante Alighieri, dans les vers immortels où il nous représente toutes les natures, dès leur origine, ordonnées entre elles, et inclinées vers l'action par l'éternelle puissance ; et chacune emportée par un secret instinct vers la perfection qui lui a été dévolue :

> Onde si muovono a diversi porti
> Per lo gran mar dell' essere ; e ciascuna
> Con istinto a lei dato che la porti [3].

Qu'on explique le fait comme l'on voudra, le fait demeure toujours indéniable et reconnu par tous. Tout être se porte à l'action, par un entraînement de nature ; et s'il est bien constitué et placé dans un milieu propice, son activité se déploie suivant un ordre parfait, dans le sens de la perfection particulière que son espèce comporte.

---

1. Albert le Grand, *de Anima*, lib. III, tr. V, c. IV.
2. *La Science expérimentale*. Définition de la vie.
3. *Paradiso*, cant. I.

Supposons donc l'être pensant et raisonnant dans les conditions, soit internes, soit externes, normales et favorables. Les notions, les termes, ne sauraient demeurer isolés, dans un esprit fait pour le raisonnement. Ils s'arrangeront entre eux, ils s'ordonneront de manière à former des jugements : et parce que les termes qui entrent dans ces jugements sont généraux, les jugements eux-mêmes seront généraux, universels. Soit, par exemple, les idées de tout, de partie, de grandeur. Avec ces trois termes, l'esprit obtiendra tout de suite ce jugement général : le tout est plus grand que sa partie. Soit encore les notions de cause, d'effet, de proportion : aussitôt posées, elles amèneront ce second jugement, universel comme le premier : tout effet a sa cause proportionnée.

Penser, ce n'est donc plus seulement concevoir l'immatériel, ou posséder des notions universelles, des concepts généraux, c'est concevoir, c'est formuler des principes, des axiomes. Et j'ajoute, car c'est une nouvelle conséquence, non moins nécessaire que celles qui précèdent, c'est posséder la clef du savoir, c'est tenir le secret de la science.

Un principe, vous n'avez pas à l'apprendre, c'est du savoir en puissance, c'est de la connaissance en germe : « *Quædam scientiarum semina* »[1]. La science est dans le principe comme le mouvement est dans le ressort et dans la

---

[1] S. Thomas, *de Magistro*, art. I.

vapeur, comme la flamme est dans le caillou, comme cette belle scène du monde est dans le soleil qui nous la révèle. Et quand le principe est tout à fait universel et absolu, c'est un soleil qui peut envoyer des clartés dans toutes les directions, et fait le jour dans toutes les régions du vrai. Ces deux principes, par exemple : « On ne donne que ce que l'on a » — « Tout effet a sa cause proportionnée, » sont vrais partout, sont vrais toujours, et en tout ordre de choses. En possession de ces deux principes et autres semblables, l'esprit peut donc non seulement se scruter lui-même, et scruter ce qui est au-dessous de lui, mais s'ouvrir des chemins de lumière vers les réalités d'un monde supérieur.

Ce progrès dans la science il l'accomplira, puisque nous parlons d'un esprit qui ne pense pas seulement, mais encore raisonne, c'est-à-dire procède du connu à l'inconnu, en se servant de ce qu'il sait pour arriver à la connaissance de ce qu'il ne sait pas.

Il se considérera lui-même. Étant immatériel il peut se replier sur soi, observer ses actes et ses états. Il les observera ; puis, approchant de ces données de l'expérience le grand principe que « tout fait a une cause proportionnée », il se formera une idée de sa nature spirituelle.

De plus, s'il est uni substantiellement à un corps — je dis uni substantiellement à un corps, je ne dis pas immergé dans un corps, — il observera les phénomènes du corps qu'il anime, comme il a observé ses propres événements, et s'efforcera de découvrir la nature de son corps, comme il s'est efforcé de découvrir sa nature à lui-même.

Par son corps, il est déjà arrivé à la notion abstraite de l'être matériel ; il connaît donc déjà ce que les autres corps ont de commun avec le sien. Ce par quoi ils s'en distinguent, il l'apprendra de l'expérience externe. Il ne s'arrêtera pas là.

Ayant observé les faits en lui, hors de lui, les ayant généralisés, il les comparera, il les classera, il verra que les uns sont les antécédents nécessaires des autres, et arrivera de la sorte à concevoir les lois qui régissent son activité et celle des autres substances.

Que s'il vit dans la société d'autres esprits, comme lui unis à un corps, ayant appris, en s'observant lui-même, par quels signes extérieurs se traduisent naturellement les pensées et les dispositions de son âme, remarquant ces mêmes signes chez les autres et les interprétant, il connaîtra ses semblables à peu près comme il se connaît lui-même.

Voilà donc la série de progrès que doit réaliser, en vertu de sa nature, l'être qui pense et qui raisonne.

Il se connaît, il connaît son activité et ses lois.

Il connaît les corps, leur activité et leurs lois.

Il connaît les autres natures intelligentes, leur activité et leurs lois.

Il regarde même au-dessus de lui, pour voir si son existence finie et bornée n'a pas son explication et son principe dans une existence plus haute. Va-t-il s'arrêter? Le champ du progrès est-il désormais clos pour lui?

Non. Vivant, je le suppose, dans la compagnie de natures intelligentes comme il est intelligent lui-même, et au milieu de l'univers, il sentira bien vite qu'il lui serait extrêmement utile de pouvoir échanger quelques pensées avec ses semblables, et de pouvoir, en une certaine mesure, régler et gouverner l'action des êtres qui l'entourent.

Voilà le double progrès qu'il aspire dès lors à réaliser, et qu'il réalisera avec les notions générales et les principes dont il est en possession. Aux signes naturels, par lesquels il s'est vu lui-même exprimer sa pensée, il joindra des signes de convention; et en combinant de diverses manières les activités et les lois qu'il a observées dans le monde, il arrivera à y régler, un peu selon ses désirs, la succession des événements.

Vous ai-je fait entrevoir, par cette série de déductions rapides, toute la portée, toute la plénitude de sens que renferment ces deux mots : pensée et raisonnement?

Prenez la pensée la plus humble, choisissez la dernière des natures qui pense et qui raisonne, l'esprit qui émerge le moins au-dessus de la matière, pourvu que vous le supposiez, comme je le fais, dans des conditions favorables au

développement et à l'exercice de sa puissance :
C'est un esprit : il pense et il raisonne.

Donc, il conçoit l'immatériel ;

Donc, il conçoit l'abstrait, l'universel ;

Donc, il formule des principes généraux ;

Donc, des phénomènes qu'il observera en lui et dans les êtres qui l'avoisinent, il inférera quelle est sa nature et celle des êtres qui l'entourent ;

Donc, nous le verrons rechercher quelle est son origine et son principe ;

Donc, il découvrira les lois qui règlent son activité et celle des autres natures ;

Donc, il inventera des signes pour manifester ses pensées et ses impressions ;

Donc, il essayera de modifier, de gouverner à son profit les phénomènes de la nature.

J'allais omettre un point essentiel. Penser, c'est concevoir l'abstrait, le général. Qui pense ne conçoit donc pas seulement tel bien concret, mais le bien abstrait, général, universel, absolu, parfait. De là, cette conséquence capitale : que nul être pensant, mis en présence de n'importe quel bien particulier fini, ne peut être nécessité à le vouloir et à le poursuivre. Tout bien fini, en effet, par cela seul qu'il est, fini, ne réalisant pas tout l'idéal de la bonté, présente, de ce chef, une imperfection qui peut être à la volonté un motif d'aversion et de dégoût, et aura toujours une action trop faible pour vaincre, par lui-même, la résistance que peut lui opposer une faculté dont la nature a pour objet adéquat le bien universel et parfait [1].

Penser, c'est donc encore être libre, non par rapport au bien ni à la félicité en général, mais par rapport au choix des biens particuliers et des moyens qui peuvent conduire au bien, au bonheur parfait.

Nous savons désormais ce que comportent naturellement la pensée et le raisonnement. Nous savons davantage : nous savons à quel signe, nous savons à quelle marque certaine on reconnaît leur présence.

Il y a pensée et raisonnement là où il paraît des notions abstraites, universelles, là où se constate un progrès qui, faisant passer de la connaissance des faits à la connaissance des lois, et de la connaissance des lois à celle des faits, par une série d'opérations délicates et compliquées, est lent et laborieux comme une conquête ; mais un progrès dont le principe, dont le ressort, si je puis dire, est dans l'arbitre de l'être qui le réalise, et n'a pas, en chaque circonstance, pour cause déterminante immédiate, une impulsion aveugle de nature ou une violence exercée du dehors ; mais un progrès enfin qui, dans l'ordre pratique, se traduit par la recherche en tous sens et l'invention de ce qui peut être utile et agréable, perfectionner le commerce social, améliorer les conditions de l'existence.

---

1. *Somme théologique*, 1a 2æ, q. XIII, a. 6.

Au contraire, là où tout s'explique par des notions concrètes, là où l'on sait tout de naissance sans avoir appris, et où l'on ignore invinciblement les lois et les raisons de ce que l'on fait comme de ce qui arrive ; là où existe l'immobilité, l'uniformité, et, en dépit des sollicitations les plus vives, des circonstances les plus favorables, le manque total d'invention et de progrès conscient et réfléchi, où rien ne sait se sortir de l'ornière, là, la pensée n'est point, là n'est point le raisonnement.

Résumons tout en un mot :

Le Progrès, c'est-à-dire la marche en avant consciente, réfléchie, calculée, voulue librement quant aux détails, d'un être, par tous les chemins de la science, des arts et de la civilisation, est l'effet assuré et la marque infaillible de la pensée et du raisonnement évoluant dans des conditions normales et favorables.

Cela posé, nous pouvons résoudre la question : l'homme et l'animal pensent-ils et raisonnent-ils tous les deux ?

Pour l'homme, ce n'est pas une question. Son esprit, comme ses discours, sont remplis de termes généraux et abstraits. Les sciences dont il s'occupe, même les sciences d'observation — et c'est ce que les Positivistes auraient dû remarquer, — roulent sur des abstractions. Qu'est-ce que la botanique organique en général ? Une étude des plantes où l'on *fait abstraction* des caractères propres aux diverses espèces. Qu'est-ce que la zoologie organique? L'étude des animaux *en général,* l'étude de *l'animalité* prise en soi. Qu'est-ce que la biologie? L'étude de la vie, *abstraction faite* du sujet où elle réside, homme, plante, animal.

Et les principes, est-ce que tous, philosophes et savants de n'importe quelle école, nous ne les invoquons pas à chaque instant? Principe de contradiction, principe de causalité, principe de raison suffisante.

Possédant les notions générales et les principes transcendants, l'homme ne pouvait demeurer stationnaire et uniforme dans son savoir comme dans son agir. Sa nature lui commandait le progrès. Il a marché.

Il s'est regardé d'abord, il s'est écouté vivre. Il s'est vu tout rayonnant de pensées étonnantes par leur nombre comme par leur variété, lui faisant un spectacle tour à tour charmant et terrible, humble et grandiose, joyeux et triste ; en même temps, il a senti passer en lui des impressions étranges, impression d'amour et impression de haine, impression de confiance et impression de crainte, le bonheur et la peine, l'indignation et l'espérance. A côté, et au-dessous de ces phénomènes, il en a observé d'autres d'une nature moins élevée, car son corps se meut et vibre, souffre, jouit, se défait et se refait.

Et l'homme se sentant l'auteur et le sujet, tout ensemble, de ces événements si divers, s'est demandé ce qu'il est lui-même. Mais, sous ce voile des phénomènes qui l'enveloppe, il ne voit point, il n'aperçoit point le fond de sa nature. Lui faudra-t-il donc se borner à enregistrer des faits ?

Restera-t-il à lui-même un mystère ?

Non pas.

Il va prendre un principe, comme on prend un flambeau pour s'éclairer dans un lieu obscur, et, par le raisonnement, il atteindra jusqu'aux profondeurs où ne peut arriver l'observation directe.

Il dira : *tout phénomène a une cause et une cause proportionnée*. Et, à la lumière de cet axiome, il pénétrera dans sa nature et se verra lui-même, être d'une merveilleuse unité, formé de deux principes, matière et esprit, liés, entrelacés, fondus d'une si admirable manière, qu'il en résulte une seule substance, double à sa base, une et simple dans son couronnement; car, dans l'homme, l'esprit n'est pas noyé dans la matière qu'il pénètre et vivifie; mais il émerge au-dessus du corps, où il est, suivant la belle expression de Dante Alighieri « comme le nageur dans l'eau ».

De la science de sa nature, l'homme est venu à la science du monde. Là aussi, il se passe des phénomènes, plus nombreux encore et non moins surprenants. En les contemplant, l'homme a conçu le désir de connaître la nature de ces corps qui en sont le théâtre et le principe. Mais voici que se dresse encore devant lui la difficulté de tout à l'heure : il ne voit que des phénomènes : comment en découvrir la source? — Il fera comme tout à l'heure, il s'emparera des principes, et, s'en servant comme de projections lumineuses, il éclairera les régions profondes de la réalité corporelle, et il découvrira l'atome que l'observation ne peut atteindre, et, dans l'atome, la matière et la force qui constituent son essence.

A mesure que sa science s'accroît, son désir d'apprendre grandit, et il se pose des questions sans fin. Il se demande, en particulier, d'où il vient et d'où vient le monde. C'est toujours le même principe qui stimule sa curiosité, comme il sert, il faut le dire aussi, à la satisfaire.

« Point d'effet sans cause. » Or, lui, homme, est un effet : le monde est un ensemble d'effets. Quelle est donc la cause de l'homme et du monde? Et là-dessus, il raisonne et arrive, non sans efforts, à cette conclusion : qu'au-dessus et en dehors de la série des êtres contingents et finis, il existe un être nécessaire et infini, d'où toute existence procède et dépend.

Si un tel être existe, et si l'homme est par rapport à lui dans une telle dépendance, l'homme n'a-t-il pas des devoirs à remplir à son égard? Ne doit-il pas l'adorer à cause de son excellence infinie? le remercier du bienfait de l'existence donnée et conservée, le prier de lui continuer ses largesses; et ne doit-il pas regarder la volonté de Dieu, où et de quelque façon qu'elle se manifeste, comme une loi sacrée ?

Mais si l'homme sait, il agit. Et comme il progresse dans la science, ainsi il progresse dans l'action.

L'homme est fait pour vivre et vit en société. Ce n'est qu'en société que sa nature peut recevoir un complet développement, et qu'il trouve, avec la sécurité, les moyens de mener une existence heureuse.

Or, la première condition, pour que la société lui procure tous les avantages qu'il en doit retirer, c'est qu'il puisse entrer facilement en communication d'idées avec ses semblables. L'homme devait donc sentir le besoin de créer des signes au moyen desquels se pût transmettre la pensée.

Aussi comme il y a travaillé ! Avec quel soin, quelle constance, il perfectionne le langage ! Comme il multiplie les mots, varie les expressions et les tournures, afin de pouvoir rendre sa pensée avec toutes ses nuances, les plus délicates et les plus fines !

Non content de s'entretenir avec ses contemporains, il a cherché, et il a trouvé, le moyen de fixer la parole par l'écriture, et d'établir un commerce de pensées entre les hommes séparés les uns des autres par toute une série de siècles. Avec l'écriture, il pouvait déjà communiquer à distance ; mais il fallait un temps trop long pour porter les missives : il a inventé le télégraphe.

Malheureusement le télégraphe, avec ses signes, ne fait pas entendre la parole où vibre l'âme : il a inventé le téléphone.

Mais le téléphone présente encore l'inconvénient que la parole n'est entendue qu'au moment où celui qui parle la prononce : il a inventé le phonographe qui fixe la parole sonore, comme l'écriture fixe le mot, et permettra de garder la parole en portefeuille.

Ces inventions admirables nous disent déjà les conquêtes véritablement surprenantes que l'homme a faites dans le domaine de la nature.

Il commença par en étudier les grandes lois et les grandes forces ; avec un courage sublime, il s'élança à la découverte dans toutes les directions, il explora les solitudes et les déserts, il affronta les épouvantables colères de l'océan, il scruta la profondeur des cieux, il descendit dans les gouffres et dans les abîmes, observant et notant toute chose. Quand il se trouva en face d'êtres inaccessibles à son regard, il fit appel aux lumières de sa raison ; il se créa une science merveilleuse pour arriver à connaître, avec une rigoureuse précision, la succession des phénomènes.

Aujourd'hui, il connaît la terre jusqu'à ses dernières limites ; il connaît le ciel visible dans le détail de ses mouvements et dans l'ensemble de ses lois. Il calcule la distance des astres ; il sait leur poids.

Connaissant les grandes forces du monde et

comment elles opèrent, l'homme a eu l'audace de concevoir, la pensée et l'audace plus grande encore d'entreprendre, de les plier à son service. En conséquence, il s'est mis à les faire fonctionner comme un machiniste fait fonctionner ses ressorts et ses rouages; et de là sont résultées les merveilles contemporaines des applications de la science : l'électricité, la chaleur, le mouvement, l'air, l'eau, toutes les énergies venant tour à tour se mettre au service de l'homme, obéir à ses besoins ou charmer son existence.

L'homme, vous le voyez, c'est le progrès dans toutes les directions.

L'homme est donc essentiellement un être de progrès. Il progresse dans l'action. Il ne sait pas de naissance : il apprend, il se forme, il se perfectionne lui-même.

L'homme donc n'a pas seulement conscience de penser et de raisonner : il en fournit la preuve; il en donne la marque certaine, irréfragable. Il *progresse* d'un progrès conscient, réfléchi et calculé, librement voulu, universel.

Peut-on en dire autant de l'animal?

Prenez le livre le plus récent du naturaliste le mieux informé de notre époque, et lisez les descriptions qu'il donne, de ce qu'on appelle le caractère et les mœurs des animaux qui vivent aujourd'hui sous nos yeux. Est-il un détail de quelque importance, que vous ne retrouviez dans les descriptions des naturalistes du dernier siècle? Non.

Faites mieux : prenez Buffon, et, après avoir lu ce que le grand homme a écrit sur les animaux que l'on appelle, dans un langage absolument impropre, les plus « intelligents », ouvrez Pline l'Ancien, et comparez les descriptions de l'écrivain Français avec celles que rédigeait le savant Romain, plus de seize siècles auparavant. Vous serez forcés de convenir, que seize siècles n'ont pas produit un seul changement appréciable dans la manière d'être ou d'agir des bêtes qu'ils ont observées.

Remontez plus loin encore ; traduisez quelques pages de l'*histoire des Animaux* d'Aristote. D'une part, vous croirez lire un écrivain de notre temps, et, d'autre part, vous constaterez que les détails fournis par le philosophe Grec concordent de tout point avec ce que les anciens monuments de l'Égypte nous apprennent sur les animaux de l'époque la plus reculée.

C'est donc un fait certain : les animaux, pendant le long cours des siècles, n'ont pas réalisé un seul progrès notable.

Et, je vous prie de le remarquer, quand je dis « les animaux », j'entends « les plus intelligents » pour parler comme l'on parle aujourd'hui, et ceux qui, incontestablement, se sont trouvés dans les conditions les plus avantageuses pour le progrès. J'entends le singe, le chien, l'éléphant, le cheval.

J'entends les plus belles races de chiens, de singes, d'éléphants, de chevaux, vivant sous le climat le plus heureux, sous le ciel le plus pur, et, au choix, suivant que l'une ou l'autre condition sera plus ou moins favorable au développement intellectuel, en société ou dans l'isolement, au sein de l'abondance du repos et des plaisirs, ou au milieu des labeurs d'une existence besoigneuse et austère, dans la paix ou dans la guerre.

A quelque époque, en quelque lieu, en quelques circonstances qu'on les prenne, peut-on nous montrer une seule de ces bêtes s'acheminant dans la voie du progrès? Non.

Une circonstance exceptionnellement favorable à ce progrès des animaux, et qui devait nécessairement le produire, s'il était possible, et dans les moyens de la nature, c'était le commerce avec l'homme. L'homme pensant, raisonnant, progressant devant l'animal, ne pouvait manquer d'entraîner l'animal dans le mouvement de sa pensée et de son action.

De fait, l'homme n'a probablement jamais vécu sans l'animal. Le chien, en tout cas, a été son compagnon dès les temps les plus reculés. Il a donc vu l'homme se créer des outils pour travailler la pierre, le bois, le fer; passer, par son activité et son industrie, de la pénurie et de la gêne à l'abondance et au confortable, puis au luxe; il a pris place à sa table et à son foyer; il l'a suivi à la chasse, à la guerre, dans les voyages, dans les fêtes et assemblées publiques. Il a été le compagnon — et combien de fois n'a-t-il tenu qu'à lui d'être l'ami et le confident! — non pas seulement du berger ou du sauvage, mais de l'artiste dans son atelier, du savant dans son cabinet, du général sur le champ de bataille, du roi jusque en ses conseils [1].

L'homme ne s'est pas contenté d'étaler sous ses yeux les merveilles de son art et de ses inventions; il a voulu l'instruire, et a mis tout en œuvre pour y arriver : caresses, friandises, coups, la faim, la soif, des encouragements, des menaces, des discours, des signes de toute sorte. Et ces efforts, ces tentatives d'instruction n'ont pas eu pour objet des individus pris au hasard. L'on a choisi, au contraire, les sujets qui paraissaient offrir plus de ressources. Et l'on ne s'est pas occupé seulement d'individus isolés et sans rapports les uns avec les autres, l'on a opéré sur les parents, et l'on a essayé de fixer dans la race, en cultivant les produits d'une série de générations, les qualités précieuses que l'on s'était appliqué à développer dans les individus, par une éducation quelquefois séculaire. Les annales de la vénerie contiennent sur ce chapitre les faits les plus curieux et les plus authentiques [2].

1. Quelles folies ne lit-on pas, à ce sujet, dans les chroniques de Brantôme et dans les poésies de Marot et de Ronsart!
2. Brantôme dit que le roi Henri II avait deux bandes de chiens : « celle des chiens gris, *venue des rois ses prédécesseurs*, et celle

Eh bien! avec tous ces essais, tant d'habileté et tant de patience, a-t-on fait luire un éclair de raison dans un seul de ces cerveaux de chien? A-t-on vu une seule race arriver à produire, en n'importe quel ordre de choses, des actions telles, qu'elles ne puissent s'expliquer sans que l'on reconnaisse aux individus de cette race des concepts abstraits, des idées générales, universelles, dont ils se soient inspirés pour réaliser d'eux-mêmes « *ex propria inquisitione*[1] », un seul progrès? Si cette race existe, qu'on nous la montre; si elle n'existe plus, qu'on nous dise où elle a existé. Qu'on nous montre, soit dans le présent, soit dans le passé, à Rome ou à Athènes, à Paris ou à Londres, l'œuvre de science la plus rudimentaire, la plus légère ébauche de civilisation, une ombre de théorie artistique, dont puisse se glorifier l'aristocratie canine la plus choisie.

L'homme a *agi* sur l'animal, les divers milieux ont *agi* sur l'animal. Il a été modifié, il ne s'est pas modifié lui-même : il a été changé et transformé; il ne s'est pas changé ni transformé lui-même. S'il est devenu quelquefois plus parfait, sous certains rapports, il n'a jamais témoigné qu'il eût ni la conscience ni la volonté du perfectionnement qu'il recevait, pas plus que ne le fait

des chiens blancs, qu'il *avait mise au monde*, plus roides que les gris, mais non si assurez ny de si bonne créance. »

V. *La chasse, les chiens et les chevaux au* XVIe *siècle*, par M. Hector de la Ferrière. *Correspondant*, 10 septembre 1883.

1. S. Thomas, *de Verit.*, q. XVIII, art. 7, ad 7.

l'arbre dont le jardinier plie les branches, ou fait varier les fleurs ou le feuillage. Ce n'est point en lui, mais hors de lui, que se trouve, *non pas seulement l'occasion*, mais la cause déterminante et la mesure des changements qu'il subit. Il ne marche pas vers la perfection, « *non progreditur*, » il ne s'y pousse pas lui-même, « *non se agit*, » il est poussé, « *sed agitur*, » parce qu'il lui manque le principe de tout vrai progrès, le concept général, l'idée [1].

De même, s'il se perfectionne, ce n'est que dans un genre déterminé, à l'exclusion des autres genres. L'araignée tendra mieux sa toile, l'oiseau bâtira mieux son nid, et le castor sa cabane : jamais vous ne verrez un de ces animaux utiliser un des principes que supposerait le progrès qu'il réalise, si c'était un progrès intelligent, pour avancer dans un autre ordre d'activité, malgré tout l'avantage qu'il pourrait y trouver : preuve que ce n'est point à la lumière d'un tel principe, universel et transcendant, qu'il a accompli son premier progrès. Le progrès propre à l'animal est un progrès *unilinéaire* [2], ce n'est pas le progrès en tous sens, le progrès rayonnant, le vrai.

Ce fait nous est donc absolument acquis. Les animaux les plus parfaits, placés dans les conditions les plus favorables, demeurent étrangers au pro-

---

1. *Somme théologique*, 1ª 2ᵉ, q. XII, a. 5.
2. Rabier, *Leçons de philosophie. Psychologie*, 2ᵉ édit., p. 668.

grès conscient, réfléchi et calculé, libre, universel.

Nous devons conclure :

Donc, les animaux ne pensent ni ne raisonnent : puisque en bonne logique nous ne devons admettre l'existence d'aucune force ou faculté, qu'autant que nous y sommes obligés par la présence de phénomènes qui la supposent.

Vous le voyez, ce sont les principes et les faits qui nous amènent à cette conclusion.

En étudiant d'une façon abstraite la nature et les propriétés essentielles de la pensée de l'être qui raisonne, comme nous ferions la nature et les propriétés du cercle ou du triangle, de la fibre musculaire ou de la cellule nerveuse, nous avons vu que le progrès en est, tout ensemble, la conséquence et la marque assurée, de telle sorte que l'être pensant et raisonnant, s'il est sain et intègre, et placé d'ailleurs dans des conditions propices, se perfectionne et avance dans le savoir, dans la manifestation libre et arbitraire de sa pensée et de ses sentiments, dans l'industrie et tout ce qui fait la civilisation, par une loi aussi fatale que celle qui fait tomber la pierre dans l'air et couler l'eau sur les pentes.

D'autre part, il nous est constant que les animaux qui, de l'aveu de tous, comptent parmi les plus « intelligents », le chien par exemple, n'ont pas accompli le moindre progrès dans la science, dans le langage conventionnel, dans l'industrie. Le moyen de ne pas dire après cela :

Les animaux ne pensent donc point, et ne raisonnent point.

Cet argument est péremptoire ; mais je comprends qu'il ne lève pas toutes vos difficultés sur la matière. Bien sûr, vous vous demandez comment, si l'on refuse le raisonnement aux bêtes, il est possible d'expliquer toutes les merveilles que nous leur voyons faire, et quel genre de connaissance il faut leur accorder ; car enfin il n'est pas admissible que les bêtes ne connaissent ni ne sentent davantage que la pierre ou le bois.

Je vais essayer de répondre à ces préoccupations de vos esprits. Parlons d'abord des facultés que nous sommes obligés d'accorder aux animaux. Nous soumettrons ensuite la thèse que je soutiens à l'épreuve des faits particuliers.

D'abord il faut reconnaître aux animaux, j'entends les animaux supérieurs, en fait de facultés de perception, les cinq sens extérieurs : la vue, l'ouïe, l'odorat, le goût et le toucher. Cela n'a plus besoin d'être démontré.

Il faut leur reconnaître des sens internes : l'*imagination*, tout le monde sait que les chiens rêvent ; la *mémoire*, rappelez-vous le chien d'Ulysse ; la faculté que les anciens nommaient l'*estimative*[1], ou pouvoir de distinguer les objets utiles et les objets nuisibles, qui fait que l'agneau fuit le loup

---

1. S. Bonaventure, *Compendium theologicæ veritatis*, lib. II, c. xxxviii.

et que l'oiseau choisit la paille qu'il faut pour construire son nid; enfin, une sorte de sens général, central, *sensorium commune*, où, d'une part, aboutissent, pour se grouper, les impressions isolées des sens particuliers, et où, d'autre part, viennent retentir les divers événements de l'organisme, sain ou malade, au repos ou en mouvement. C'est le *sensorium commune* qui, en groupant les sensations spéciales, permet à l'animal de se former la représentation intégrale des objets, la représentation intégrale d'un fruit, par exemple, dont l'œil a perçu la couleur, l'odorat, le parfum, le goût, la saveur, etc., et qui, en l'avertissant des états des diverses parties de l'organisme, lui sert à en gouverner, comme il faut, l'ensemble et les détails.

Des facultés de perception appellent des facultés de tendance, ou appétits correspondants. Aussi voyons-nous succéder dans l'animal, aux perceptions sensibles des divers objets, des émotions passionnelles variées: transports d'amour ou de haine, accès de colère, frémissements de crainte, etc. L'animal a donc une volonté sensible, comme il a une faculté de perception sensible.

Ce n'est pas tout; nous devons admettre qu'il existe en chacune de ses facultés cette pente vers l'action, ou tendance à accomplir les actes propres à son espèce que l'on retrouve en tous les êtres du monde, et qui fait que tous, par une sorte d'élan ou d'entraînement de nature, *instinctu naturœ*, exercent spontanément leur activité, étant donné le moment et les conditions propices [1].

Nous devons admettre que l'activité de l'animal, venant, pour une cause ou pour une autre, à s'exercer d'une façon constante, en un sens donné, peut se trouver modifiée si profondément qu'il contracte certaines habitudes, ou propensions à agir toujours d'une manière déterminée, avantageuses ou nuisibles, défectueuses ou non.

Il faut admettre enfin que l'animal, en certains cas et en une certaine mesure, transmet ses habitudes, par génération, à ses descendants, au point que certains instincts se fixent en certaines races, sous forme de qualités ou de défauts, et y deviennent héréditaires.

Il serait banal d'insister sur ces assertions, pleinement justifiées et éclairées aussi bien par l'expérience vulgaire que par les données courantes de la zoologie et de l'anatomie comparée [2]. Mais quelques mots de plus ne seront pas inutiles, pour caractériser nettement les opérations de ces facultés de l'animal.

Toutes ces opérations sont d'ordre sensible : elles procèdent donc toutes d'un organe, et ont toutes pour objet quelque chose non seulement de matériel, mais de concret, d'individuel.

---

1. S. Thom., *Quæst. disput. de Ver.*, q. xxii, a. 1.
2. *Traité de physiologie comparée*, par G. Colin, professeur à l'École vétérinaire d'Alfort, t. I, 207-262.

De même donc que l'œil ne perçoit jamais la couleur abstraite, mais telle couleur sur tel objet, ainsi l'imagination de l'animal ne percevra jamais le carré abstrait, le losange abstrait, mais toujours tel carré de telles dimensions; et la mémoire lui rappellera toujours, non les concepts d'homme, de cheval ou de maison, mais cet homme, ce cheval, cette maison : et l'estimative à son tour ne percevra pas la convenance, mais la chose qui convient. En un mot, les facultés sensibles, les sens internes comme les sens externes, ne saisissent jamais les choses matérielles qu'enveloppées dans la gangue du fait et de l'individualité, « *cum appendiciis materiæ* [1] ».

Au reste, les perceptions sensibles, de même que les mouvements passionnels, se produisent dans la bête, tout à fait suivant le même processus physiologique que dans l'animal humain. De là cette conséquence, — d'une importance extrême, car elle jette la plus vive lumière sur la vie animale, — que la grande loi de l'association des perceptions et des émotions a son application et obtient ses effets, dans la bête tout aussi bien que dans l'homme.

Vous pouvez maintenant vous faire une idée très nette de ce que j'accorde et de ce que je refuse à l'animal.

---

[1]. Albert le Grand, *de Anim.*, lib. II, c. IV. Comp. S. Thomas, *Comment. in* 1ᵘᵐ *metaph.* Prolog.

Je lui refuse toute perception de l'immatériel :

Par conséquent toute idée morale et religieuse, tout concept abstrait et universel ; par conséquent tout jugement et tout raisonnement proprement dits ; jugement et raisonnement proprement dits impliquant au moins un terme abstrait et universel ; par conséquent la conscience, ou retour complet d'une faculté de connaissance sur elle-même[1], et le vouloir libre ; puisque, d'une part, nul organe ne peut se replier sur lui-même et se percevoir ni percevoir son action, et que, d'autre part, la racine du libre vouloir, ce sont les concepts et les jugements universels.

J'accorde à l'animal qu'il voit, entend, odore, goûte, palpe les objets. J'accorde qu'il en garde les images et se les représente quand ils sont absents.

---

1. M. Flourens, dans ses deux livres « *De la vie et de l'intelligence* », p. 82, « *De l'instinct et de l'intelligence des animaux* », p. 39, affirme que « la *réflexion*, cette faculté suprême qu'a l'esprit de l'homme de se replier sur lui-même, est la limite qui sépare l'intelligence de l'homme de celle des animaux... Les animaux sentent, connaissent, PENSENT, mais l'homme est le seul de tous les êtres créés à qui ce pouvoir ait été donné... de *penser qu'il pense* ».

L'illustre savant est dans le vrai, quand il affirme que la *réflexion*, comme nous l'entendons ici, est la propriété exclusive de la raison humaine en tant qu'elle est de nature spirituelle ; mais il se contredit, quand, d'une part, il accorde que l'animal « PENSE » et, d'autre part, nie qu'il réfléchisse sur sa pensée ; car la pensée entraîne la réflexion.

Quand donc les savants seront-ils des philosophes, et les philosophes, des savants ? Quand donc savants et philosophes consentiront-ils aller s'asseoir au pied des chaires les uns des autres ?

J'accorde qu'il se souvient.

J'accorde qu'il discerne les objets avantageux ou nuisibles, à rechercher ou à éviter, par un acte estimatif qui simule le jugement.

J'accorde qu'en vertu de la loi de *consécution*, qui est une suite nécessaire de l'association des perceptions et des émotions, l'animal passe, en certains cas, d'une représentation à une autre, et conséquemment d'une émotion, d'une opération à une autre, par un mouvement de connaissance qui simule le raisonnement.

Je lui reconnais une ébauche de conscience, dans le pouvoir qu'il a, par le *sensorium commune*, de voir, en une certaine mesure, ce qui se passe aux divers points de son organisme ; et un semblant de liberté et d'élection, dans l'hésitation qu'il manifeste à prendre parti, quand il est sollicité en sens divers par plusieurs objets attrayants.

J'admets que l'animal contracte parfois des habitudes, ou mieux des instincts nouveaux, parfois même les transmet : d'où résulte dans les individus et dans les races une apparence de progrès.

Enfin, si vous voulez avoir, résumée en un seul mot, toute ma pensée sur les bêtes, je vous dirai avec Leibnitz, qui, à cet endroit, a écrit une parole de génie :

« LES BÊTES SONT PUREMENT EMPIRIQUES [1]. »

1. *Nouveaux Essais*. Avant-propos. — Saint Thomas avait

Voilà ce que j'admets, voilà ce qu'ont admis à l'unanimité, on peut le dire, les grands Docteurs du xiii° siècle « *tradunt Peripatetici omnes* [1] ». Nous allons voir maintenant si cela suffit à expliquer tout ce que l'on observe de plus élevé et de plus merveilleux dans l'activité animale.

L'on a dit : « Les animaux agissent avec autant de convenance et d'habileté que l'homme ; considérez l'habileté de l'oiseau à construire son nid, de l'abeille à disposer les cellules de sa ruche, de la fourmi à construire ses greniers. Si les animaux agissent aussi habilement, aussi raisonnablement que l'homme, pourquoi leur refuser la raison qu'on lui accorde? »

Saint Thomas se pose la même objection en propres termes, en plusieurs endroits de ses ouvrages, et y donne de si belles réponses que Bossuet n'a pas cru pouvoir mieux faire que de les traduire. « C'est autre chose, disent donc de concert ces deux génies, de faire tout convenablement, autre chose de *connaître la convenance*. L'un convient non seulement aux animaux, mais à tout ce qui est dans l'univers ; l'autre est le vrai effet du raisonnement et de l'intelligence.

« Dès là que tout le monde est fait par raison, tout s'y doit faire convenablement... On a beau

---

déjà écrit : « *In hoc, quod est* SENSITIVUM *esse, consistit ratio animalis.* » *De sensu et sensato*, lib. II.

1. S. Bonaventure, *Compendium theolog. verit.*, lib. II, c. XXIV.

exalter l'adresse de l'hirondelle qui se fait un nid si propre, ou des abeilles qui ajustent avec tant de symétrie leurs petites niches : les grains d'une grenade ne sont pas ajustés moins proprement ; et, toutefois, on ne s'avise pas de dire que les grenades ont de la raison. »

Dans une horloge, dans une machine, il paraît une très grande industrie ; « toutefois l'industrie réside non dans l'ouvrage, mais dans l'artisan. »

« Il ne faut donc pas s'étonner si tout se fait à propos dans les animaux ; cela est commun à toute la nature : il ne sert de rien de prouver que leurs mouvements ont de la suite, de la convenance et de la raison ; mais s'ils connaissent cette convenance et cette suite, *si cette raison est en eux* ou *dans celui qui les a faits,* c'est ce qu'il fallait examiner [1]. »

En résumé, que les animaux agissent suivant la raison, nous le reconnaissons volontiers. Il y a une raison qui les dirige ; mais cette raison, nous disons qu'elle leur est extérieure, que c'est la raison même de l'auteur, quel qu'il soit, de la nature, qui a disposé leurs organes et leurs facultés de telle manière qu'ils soient impressionnés, comme nous le voyons, à la présence des divers objets, et se comportent comme ils le font, dans leurs relations avec le monde extérieur.

1. *Connaissance de Dieu et de soi-même*, ch. v, 2. Saint Thomas, 1ª 2ᵉ, q. XIII, a. 2, ad 2, et p. 3, q. XLVI, a. 4, ad 2, etc.

Mais voyez donc les fourmis, nous réplique-t-on. « Si vous regardez attentivement une fourmi au travail, vous pourrez dire, après chaque opération, l'opération qu'elle fera ensuite ! Cette fourmi raisonne donc, et voit donc les choses de la même manière que nous... Écoutez cette anecdote absolument authentique. Un jour qu'une fourmi inspectrice visitait les travaux, et que les travailleuses avaient, paraît-il, commencé le toit trop tôt, je la vis faire démolir le toit, élever les murailles à la hauteur convenable, et faire refaire un nouveau toit avec les débris de l'ancien. Nul doute que ces insectes ne soient point des automates, et qu'ils ne soient doués de la faculté de vouloir [1]. »

Conclure que la fourmi raisonne, répondrai-je d'abord, avec un savant écrivain espagnol [2], du fait que nous pouvons prévoir infailliblement la suite de ses opérations, cela s'appelle parler bien à la légère sur un si grave sujet. Car, si la certitude que nous avons d'avance de ce que fera la fourmi prouve quelque chose, évidemment c'est bien plutôt l'existence, dans la fourmi, d'un instinct fatal et routinier, que d'une raison aux jugements et conseils divers, changeants et libres, qui déroutent la prévision.

Quant à la conduite tenue par la fourmi inspec-

---

1. Draper, *les Conflits de la science et de la religion*, p. 42.
2. Mgr Camara, *Contestacion à la historia del conflicto entre la religion y la ciencia*, p. 182.

trice, elle s'explique sans peine. La fourmi est *déterminée, nécessitée par sa nature*, à vouloir un toit fait en telles conditions. Le toit qu'on lui a construit ne les remplit pas. Par le seul fait, ce toit, loin de lui être un objet de repos et de jouissance, lui cause gêne et malaise, est un obstacle à la satisfaction de ses appétits naturels; fatalement, elle s'exaspère, s'irrite, renverse l'obstacle et provoque, toujours fatalement et sans raisonner, la construction d'un nouveau toit avec les débris de l'ancien qui se trouvent sur place.

— Mais vous reconnaissez à la fourmi des appétits, c'est-à-dire une volonté; donc vous avouez qu'elle n'est pas automate, donc elle a la raison.

Vous avez là le raisonnement, je veux dire le sophisme, que nous opposent perpétuellement les partisans de la pensée dans les bêtes. « Les animaux ne sont pas de purs automates; ils ont des perceptions, des souvenirs, des passions; donc ils ont la pensée et le raisonnement. » Je n'ai plus à vous dire, après tout ce que vous avez entendu, que cet argument creule par la base; puisqu'il suppose qu'entre ne pas connaître du tout, et connaître d'une connaissance de raison; entre une tendance aveugle de tout point et le vouloir libre, il n'existe pas de milieu. Faute d'avoir observé qu'entre l'absence totale de connaissance et la pensée, il existe la connaissance sensible, qu'entre l'aveugle *nisus formativus* de la plante et le libre arbitre humain, il existe la volonté empirique de l'animal, l'honorable auteur Américain que vous entendiez tout à l'heure raisonner sur la fourmi, le fait avec la même rigueur et le même succès que s'il lui plaisait de dire, en voyant un Chinois : « Cet homme n'est point Américain ; donc il est Européen. »

Mais voici un grand professeur de l'École d'anthropologie de Paris, qui saura nous prouver, lui, que les animaux raisonnent tout comme nous [1]. « Il faut n'avoir jamais vu de près des animaux, il faut être aussi étranger à leurs modes de conduite qu'à ceux des habitants d'un autre globe, pour nier les preuves d'intelligence qu'ils donnent à tout instant. Il faut n'avoir jamais vu un chien qui, suivant une piste, rencontre un carrefour, s'arrête, hésite un instant entre les trois routes qui s'ouvrent devant lui, cherche la piste sur l'une d'elles, puis sur la seconde, et, s'il ne la trouve ni sur l'une ni sur l'autre, s'élance sans nouvelle hésitation sur la troisième route, *comme exprimant* par cet acte même le dilemme, que celui qu'il recherche ayant dû passer par l'une des trois routes, s'il n'a pris aucune des deux premières, a dû nécessairement s'engager dans la troisième. »

— Si je n'avais une raison décisive de penser que l'honorable professeur est entièrement étranger aux œuvres de saint Thomas, je jurerais qu'il a emprunté l'objection que vous venez d'entendre

---

1. M. Mathias Duval, *le Darwinisme*, p. 69.

au saint Docteur. Voici, en effet, la difficulté que saint Thomas se pose dans un article de la Somme théologique qui a pour titre : *Le choix raisonné convient-il aux animaux* [1] ?

« Comme le dit Aristote, c'est la prudence, vertu intellectuelle, qui fait que quelqu'un choisit à propos ce qui convient à la fin. Or, la prudence convient aux animaux... Cela tombe sous le sens, *Et hoc etiam sensui manifestum videtur;* car il paraît dans les œuvres des animaux, des abeilles, des araignées, des chiens, un art et une industrie admirables. Le chien, par exemple, qui poursuit un cerf, s'il arrive à un carrefour, *si ad trivium venerit,* cherche, en flairant, si le cerf est passé par le premier ou par le second chemin ; que s'il trouve qu'il n'y est point passé, aussitôt, sûr de lui-même et sans chercher davantage, il se précipite par le troisième chemin, *jam securus per tertiam viam incedit, non explorando;* comme s'il se servait d'un dilemme, *quasi utens syllogismo divisivo,* dont la conclusion serait que le cerf est passé par ce chemin, puisqu'il n'est point passé par les deux autres et qu'il n'y a que trois chemins. Il semble donc que le choix raisonné appartienne aux animaux. »

Par où vous voyez que l'objection du docte professeur remonte au moins au XIII° siècle. Dès cette époque aussi l'on savait la résoudre. « C'est

---

[1]. 1a 2æ, q. XIII, a. 3.

un art infini, répondait saint Thomas, qui a disposé tous les êtres. Et c'est pourquoi tout ce qui se meut dans la nature s'y meut avec ordre, comme dans une œuvre d'art. C'est pourquoi aussi il paraît dans les animaux une certaine industrie et une certaine sagesse ; car, ayant été formés par une raison souveraine, ils ont leurs facultés naturellement inclinées à agir dans un bel ordre et suivant des procédés parfaitement appropriés. Aussi, dit-on parfois qu'ils sont prudents et industrieux. Toutefois, il n'existe en eux ni raison, ni choix raisonné ; et ce qui le prouve avec évidence, c'est que tous les animaux de même espèce agissent toujours de même façon. »

Il n'est nullement besoin, en effet, que notre chien raisonne pour poursuivre le cerf comme il fait. Accordons-lui seulement la connaissance et les appétits « empiriques » dont nous avons parlé ; et la conduite que nous lui voyons tenir s'expliquera d'elle-même. Jugez-en :

Le voilà donc qui rencontre la piste d'un cerf. C'est une sensation de l'odorat qui la lui fait connaître. S'il a vu quelquefois des cerfs, cette sensation, en vertu de la loi d'association des perceptions, éveille en lui l'image d'un cerf ; et s'il s'est trouvé à quelque curée, l'image et le souvenir de la part qu'il y reçut. Mais le fumet qu'il aspire dans le présent, ces images, ces souvenirs, que voulez-vous ? un chien est ainsi fait qu'il ne peut pas ne point les trouver, les estimer délicieux ;

délicieux aussi et souverainement désirable l'objet qui les fait naître. Bien plus, il ne peut se défendre de le désirer et de lui courir sus. Il court donc, plein de désirs, et déjà plein de jouissances. Il suit d'abord facilement la piste en criant gaîment, aux bois et aux échos, l'aise et les ardeurs qui le transportent. Mais voici que se présente le malencontreux carrefour. Une piste vague, et trois chemins en face. Que va faire notre limier ? Il va céder à un double instinct : instinct de quête qui le pousse à interroger, du nez, tous les passages frayés, tous les chemins par où le gibier a pu fuir ; instinct du mouvement le plus facile et le moins compliqué, qui va le déterminer à prendre le chemin dont il se trouve le plus près. Il s'y engage. De vague la piste devient nulle. Rien ne l'attirant dans cette direction, et le souvenir tout frais de la piste le sollicitant à revenir vers le carrefour, il y revient et s'engage de nouveau dans le chemin le plus rapproché. Le second chemin, suivant l'hypothèse, n'ayant point été pris par le cerf, il l'abandonne comme il avait fait le premier ; et, toujours poussé par son double instinct, il s'approche du troisième. Comme le cerf y a réellement passé, la piste cesse d'être vague et s'accentue nettement à mesure qu'il s'en approche : ce qui fait qu'il se précipite, sans hésitation, avec un redoublement d'ardeur et de vitesse, dans le troisième chemin.

Vous voyez combien naturellement s'interprête, suivant notre doctrine de la connaissance et du vouloir « empiriques » de l'animal, cette conduite du chien au carrefour, qu'on nous opposait comme un signe évident que les chiens ont l'intelligence et le raisonnement. Soutenir ici que le chien a fait acte de raison et s'est servi d'un dilemme, « *syllogismo divisivo*, » c'est manifestement violer la règle, acceptée de tous les philosophes : qu'il faut toujours expliquer les actions de l'animal par *la cause psychologique minimum* [1] qui suffit à en rendre raison ; c'est tomber, de plus, dans *l'interprétation anthropomorphique* [2].

Je vous parle de chiens, mais peut-être tenez-vous que les singes sont mieux doués que les chiens, au point de vue des facultés psychologiques ; et qu'eux, du moins, font des actes absolument inexplicables, si on ne leur reconnait la raison.

Je n'ignore pas, en effet, qu'il existe une grande controverse sur la question de savoir qui l'emporte, comme « intelligence », du chien ou du singe [3].

---

1. Rabier, *Leçons de philosophie*, 2ᵉ édit., I, p 666.
2. Qu'on me permette une remarque à propos du livre de M. Mathias Duval. Si quelqu'un voulait se convaincre que cet exposé des théories de l'évolutionisme matérialiste ne renferme rien de nouveau ni dont les croyants doivent s'émouvoir, il n'a qu'à lire l'*Apologie scientifique de la foi chrétienne*, publiée, il y a deux ans, par M. le chanoine Duilhé de Saint-Projet. Paris, librairie de la Société bibliographique.
3. Albert le Grand regarde comme « incontestable que les singes ont le sens pratique plus développé que tous les autres

L'honorable professeur de l'École d'anthropologie, que vous entendiez, il y a un instant, discourir sur la raison du chien, semble accorder la supériorité au singe. En tous cas, il soutient que mille faits, dans la vie de ce dernier, établissent invinciblement qu'il est animal raisonnable. Et il indique même une étude spéciale, écrite par un homme des plus compétents sur la matière [1], où la démonstration en est faite d'une façon décisive.

Vous comprenez avec quel empressement je me suis procuré cette étude et en ai pris connaissance. Mais j'avoue qu'elle m'a fait éprouver une déception; car l'auteur prouve longuement tout ce que j'accorde, et ne dit rien pour établir ce que je nie. Voici, en effet, à quoi se résume tout ce qu'il a observé de plus merveilleux dans ses quadrumanes :

1° Les singes manifestent un attachement extrême pour leur maître; 2° ils sont très irascibles; 3° avec le temps, ils deviennent plus prudents et plus roués; 4° ils reconnaissent un objet qui leur fait peur, même sous forme de dessin; 5° ils saisissent que certains mots désignent certains objets; 6° ils lisent sur la physionomie humaine la colère ou la satisfaction; 7° ils ont la passion du nettoyage; 8° ils défendent comme une propriété

---

animaux » : « *Ita quod videntur aliquid habere rationi simile.* » *De animalib.*, lib. XXI, tractat. I, c. III.

1. M. J. Fischer, *Revue scientifique*, 17 mai 1884.

la couverture qui a été mise à leur usage; 9° ils sont curieux, peuvent faire de bons gardiens, manifestent par des cris leurs impressions et comprennent, au cri, celles de leurs semblables; 10° ils boivent un coup et s'enivrent volontiers.

Mais, encore une fois, tout cela nous l'accordons aux singes.

J'ajoute seulement que tous ces faits s'expliquent couramment et à première vue, en appliquant notre théorie sur la perception sensible, les appétits, les estimations instinctives, les associations de sensations, les habitudes.

Ce n'est pas tout cela qu'il fallait conter : l'auteur devait nous citer un phénomène précis, emportant que le singe n'est pas seulement un cerveau, mais encore une raison. Il ne l'a pas fait.

A un endroit pourtant, il paraît enfin saisir le vrai point débattu, et s'exprime en ces termes : « Les singes savent comparer *la cause* et *l'effet*, et en *tirer des conclusions.* » A la bonne heure! nous arrivons enfin à la question. Malheureusement, les paroles qui suivent ne m'inspirent guère de confiance. « J'en ai des centaines de preuves. » — C'est beaucoup trop. — « Une seule suffira. » — Voyons-la.

« Le lait que je donnais à mes pensionnaires (les singes) était porté à une température de 22 50, au moyen d'une lampe Berzélius qui était placée sur une étagère à côté de ma table de travail. Aucun de mes singes n'avait jamais assisté au chauffage, qui avait lieu dans l'arrière-cuisine. Néanmoins, dès que le domestique venait prendre la lampe, c'était dans la chambre un concert de joyeux grognements et de murmures de satisfaction, et cela, quelle que fût l'heure de cette manœuvre. Les singes savaient *donc* que la lampe *était nécessaire* pour le repas. »

— Quel bond, du fait à la conclusion qu'on en tire! Hélas! non, les singes ne savaient point que la lampe était nécessaire pour leur repas. Ils avaient simplement vu la distribution du lait suivre toujours le déplacement de la lampe : l'image de la douce boisson s'était associée dans leur cerveau à la sensation de ce déplacement : la sensation provoquait l'image ; et l'image du lait qu'on allait servir, la liesse, avec le « concert de joyeux grognements et de murmures de satisfaction ». Rien de plus. Tout s'explique à merveille, sans qu'il soit besoin de faire intervenir les notions de cause et d'effet, ni le raisonnement.

Darwin argumente plus subtilement que ses disciples sur ce sujet. Ses preuves ne sont pas plus solides, mais du moins elles sont spécieuses. Écoutez-le :

« Quand, dit-il, un chien aperçoit un autre chien à une grande distance, son attitude indique souvent qu'il conçoit que c'est un chien, car, quand il s'approche, cette attitude change du tout au tout, s'il reconnaît un ami... Quand je crie à mon chien de chasse, et j'en ai fait l'expérience bien des fois : « Hé ! hé ! où est-il ? » il comprend immédiatement qu'il s'agit de chasser un animal quelconque; ordinairement, il commence par jeter rapidement les yeux autour de lui, puis il s'élance dans le bosquet le plus voisin pour y chercher les traces du gibier, puis enfin, ne trouvant rien, il regarde les arbres pour découvrir un écureuil. Or, ces divers actes n'indiquent-ils pas clairement que mes paroles ont éveillé dans son esprit l'idée générale ou la conception qu'il y a là, auprès de lui, un animal quelconque, qu'il s'agit de découvrir et de poursuivre [1] ? »

On reconnaît bien ici l'esprit ingénieux de l'illustre écrivain. Mais il ne suffit pas d'être ingénieux, il faut prouver. Or, avec les deux faits qu'il rapporte, Darwin ne prouve absolument rien. Quand il raisonne sur le premier, il confond évidemment perception *vague* et incomplète avec perception *abstraite*. Car ce n'est nullement le chien abstrait que perçoit le chien de Darwin, mais un autre *individu* de l'espèce canine, dont il ne distingue pas d'abord les dispositions, ni les intentions. Darwin, en identifiant comme il fait la notion abstraite et l'image confuse, identifie deux choses entre lesquelles, comme dit fort bien M. Taine, « il y a un abîme [2]. »

Quant au second fait allégué, je réponds simplement que, par ces paroles : « Hé ! hé ! où est-il ? »

1. *La Descendance de l'homme*, p. 87-88.
2. *De l'Intelligence*, t. I, p. 37, 4ᵉ édit.

Darwin éveillait dans son chien l'instinct de la quête, et quelquefois peut-être, par voie d'association, l'image de quelque animal déterminé.

En vous tenant, de la sorte, aux principes de psychologie, et à la méthode d'interprétation que vous m'avez vu suivre tout à l'heure, vous expliquerez, sans aucune peine, toutes les actions les plus surprenantes des chiens, des singes, des éléphants; pourvu seulement : 1° que vous n'acceptiez que des histoires parfaitement authentiques, et *dont les détails aient été rigoureusement contrôlés* [1]; 2° que les *mœurs* de l'animal dont il sera question, et celles de *son espèce*, aient pu être sérieusement étudiées et soient *parfaitement connues* [2]; 3° que vous écartiez du récit proprement dit les *suppositions* qu'y introduisent souvent, à dessein ou non, les narrateurs [3].

Ces précautions prises, l'interprétation sera plus ou moins compliquée, selon les cas, mais elle vous amènera toujours à cette conclusion : que raison et raisonnement ne logent point en tête d'animal ; car il est un fait général éclatant, qui domine tous les faits particuliers plus ou moins douteux

---

1. Pas de récits de chasseurs! Et, je l'avoue, je soupçonne, non sans quelque raison, qu'il y a beaucoup de chasseurs parmi les Matérialistes.

2. Voir, dans le livre si intéressant de M. J.-H. Fabre : *Souvenirs entomologiques*, p. 124 et suiv., la bévue de Darwin attribuant au raisonnement d'une guêpe un acte de pur instinct spécifique.

3. M. H. Joly, dans sa *Psychologie comparée*, justifie cette recommandation par un exemple fort instructif, p. 172 et suiv.

qu'on allègue, ce fait, qu'a observé saint Thomas et que vous lui entendiez tout à l'heure exprimer en ces termes : « Tous les animaux de même espèce agissent de même façon » : l'animal ne progresse pas.

— Mais c'est précisément que les animaux progressent, et dans le vrai sens du mot, direz-vous peut-être, puisqu'ils apprennent et peuvent être enseignés.

Il existe, en effet, des chiens savants et des chevaux savants. Et même, — Albert le Grand en serait stupéfait, lui qui pensait que les petits animaux ne sont presque pas susceptibles d'être instruits, et regardait comme le plus grand succès en ce genre, qu'on eût appris à un rat à tenir droit, se tenant droit lui-même, un flambeau pendant le repas [1], — il existe des oiseaux savants. Que dis-je? n'a-t-on pas vu, le printemps dernier, à Paris, d'humbles insectes, non pas courir, mais faire courir les gens de la capitale par leur renommée de savoir-faire?

Les animaux apprennent et on les instruit. Ils sont susceptibles de savoir et d'enseignement. — Mais de quel savoir et de quel enseignement? reprend de suite Albert le Grand. Car, savoir et enseignement sont de deux sortes : savoir et enseignement rationnels, « *disciplina intellectiva* », sa-

---

1. *De Animalib.* lib., XXI, tr. I, c. IV.

voir et enseignement empiriques, «*disciplina sensibilis* [1].»

Vous voyez comment, avec cette simple distinction du grand Docteur scolastique, la difficulté qu'on nous oppose s'évanouit en fumée.

On apprend en être raisonnable, et on acquiert vraiment la science, dit à son tour saint Thomas dans sa belle étude « *De magistro* [2] », alors seulement que l'esprit est conduit des idées, des principes généraux, à la connaissance des choses et des faits particuliers : « *Quando ex universalibus cognitionibus mens educitur ut cognoscat particularia.* » Apprendre, c'est connaître les choses par principes, c'est en pénétrer la raison et la loi. Or, les animaux ne savent rien par principes, ne savent la raison ni la loi de rien. S'ils avaient des principes, s'ils possédaient la raison des choses, ils feraient comme l'homme, qui, parce qu'il a raison et science, c'est encore la remarque d'Albert le Grand, « s'exerce et progresse en trois choses, *ad tria proficit* : dans les sciences spéculatives, dans les arts et dans les vertus morales [3]. » Or, les animaux ne s'exercent ni ne progressent en rien de tout cela.

Les animaux qui sont savants le sont sans avoir rien appris, si l'on veut garder au mot apprendre sa valeur propre.

---

1. *De Animalib.*, lib. XXI, tract. I, c. III.
2. Q. XI, *de Verit.*, art. 1.
3. *De Animalib.*, lib. XXI, tract. I, c. III.

Les animaux n'apprennent pas : on *les dresse*; on les contraint, au moyen du bâton ou du morceau de sucre, à faire ou à ne pas faire telle ou telle action, à prendre ou à ne pas prendre telle ou telle attitude; rien de plus. Toute leur prétendue science s'explique par une association, non pas d'idées, mais de sensations.

Exemple : La vue d'une perdrix produit sur un jeune chien une sensation fort agréable et tout à fait entraînante. S'il est seul, et que l'oiseau ne puisse s'échapper, on sait ce qui arrivera. Mais si le chasseur est présent et administre quelques coups de cravache au jeune étourdi, et s'il renouvelle l'opération toutes les fois qu'une perdrix sera en présence, le gibier aura bientôt perdu de son attrait pour le chien; il se tiendra à l'écart, n'osant toucher une seule plume... Cela ne suppose nullement qu'il s'explique à lui-même sa réserve, qu'il en pénètre la raison, ni non plus qu'il ait fait le moindre progrès dans la vertu, soit de prudence, soit de tempérance [1].

Je viens de parler de vertu. M. Karl Vogt est convaincu que les animaux en ont beaucoup, de

---

[1]. Le cas du fameux brochet de Mœbius n'est pas plus difficile à interpréter. Un brochet, dans un aquarium, est séparé des autres poissons par une cloison de verre. Toutes les fois qu'il veut les saisir, il vient se heurter contre la glace, et souvent avec tant de violence qu'il en demeure tout étourdi. Au bout de trois mois, il renonce à ses poursuites, et si bien, que plus tard, l'obstacle ayant été enlevé, il ne s'approchait jamais des poissons qu'à la distance d'un pouce. Il est certain que le brochet le plus empirique est capable d'un tel tour de force.

même qu'ils ont, selon lui, de la religion.

Le chat et l'ours enseignent, bien évidemment, « la morale à leurs petits, car ils les grondent et les soufflettent. » — Et s'ils les grondent et les soufflettent, ce ne peut être que pour leur apprendre à vivre comme d'honnêtes personnes !

Mais, de plus, les animaux sont religieux; et, entre eux et l'homme, ce n'est sur ce point qu'une question de degré.

Si je vous résumais la preuve par laquelle M. Vogt prétend établir son idée, vous pourriez être tentés de croire que je l'affaiblis à plaisir. Je cite donc l'honorable professeur de Genève.

« On trouve, chez les animaux, au moins le germe de la croyance à des êtres mystérieux de nature supérieure et qu'on doit craindre. — Le chien a évidemment aussi peur des fantômes qu'un Breton ou un Basque; — tout phénomène extraordinaire dont son odorat ne lui fournit aucune explication précise, détermine chez le chien le plus brave les manifestations de la terreur la plus insensée.

« J'ai connu une forêt dans laquelle, d'après les paysans des environs, apparaissait la nuit un fantôme de feu; et, pour preuve de son existence, ils racontaient que les chiens y éprouvaient la nuit une vive frayeur et ne pouvaient y être ramenés, même à coups de bâton, lorsqu'ils y avaient été une fois dans l'obscurité. Ce fantôme, dont un chien d'ailleurs brave, appartenant à mon père, n'osait pas approcher, consistait en un tronc d'arbre pourri, et par suite phosphorescent et lumineux dans l'obscurité. La *crainte du surnaturel*, de l'inconnu, est le germe de toutes les idées religieuses, et cette crainte est développée à un haut degré chez les animaux domestiques intelligents, chez le chien et le cheval [1]. »

Les chiens et les chevaux ont peur : donc ils ont le sentiment religieux et croient au surnaturel. Autant vaudrait-il dire : M. Vogt raisonne, donc il est bon logicien.

Combien n'aimé-je pas mieux Montaigne ! faisant dire à son oie, quand elle se promène dans sa basse-cour, que « tout a été fait pour elle ; que c'est pour elle que le soleil se lève et se couche ; que la terre ne produit ses fruits que pour la nourrir ; que la maison n'a été construite que pour la loger ; que l'homme même est fait pour prendre soin d'elle, et que si enfin il égorge quelquefois des oies, aussi égorge-t-il bien son semblable [2]. »

Dans cette boutade de Montaigne, il n'y a point de raison, mais il y a de l'esprit ; dans le passage de M. Karl Vogt, il faut bien avouer qu'il n'y a ni l'un ni l'autre.

Trembler devant un être malfaisant et redoutable, ce n'est pas avoir un sentiment religieux. Le sentiment religieux suppose l'idée religieuse ; l'idée religieuse suppose l'idée de Dieu. Or, l'idée de Dieu est essentiellement, ou le concept intégral

1. *Leçons sur l'homme*, p. 308.
2. *Apologie de Raymond Sebond*.

des attributs divins, ou, à tout le moins, le concept d'une propriété qui ne convienne qu'à Dieu : comme d'être nécessaire, infini, immuable, éternel, maître souverain et absolument indépendant, etc. Qui n'a pas un tel concept n'a pas l'idée religieuse, n'est pas susceptible du sentiment religieux. Voilà pourquoi l'histoire et les réflexions de M. Vogt ne sont que pur badinage, et ne peuvent que faire sourire de pitié.

L'on a dit que la religion des sauvages, des Fuégiens, des Boschimans, par exemple, se réduisait à un sentiment de terreur causé par l'appréhension du mal que pourraient leur faire certains êtres hostiles et invisibles ; et qu'un tel sentiment ne diffère pas notablement de la crainte qu'éprouvent les animaux en présence de certains phénomènes extraordinaires.

Je réponds d'abord que cette assertion pourrait être à bon droit contestée. Je réponds en second lieu, que les conceptions et le sentiment religieux chez les sauvages, fussent-ils aussi nuls qu'on le prétend, il demeurerait toujours entre eux et l'animal une différence essentielle ; puisque le sauvage peut arriver, par l'enseignement et la réflexion, à l'idée vraie de Dieu et de la loi morale, et que la bête en est absolument incapable. Ce que j'affirme ici, je puis le prouver par un témoignage qui ne sera pas suspect. Chacun sait que les Fuégiens occupent un des derniers degrés de la famille humaine. Or, Darwin raconte que trois Fuégiens, ayant passé quelques années en Angleterre, parlaient la langue de ce pays, et avaient atteint un niveau intellectuel et moral qui n'était pas sensiblement inférieur à la moyenne des matelots anglais [1].

C'est que dans le dernier des sauvages, par cela seul qu'il est homme, brille cette lumière exclusivement humaine et vraiment transcendante, qui s'appelle la raison, et rend accessible, à qui la porte, les sommets de la science, de l'art et de la vertu.

Voilà ce qui explique qu'on ait déjà pu voir un nègre, ou du moins un mulâtre, membre correspondant de l'Institut de France ; et ce qui permet d'espérer qu'avant qu'il soit longtemps, nous verrons des fils de Fuégiens ou de Boschimans suivre les cours de nos collèges, y disputer les premières places aux fils des Européens, entrer dans nos Écoles supérieures, devenir professeurs de mathémathiques transcendantales ou de philosophie, et, du haut de quelque chaire de la Sorbonne ou du Collège de France, rappeler les savants trop amis des bêtes au respect de la dignité et de la personne humaine ; se présentant eux-mêmes comme la preuve vivante, qu'entre la raison et l'instinct, l'homme et la brute, la différence est irréductible.

Car personne, — pas même un professeur de l'École d'anthropologie — ne concevra, bien sûr,

---

1. *La Descendance de l'homme*, p. 67.

semblables espérances des chiens ou des singes, même de plus noble race ; et personne, dans un temps où le premier venu peut aspirer et arrive à tout, n'aura la prétention de faire du plus magnifique orang-outang ou du plus beau chimpanzé que l'on connaisse, je ne dis pas un professeur, ni un député, ni un ministre, ni un président d'État, mais simplement un électeur [1]. Et pourtant !...

Décidément, tous les raisonnements que l'on apporte pour prouver que les animaux pensent comme nous font croire, avec Bossuet, que « c'est un jeu à l'homme de plaider contre lui-même la cause des bêtes ». Pas un seul, en tout cas, ne répond à cet argument ni ne l'ébranle :

Qui pense et raisonne progresse.

Or, l'homme progresse, et l'animal, même placé dans les conditions les plus favorables, ne progresse point.

Donc l'homme pense et raisonne, et l'animal ni ne pense ni ne raisonne.

Arrivés au point où nous en sommes, je considère la tâche de ce chapitre comme terminée ; car, après nos études précédentes sur la *spiritua-*

---

1. « Si vraiment l'animal est capable de tout cela, c'est à lui de faire la preuve. Qu'il le dise donc ! car, dans ce cas, qu'est-ce qui l'empêcherait de le dire ? Qu'il le dise par ses paroles, et qu'il le dise aussi par ses actions et par ses progrès. » Rabier, *Leçons de philosophie*, I, p. 671.

lité, l'*origine*, l'*immortalité* de l'âme humaine, votre esprit, sans doute, découvre d'emblée la triple différence essentielle entre l'âme de l'homme et celle de la bête, qui suit, par nécessité, de ce fait que l'homme pense et que la bête ne pense point.

Quand nous parlions de la nature de l'âme humaine, nous avons longuement développé ce principe, que l'opération des êtres est proportionnée à leur nature, et que l'on peut inférer celle-ci de celle-là [1]. Du même droit, et pour le même motif que le physiologiste dit : telle fonction, tel organe, le philosophe dit, en généralisant la formule : telle opération, telle nature. Or, ajoutions-nous, l'âme humaine a une opération, à savoir, la pensée, où nul organe ne saurait atteindre, dont rien de matériel ne saurait être le sujet ni le principe immédiat. Donc, l'âme humaine, dans son fonds, dans sa nature, n'est point totalement dépendante de la matière, n'est point entièrement plongée dans le corps, mais émerge, mais brille au-dessus, pour ainsi parler, comme la flamme sur son flambeau. Donc, elle est spirituelle, c'est-à-dire existe d'une existence qui lui est propre, qu'elle ne tient point du corps, ni du composé qu'elle forme avec le corps, ni d'aucun principe intrinsèque autre qu'elle-même.

Par une raison toute contraire, il est évident que l'âme de la bête n'est point une force émer-

---

1. Voir le chapitre troisième.

gente. Elle n'a, nous l'avons vu, que des opérations de l'ordre empirique, des opérations qui toutes s'accomplissent dans un organe. Elle dépend du corps dans toute l'étendue de son activité, et ne manifeste rien par où elle le dépasse ; donc elle en dépend dans toute sa nature et dans tout son être, et n'est point spirituelle.

Je n'insiste pas, de crainte que vous ne m'accusiez de me répéter ; et je passe tout de suite à cette autre différence fondamentale qui existe entre l'âme de l'homme et celle de la bête, au point de vue de l'origine.

Le principe, il vous en souvient, sur lequel nous nous sommes appuyés, en traitant de l'origine de l'âme humaine [1], a été celui-ci : L'origine d'un être doit répondre à sa nature ; son mode d'arriver à l'existence à son mode d'exister. La nature de l'être qui est produit à l'existence est, en effet, à l'action qui le produit, comme le terme est au chemin qui y mène. Or, le terme n'est tel, que parce qu'il *termine* le chemin, et que, par conséquent, l'un est en rapport et en proportion avec l'autre. La conclusion qui ressort immédiatement de là, c'est que l'âme de l'animal, dépendant entièrement du corps dans tout son être, arrive à l'existence dans la même dépendance du corps, est, par conséquent, produit, du même coup que lui, par la même action organique : la génération.

---

1. Voir le chapitre septième.

Il en va autrement de l'âme humaine. Elle a une existence qui n'est point dépendante du corps, ni de la matière. Elle doit donc arriver à l'être dans la même indépendance. Elle n'est donc point le produit d'une génération. Comme elle n'est point éduite d'une matière préexistante, elle ne peut sortir que d'un acte créateur : elle est œuvre toute de main divine [1].

L'âme humaine est immortelle. Nous avons prouvé, dans notre sixième chapitre, que, dès là qu'elle est spirituelle et possède des facultés spirituelles, elle *peut* et *doit* exister, agir, garder la conscience d'elle-même, à toujours, même au cas où son conjoint, le corps, viendrait à succomber et à se dissoudre.

L'âme de l'animal n'étant pas spirituelle, et dépendant immédiatement et directement du corps, en tout ce qu'elle est et en tout ce qu'elle fait, ne saurait lui survivre et succombe avec lui.

Si donc l'on demande quelle différence existe entre l'âme de l'homme et celle de la bête, nous avons la réponse trouvée. Nous dirons :

L'âme de l'homme pense, l'âme de l'animal ne pense pas.

L'âme de l'homme est spirituelle, celle de la bête ne l'est pas.

L'âme humaine est créée, celle de la bête est engendrée.

1. *Somme théologique*, p. I, q. xc, a. 2.

L'âme humaine est immortelle, l'âme de l'animal est mortelle.

C'est pourquoi nous redirons volontiers, avec l'illustre Savant que j'ai eu le regret de combattre au commencement de cette leçon : « L'homme diffère de l'animal tout autant et au même titre que celui-ci diffère du végétal : à lui seul, il doit former son règne, le règne homme ou le règne humain [1]. »

Pour terminer, qu'il me soit simplement permis, revenant sur l'idée fondamentale de ce chapitre, de formuler un vœu : c'est que tous les hommes, puisqu'ils sont sûrs, eux du moins, d'avoir la pensée et la raison, vivent toujours comme la raison prescrit de le faire.

Ce sera la meilleure preuve que la vie intellectuelle et la vie animale sont irréductibles ; et ce sera, en outre, un excellent moyen, disent les plus sages, de ne jamais être tenté de croire, qu'entre l'homme et la bête il n'existe pas une différence essentielle, un infranchissable abîme.

1. De Quatrefages.

CONCLUSION

Avant de clore notre étude sur l'âme humaine et de me séparer de mes lecteurs, je crois utile de rappeler, d'une façon rapide, la marche générale que nous avons suivie dans nos investigations psychologiques, et les principaux résultats où nous sommes arrivés. Cette vue d'ensemble nous permettra de donner à nos idées un nouveau degré de précision, et de voir si nous avons été fidèles à notre programme du commencement.

Nous avions dit: Nous serons positifs, n'acceptant et ne proposant que du certain et de l'incontestable, à notre point de départ, à notre point d'arrivée et pendant tout le trajet intermédiaire.

D'où sommes-nous partis? D'un fait : *l'homme pense* : c'est-à-dire conçoit l'immatériel. Voilà, je m'imagine, un fait certain et indéniable.

Mais, tout fait a sa cause, et sa cause proportionnée, avons-nous poursuivi; cherchons donc la cause de la pensée. Ce disant, nous faisions intervenir un principe. Mais quel principe? Un principe d'une telle évidence, que personne n'y peut contredire.

Et nous avons continué : Quelle peut être la cause *proportionnée* d'une fonction, d'un phénomène immatériel? Évidemment ce ne peut être qu'une cause *immatérielle*.

La pensée étant donc une fonction, un phénomène immatériel, puisque immatériel est son objet, la cause de la pensée, ce que nous appelons âme humaine, est immatérielle.

Pour nier que l'âme humaine soit immatérielle, et affirmer que nous pensons par le cerveau, il faut, ou nier que nous ayons l'idée de l'immatériel, l'idée du droit, du devoir, de la vérité, de l'estime, de l'honneur, ou nier que tout fait ait sa cause proportionnée.

Si l'on ne peut nier ni l'un ni l'autre, notre conclusion subsiste et s'impose, certaine et évidente, de la même certitude et de la même évidence, que le fait et le principe d'où nous la faisons sortir.

Que l'âme humaine soit immatérielle, cela est donc certain et évident, comme est évident ce fait que nous pensons; évident ce principe, que tout phénomène a sa cause porportionnée.

Il y a plus : la pensée étant une opération transcendante, où la matière même organisée ne peut atteindre, l'âme, comme elle a une opération transcendante, doit avoir une existence transcendante : puisqu'elle *agit par soi*, il faut qu'elle *existe par soi* : l'âme humaine est spirituelle.

Mais, voici qu'est venu le matérialisme avec

son objection : La pensée, a-t-il dit, a des antécédents et des conséquents matériels : physiques, chimiques, physiologiques; donc, elle est un phénomène matériel, et rien de plus qu'une fonction du cerveau.

Mais *tous* les antécédents et *tous* les conséquents de la pensée, avons-nous répondu, sont-ils matériels?... A cette question, le matérialisme est resté bouche close. Et, de fait, comment aurait-il prouvé, par exemple, que l'abstraction, ou l'acte de tirer l'universel du particulier, et l'immatériel du matériel, qui est bien un des antécédents de la pensée, est matériel? et que matériel aussi est l'amour du devoir, qui est un des conséquents de l'idée qu'on s'en forme? L'objection du matérialisme est tout en l'air : c'est un simple, et très simple, épouvantail; ce qui s'appelle, en logique, une pétition de principe.

Voilà ce que nous avons dit; et nous aurions pu ajouter :

Matérialistes, en procédant comme vous le faites, vous imitez les sophistes : vous déplacez la question, sans le dire.

Quelle est la question entre vous et nous? Ne se réduit-elle pas à ces termes : rechercher la nature de l'âme, en partant *de la nature de la pensée?* Ce qu'il faut que nous regardions avant tout, ce n'est donc pas ce qui précède ou ce qui suit la pensée, *mais la pensée elle-même;* afin de voir si, oui ou non, elle est la perception de l'immatériel.

CONCLUSION

Oui ou non, percevez-vous l'immatériel? C'est là ce qu'il faut nous dire; et tant que vous n'aurez pas répondu non, à argumenter contre la thèse spiritualiste, vous perdez votre temps d'abord, votre honneur de philosophes ensuite. Car, voyez où mènerait votre façon de raisonner, ce procédé de ne vouloir pas regarder le point même sur lequel porte le débat :

L'antécédent de la Corse, c'est la mer; le conséquent, c'est la mer. Donc la Corse est un bras de mer.

Qu'est-ce qui précède la Manche? — La terre. — Qu'est ce qui la suit? — La terre. — Donc la Manche est une langue de terre.

Qu'est-ce qui précède la parole? — Le silence. — Qu'est-ce qui la suit? — Le silence. — Donc, parler, c'est se taire.

Quel est l'antécédent d'une statue? — La façon et la trempe des ciseaux, l'extraction d'un bloc de marbre? — Et le conséquent? — L'emballage.

Donc, le Moyse de Michel-Ange fut l'œuvre, ou d'un forgeron, ou d'un maçon, ou d'un emballeur, ou des trois ensemble.

Le matérialisme a du bon quand même. En s'attachant à l'observation scientifique, en faisant ressortir les rapports de la pensée et de la sensation, il empêche de tomber dans un spiritualisme exagéré, de rompre l'unité substantielle de l'être humain, de faire de notre âme une forme séparée, une force substantielle absolument isolée du corps : il nous délivre de ce dualisme fatal de Platon, de Descartes, de Malebranche, de Leibnitz — le Leibnitz de la Monadologie — et nous ramène à cette conception vraie d'Aristote, de S. Thomas et des grands Docteurs scolastiques, d'après laquelle l'âme humaine, bien que transcendante et dépassant la matière de toute la hauteur de l'intelligence, est pourtant naturellement et substantiellement unie à la matière dans le corps humain, auquel elle communique la subsistance, la vie, la sensibilité, et qu'elle couronne ensuite de la pensée comme d'une auréole.

Enfin, le matérialisme ne pouvant nier, ni que nous pensons, ni que tout effet doit avoir sa cause proportionnée, laisse absolument intacte notre thèse : que l'âme humaine est simple et spirituelle.

Il n'ébranle pas davantage celle de l'immortalité ; car l'immortalité, nous l'avons vu, est une conséquence nécessaire de ce fait que l'âme est simple et spirituelle, et qu'elle pense.

L'âme humaine pense ; donc, elle est simple ; donc, elle est spirituelle ; donc, elle est immortelle ; donc, il existe entre elle et l'âme de la brute un abîme infranchissable.

Vous avez dans cette seule phrase le point de départ, le point d'arrivée, le procédé logique du spiritualisme, ramené à ses points essentiels.

Si vous voulez ajouter : L'âme raisonnable donne au corps humain son unité, son être et sa marque spécifiques, en même temps que la vie et la sensibilité ; donc, elle est sa forme, son unique forme substantielle : vous aurez, en deux phrases, tout notre livre ; car c'est uniquement ces deux petites formules que j'ai dévidées sous vos yeux dans toute la série des pages qui précèdent.

Que si, maintenant, pour couronner notre œuvre, et gravir le dernier degré de la connaissance scientifique, on veut que nous définissions l'âme humaine, nous la définirons :

UNE RÉALITÉ SPIRITUELLE, QUI, EN S'UNISSANT A LA MATIÈRE, CONSTITUE CET ÊTRE CORPOREL, ORGANIQUE, SENTANT, PENSANT, QUI EST, ET QU'ON APPELLE L'HOMME.

En repassant dans mon esprit tous les discours et tous les raisonnements que j'ai faits jusqu'ici, pour préparer et justifier d'avance cette définition, je sens plus vivement que ne le sentira peut-être aucun de mes lecteurs combien je suis loin d'avoir traité mon sujet avec la science et le talent qu'il réclame. Toutefois, j'en ferai l'aveu, j'ai la ferme assurance que tout penseur digne de ce nom, qui, sans préventions et sans parti pris, réfléchira aux thèses et aux preuves fondamentales contenues dans ce livre, reconnaîtra qu'elles sont solides ; et finira par se convaincre que, pour préférer le matérialisme au spiritualisme et aux enseignements de la Foi sur l'EXISTENCE ET LA NATURE DE L'AME HUMAINE, il faut s'aveugler à plaisir, et fouler aux pieds de gaité de cœur ce qu'il y a de plus sacré pour l'homme : les principes de la raison, les données certaines de la science, le sentiment de la dignité humaine, nos aspirations les plus nobles et nos plus chères espérances.

FIN

TABLE DES MATIÈRES

CHAPITRE PREMIER

LA MÉTHODE QUE NOUS SUIVRONS.

Pourquoi ce chapitre ? — Nous suivrons une méthode que tout le monde admet en principe : c'est la méthode psychologique positive. — La science voyage de découvertes. Conditions essentielles de toute méthode positive : quant au point de départ; quant au point d'arrivée; quant au trajet intermédiaire. — Notre méthode psychologique sera vraiment positive, car 1° nous partirons de faits certains ; 2° nous n'emploierons qu'un petit nombre de principes, tous d'une évidence absolue, et nous raisonnerons en bonne et due forme : Texte de Bacon ; 3° nous n'affirmerons rien d'avance sur le terme où nous devons aboutir, sinon que ce sera le point extrême où le syllogisme nous aura portés ; 4° nous ne définirons l'âme qu'en faisant attention à tous les genres de phénomènes et de propriétés qu'elle présente, et après avoir consulté les sciences qui en étudient les divers aspects. — Si, en principe, tous admettent la méthode psychologique positive, en fait, beaucoup la violent. Descartes la viole, en ne considérant dans l'âme que la pensée. Les Matérialistes la violent, en ne considérant que les phénomènes de la vie organique et de la sensibilité.

Les Positivistes la violent, en posant comme principe que l'âme nous est inconnaissable. — Où nous conduira la méthode psychologique positive?.................. 1

CHAPITRE II

LES PREUVES DU MATÉRIALISME : HISTOIRE ET CRITIQUE.

Quel est l'objet unique de ce chapitre? — Les anciens Matérialistes : Démocrite, Épicure et Lucrèce; Anaximène, Héraclite et Simmias de Thèbes, Galien. Les stoïciens disent déjà : « point de matière sans force, point de force sans matière. » — Arguments du matérialisme, avant la science : influence du physique sur le moral; effets d'un repas; telle température, telles idées; l'hérédité; une substance spirituelle ne peut se concevoir; elle ne saurait agir sur nos membres, ni sur les autres corps : comment serait-elle dans l'espace? La Mettrie, d'Holbach, Pristley, Cabanis. — La science : preuves nouvelles du matérialisme. Moleschott et le *Kreislauf des Lebens*. La même matière sert à construire la plante, l'animal et l'homme; les êtres, quant à leur nature et à leur opération, ne diffèrent que par leur degré de complexité : la pensée modifie le cerveau, et le cerveau modifie la pensée; donc, c'est le cerveau qui pense. Büchner et Karl Vogt, Fechner et Wundt. — Combien le matérialisme est obligé à donner des preuves rigoureuses : celles qu'il emprunte à la chimie sont nulles. Est-il divertissant M. Moleschott! — L'anatomie ne tire point de peine les Matérialistes; le poids des cerveaux; boutade de Karl Vogt; les tableaux de M. G. Colin. — La physiologie n'est point matérialiste; aveu de Tyndall. Argument principal du matérialisme : ce n'est qu'une pétition de principe. — Les idées, pas plus que les faits, ne sont point favorables aux Matérialistes. Ce qu'ils auraient à faire pour prouver leur thèse; ils ne le font point. — Conclusion : texte de Clément d'Alexandrie.................. 31

CHAPITRE III

L'AME HUMAINE EST UNE RÉALITÉ SPIRITUELLE.

Quatre choses à démontrer dans ce chapitre. — L'âme humaine est une réalité : preuve. L'âme humaine est une substance : qu'est-ce qu'une substance? preuves. Phénoménalisme ; une histoire : le suicide de M. Taine. — L'âme humaine est simple : première preuve ; seconde preuve ; objection et instance, solutions. — L'âme humaine est spirituelle. Comment la spiritualité est bien autre chose que la simplicité. — Un principe que tout le monde admet. Nous concevons l'immatériel ; — que l'immatérialité se trouve même dans nos concepts des choses matérielles ; analyse de notre idée du chêne ; les éléments de notre idée de corps ; arguments ; difficultés et solutions. — Seul un être spirituel peut avoir de soi la conscience que nous avons de nous-mêmes. Retour sur la méthode, les principes, les faits, les raisonnements dont nous avons fait usage dans ce chapitre. 87

CHAPITRE IV

L'AME RAISONNABLE ET LA VIE ORGANIQUE DANS L'HOMME.

Comment ce chapitre se relie au précédent, et se divise naturellement en deux parties. — A quelles conditions le vitalisme sera-t-il démontré? Preuves insuffisantes tirées de l'antagonisme prétendu entre les forces physico-chimiques et la force vitale, de la forme, de la durée particulière aux vivants, du pouvoir qu'ont les matières organiques de faire tourner le plan de la lumière polarisée. La nutrition elle-même, en beaucoup de ses détails, s'explique par la physique et par la chimie ; digestion, absorption, assimilation. — La nutrition cependant, prise, soit au sens restreint, soit d'une façon plus large comme le font les modernes, peut servir à démontrer le vitalisme ; preuve tirée de la théorie cellulaire ; réponse aux objections. Les vivants possèdent bien réellement une nature et des opérations d'un ordre supérieur aux forces physiques et chimiques. En quoi consiste la notion essentielle et suprême de la vie ? Après avoir prouvé que la vie suppose un principe spécial d'un ordre supérieur, on se demande si ce principe, dans l'homme, est autre que l'âme humaine. Le principe vital doit être une réalité substantielle. Vue de Bichat; hésitations et contradictions de Cl. Bernard. Le principe vital est un, simple et indivisible; témoignages d'Hippocrate, de Cl. Bernard, de Flourens. Objection de M. Vulpian ; les polypiers de Trembley, le rat de P. Bert ; la queue d'une larve de grenouille, le chien décapité; réponse aux difficultés ; le principe vital est stable et permanent : définition. — L'âme raisonnable est le principe vital, dans l'homme; l'unité du moi le prouve, et aussi la dépendance réciproque de nos facultés dans leurs opérations. — Difficultés que nous oppose le vitalisme exagéré : M. le Dr Grasset; ses quatre arguments, bien qu'habilement présentés, ne sont pas décisifs. — Conclusion : il faut être Vitaliste et Animiste, mais pas sans restriction...................... 139

CHAPITRE V

L'UNION DE L'AME ET DU CORPS.

Difficulté du problème. — Solution de Platon : l'âme moteur ; elle n'est pas acceptable — L'âme et le corps sont unis personnellement. Ils sont même unis substantiellement : l'homme, personne unique et substance unique ; preuves empruntées à la vie organique, à la vie sensitive, à la vie intellectuelle. Comment unir un corps et un esprit ? Réponse des Dynamistes. — Nous ne l'acceptons pas. — Qu'il n'est pas encore si difficile de comprendre que l'âme humaine, simple et indivisible, s'unisse à une réalité étendue. — Où est la vraie difficulté du problème? Question de la pluralité des formes. Dans l'homme, il n'existe point d'autre forme substantielle que l'âme raisonnable. Raison d'Albert le Grand; raisons et texte de S. Thomas d'Aquin. Duns Scot et la forme de corporéité; preuve apportée par le docteur Franciscain: on rejette son opinion comme mal fondée et contradictoire; une objection que feront les lecteurs; solution. Objection de M. le Dr Frédault; solution.— Conséquence de notre théorie de l'unité de forme subtantielle dans l'homme : elle nous fait éviter le matérialisme et le spiritualisme exagéré; justifie les sentiment que nous avons de notre unité; explique les rapports du physique et du moral ; éclaire l'origine de nos idées. Conséquences opposées des autres systèmes ; théorie des causes occasionnelles et de l'harmonie préétablie. — La vraie place de l'homme dans l'univers...................... 251

CHAPITRE VI

L'AME DE L'HOMME EST IMMORTELLE.

Le savant Anglais Robert Hall. Deux parties dans ce chapitre. — Qu'est-ce que l'immortalité : par nature ; par grâce? Pourquoi l'âme n'a rien à redouter de la destruction du corps. Digression sur l'âme des bêtes : histoire du P. Lacordaire. — L'âme humaine est immortelle par nature : quatre preuves. Comment il est certain que Dieu n'anéantira pas nos âmes, bien qu'il le puisse de puissance absolue. Accord de la philosophie avec la croyance des peuples, au sujet de l'immortalité de l'âme humaine. — De la vie des âmes séparées. Paroles de Socrate. L'âme, après la destruction de son corps, garde et peut exercer ses facultés intellectuelles; les objets ne lui manquent pas. Si son mode de penser en cet état n'est pas naturel, il n'est pas non plus contre nature. Les âmes séparées conçoivent, raisonnent, se souviennent, aiment. — Encore une fois, arrière le matérialisme!.................................. 323

CHAPITRE VII

DES ORIGINES DE L'AME HUMAINE.

Deux façons d'entendre la question : une seule manière de la résoudre de quelque façon qu'on l'entende. — Traducianisme : Générationianisme : Tertullien, S. Augustin. De l'origine des âmes, d'après Frohschammer. — Emanatisme — unité de l'intellect d'après les Arabes. — L'âme humaine vient immédiatement de Dieu, par création. L'âme du fils cependant dépend en quelque chose des parents. A quel moment Dieu crée-t-il les âmes? Platon, Leibnitz, S. Thomas. — Darwin et la première âme d'homme. Exposé de son système : preuves qu'il apporte. Le transformisme Darwinien n'est pas démontré : principe de Stuart Mill — il n'est pas vrai : la paléontologie le condamne. — Il n'est pas possible. — Le transformisme Darwinien, ou tout autre transformisme, serait-il démontré possible même par rapport au corps de l'homme, il ne pourrait jamais s'étendre jusqu'à l'âme humaine. Pourquoi il y a des savants transformistes. Les transformistes abandonnent le terrain des sciences naturelles, pour se réfugier sur celui de la métaphysique : nous les y suivrons, et nous les y battrons..   358

CHAPITRE VIII

PAR QUOI L'AME DE L'HOMME DIFFERE DE L'AME DE LA BÊTE.

Histoire d'une concession imprudente : M. de Quatrefages et Karl Vogt. — Les bêtes ont une âme. Combien il peut tenir de vérité philosophique dans une petite formule comme celle-ci : l'homme pense et raisonne. — La bête ni ne pense ni ne raisonne; et telle est la première différence essentielle qui existe entre elle et l'homme. Nous reconnaissons aux animaux supérieurs les cinq sens extérieurs ; plus, l'imagination, le *sensorium commune*, la mémoire sensible, l'estimative. — « Les bêtes sont purement empiriques. » — L'oiseau et la fourmi ne raisonnent point : le chien pas davantage. — Une chasse au cerf : que M. Mathias Duval aurait bien fait de lire S. Thomas. — Inintelligents, les singes de M. Fischer. — Ce que c'est qu'apprendre, pour les animaux. Encore M. Karl Vogt ; mais il est bien amusant. — L'âme de l'homme diffère essentiellement de celle de la bête, en quatre points : par l'opération, par la nature, par l'origine, par la destinée. — Une belle parole de M. de Quatrefages. — Un bon conseil.................. 415

        CONCLUSION............ 481